甘肃融合媒体研训基地资助成果

文艺与传媒丛书
（第二辑）

实证：数字时代新丝路文化建设研究

——以甘肃省为例

陈积银 李玉政 朱鸿军 等著

中国社会科学出版社

图书在版编目（CIP）数据

实证：数字时代新丝路文化建设研究：以甘肃省为例／陈积银、李玉政、朱鸿军等著 . —北京：中国社会科学出版社，2016.5

ISBN 978 - 7 - 5161 - 7107 - 3

Ⅰ.①实… Ⅱ.①陈…②李…③朱… Ⅲ.①地方文化—文化事业—建设—甘肃省 Ⅳ.①G127.42

中国版本图书馆 CIP 数据核字（2015）第 293471 号

出 版 人	赵剑英	
选题策划	罗　莉	
责任编辑	刘　艳	
责任校对	陈　晨	
责任印制	戴　宽	

出　　版	中国社会科学出版社	
社　　址	北京鼓楼西大街甲 158 号	
邮　　编	100720	
网　　址	http://www.csspw.cn	
发 行 部	010 - 84083685	
门 市 部	010 - 84029450	
经　　销	新华书店及其他书店	

印刷装订	三河市君旺印务有限公司	
版　　次	2016 年 5 月第 1 版	
印　　次	2016 年 5 月第 1 次印刷	

开　　本	710×1000　1/16	
印　　张	20.5	
插　　页	2	
字　　数	358 千字	
定　　价	78.00 元	

主　编

陈积银　李玉政　朱鸿军

编委暨撰稿人（按姓氏拼音排名）

陈积银　侯笑雪　李玉政　蔺宇璠　刘　玉
刘颖琪　倪佳保　任皎洁　孙乐怡　王建磊
王　馨　王星渊　严召飞　杨　晨　杨　廉
张璧瑕　郑宇彤　周　悦　朱鸿军

目　　录

理论篇

案例篇

前　言

　　作为连接亚、欧、非三大洲的古代商贸桥梁，丝绸之路在历史上的重要地位不言而喻。这条横贯中西的商贸之路因张骞出使西域而备受关注，前后 13 年的"凿空"之举成功构筑起一条东起长安，西至君士坦丁堡的贸易大通道。中国境内长达 4000 多公里的丝绸之路，甘肃境内就有 1600 多公里，占我国境内丝绸之路总长度的 38%。"如果说黄河、长江、辽河是中华文明发源的基因，那么大运河和丝绸之路就是传承这一文明的动脉。"①

　　在信息资源的全球共享、媒介深入的融合与渗透、世界各国文化交流增强的国际背景下，利用数字化技术保护开发文化资源、提升文化传播能力、加强文化建设成为一种文化探索途径。甘肃自古以来就是多民族融合的聚居之地，是丝绸之路文化生产、续接和拓展的重要区域，更是风格迥异的中华文化有机关联的组成部分。数字时代下如何定位、整理、整合、宣传新丝路文化，是一个深刻的文化命题。在新的国际形势下，丝路文化的研究及建设，更需要一种健康的文化导向和富有前瞻性的思路。

　　在丝路文化的整体建设研究中，甘肃不仅具有地方意义，更具有全国乃至世界意义。首先是国家全面启动丝绸之路复兴计划，并运用全球化战略思维布局中国文化发展，提出在平等的文化认同框架下进行丝路文化区域合作。丝路文化建设的计划在国家领导人的几次讲话中屡次提及：2013 年 9 月 7 日，国家主席习近平在哈萨克斯坦纳扎尔巴耶夫大学发表题为《弘扬人民友谊，共创美好未来》的重要演讲中首次提出建设"丝绸之路

---

　　① 刘士超：《穿越苍凉：永恒的丝路文明》，旅游教育出版社 2005 年版，第 225 页。

经济带"；① 2014 年 5 月 21 日，又提出推进"一带一路"建设，倡导国际间弘扬丝绸之路精神；② 2014 年 11 月，在"加强互联互通伙伴关系"东道主伙伴对话会上又提出了五点建议，阐述了丝绸之路复兴计划落地的模式；③此外，中国还启动国际间物流合作基地建设、高铁建设、丝绸之路沿线国家产品体验馆等特色项目。

其次是各级部门出台发布相关文化产业政策计划等激励措施，2014年中国文化产业政策扶持力度空前，年初首次提出文化产业发展增速要达到 15% 以上。2014 年 8 月 26 日，文化部、财政部联合发布《推动特色文化产业发展的指导意见》，将区域性特色文化产业带发展作为主要任务之一；财政部还下达 2014 年度文化产业发展专项资金 50 亿元，比 2013 年增加 4.2%，共支持项目 800 个，与 2013 年基本持平。④

2012 年，甘肃省规划了五大文化工程：文明素质提升工程、文化服务惠民工程、文化精品打造工程、文化产业培育工程和文化体制创新工程，对甘肃文化发展做出战略部署。2013 年 1 月，甘肃"华夏文明传承创新区"建设获国务院正式批复，5 年内预计投资额度在 6000 亿元以上。⑤ 2014 年 5 月 23 日，甘肃省省委、省政府制定的《"丝绸之路经济带"甘肃段建设总体方案》正式印发，方案中提出要把甘肃打造成丝绸之路经济带黄金段，着力构建兰州新区、敦煌国际文化旅游名城和"中国丝绸之路博览会"三大战略平台，重点推进道路互联互通、经贸技术交流、产业对接合作、经济新增长极、人文交流合作、战略平台建设六大工程。⑥该方案对丝绸之路经济带甘肃段作了精确定位，为甘肃在维护丝绸之路和谐安全、推动丝绸之路发展、深化丝绸之路上各领域合作、提升

① 《习近平在哈萨克斯坦纳扎尔巴耶夫大学发表重要演讲》，新华网，http://news. xinhuanet. com/world/2013 – 09/07/c_ 117272280. htm，2013 年 9 月 7 日。

② 《习近平提战略构想："一带一路"打开"筑梦空间"》，中国经济网，http://www. ce. cn/xwzx/gnsz/szyw/2014/08/11/t 2014/811_ 3324310. shtml，2014 年 8 月 11 日。

③ 《习近平在"加强互联互通伙伴关系"东道主伙伴对话会上的讲话（全文）》，新华网，http://news. xinhuanet. com/2014 – 11/08/c_ 127192119. htm，2014 年 11 月 8 日。

④ 《财政部下达 50 亿元文化产业发展专项资金》，中国政府网，http://www. gov. cn/xinwen/2014 – 11/13/content_ 2778002. htm，2014 年 11 月 24 日。

⑤ 《甘肃"华夏文明传承创新区"建设获国务院正式批复》，中国甘肃网，http://gansu. gscn. com. cn/system/2013/01/30/010255460. shtml，2013 年 1 月 30 日。

⑥ 《"丝绸之路经济带"甘肃段建设蓝图出炉 重点推进六大工程》，中国甘肃网，http://gansu. gscn. com. cn/system/2014/05/23/010706804. shtml，2014 年 5 月 23 日。

国家文化影响力等方面提供新的可操作性思路。

即便如此，2014 年甘肃省蓝皮书显示，当前甘肃城乡居民发展差距十分明显：2013 年上半年，甘肃省城镇居民人均可支配收入在全国排在第 30 位，仅排在青海前面；农村居民人均现金收入在全国排在第 29 位。省内城乡之间，农村居民人均现金收入绝对量不足同期城镇居民人均可支配收入的 1/3。城乡居民收入中贡献率最高的仍是工资性收入，在农村居民人均现金收入中，增长最快的是工资性收入和转移性收入，分别增长 26.3% 和 27.6%。如以目前的增长速度算，甘肃省要进入中等城镇化进程，还需要大约 13 年，任重而道远。[1]

西北丝绸之路从最单纯的民间交往性质到汉代作为国家外交活动的地理文化纽带，是沟通中国和西亚乃至欧洲经济文化联系的便捷通道。无论是丝绸之路的南道还是北道，不管是分还是合，今天的甘肃省主要区域都在其中。在新的全球经济形势和文化环境下，丝绸之路的文化建设早已成为国家经济发展战略的重要组成部分和媒介议程设置中的常见关键词。

当下的世界文化传播中，数字技术的高速发展导致传统文化产业生产被迫革新、新的文化业态催生不断颠覆传统文化格局。越来越多的人接受数字化信息，发布数字化指令，生产和享用数字化产品，进行着数字化交流。数字时代下文化传播必然和数字时代呼应。

首先，数字时代下文化资源的保护与开发。数字时代文化资源的采集处理、修复保存、出版传播等，不仅迅捷方便，而且有利于文化资源的最大共享。

其次，需要践行数字时代的文化内容生产。积极运用多媒体、新媒体及数字技术和平台，进行丝路文化资源改造建设，进一步拓宽丝路文化传播的路径和方式。要充分展示数字时代下多种形式数字文化内容，全方位整合丝路文化资源信息，探索将文化资源、文化信息进行可视化生产，这种可视化逾越语言、文化等背景障碍，增加文化传播过程中受众的可感性和体验性。甘肃有很多值得挖掘培育的文化品牌，适合构建以内容建设为核心的文化品牌运作体系。微信、微博、网络微电影、企业纪录片等新传媒形态，具有传播速度快、内容丰富、互动平民化、全天候开放等特点，

---

[1] 《2014 年甘肃蓝皮书显示城乡居民绝对收入在全国排名未出现明显变化》，中国甘肃网，http：//gansu.gscn.com.cn/system/2014/01/09/010567530.shtml，2014 年 1 月 9 日。

渗透到人们的日常生活中，并逐渐改变着人们的思想和行为模式。文化传播者要把握这种新型的传媒形态，促进数字技术与文化内容的结合。文化内容是文化传播的基础，文化品牌是传播内容的核心体现。通过构建数字文化传播内容体系，借助跨媒体、跨国际、跨平台的立体传播网络平台，打造甘肃省文化传播的知名品牌。

近年来，甘肃省一方面通过结合数字时代优势弥补传统文化品牌的传播短板，另一方面利用数字时代传播技术树立宣传甘肃文化品牌意识。前者表现在《大梦敦煌》《丝路花雨》等舞剧的推广、伏羲大典、丝路文化旅游、兰白经济圈建设等方面，通过新媒体优势转变宣传思路，更新宣传平台内容；后者则表现为对甘肃丝路文化资源进行数字化挖掘宣传，表现为嘉峪关国际短片电影展的开办、推广中医文化（开设电视栏目、进行网络销售药材等）、敦煌彩塑记忆等，本土文化资源的数字化开掘还是首次进行。

最后，是拓展数字时代的文化传播渠道。新型媒介环境变革下传统媒体传播力方面似乎已经力不从心，传播生态和模式在信息技术的冲击下重构并直接导致一种新的传播格局形成。新媒体打破了时空界限，让文化传播变得可感可触，丰富了文化形式。

随着新媒体的普及发展、媒介融合趋势下传统的传播效果正在降低，文化传播更加自由主动，交流性增强。正在迈进的后信息时代中，传播特征是极端个人化。传统传播中受众由于媒介渠道单一而使得传播具有多向性，今天的多元传播环境中受众更具有主动性，传统的大众传播解构为个人传播。

因此，从某种意义上说，如何通过个体的、碎片化的内容去塑造一个人性化的形象，已经是现代传播过程中面对所有身处互联网时代的网民进行的平等交流和对接。丝绸之路沿线有太多的文化故事需要挖掘和传播——从远古神话传说女娲、伏羲开始，到今天的经济建设，通过故事来呈现，不仅可以将抽象的宏大叙事具体化，而且受众接受起来更加容易，更感兴趣。

文化身份的认同决定了传播的立足点并影响其传播效果，所以寻求传播过程当中的文化身份认同至关重要。数字技术不仅改变着传播实践，也影响着传播理论的建设。"社会文化机制是文化身份认同最主要的来源，包含了诸多宏观层面上的因素，如语言、文化遗产、价值观念体系、大众媒介等。这些来源对文化身份认同的影响并不是独立的，而是彼此勾连、相互影响的。"① 数字技术的进步使信息传播方式被"祛魅化"，个体对群体形成挑战，群体主义遭到消解变形。原先自上而下的强制性传播，已经演变成由下而上的共同参与。数字技术打乱了很多交流模式，自由、平等、个人尊严的声音凸显，需要新的数字时代环境下传播者从"他者"角度观察反思，和受众一起互动，如此才能保证文化身份认同的现实基础。

从叙事学视角对传播丝路文化进行考察，改善传播丝路文化的方式。丝路文化的传播不仅仅是地方的叙事，更是国家的叙事。在全球范围内，不同的国家叙事可以帮助人们了解不同文明的根基。② 国家叙事即在叙事学视野下探讨——展现国家形象，赢得受众认同。在丝路文化的传播过程中，地域形象传播容易陷入老套刻板的描述之中。将个人的故事、地方的故事微缩在宏观的历史语境当中，是丝路文化传播的支撑。

随着国家战略推进和时代变化，丝绸之路文化产业总量结构不断提升，甘肃省文化产业有了进一步发展。然而，丝路地区在文化产业方面仍然存在着诸多问题亟待解决，如转化形式单一、集聚开发效应缓慢、文化产业地位不强等问题。

落后的文化观念是甘肃省经济文化难以发展的根本原因。甘肃本土文化的保守性、封闭性导致了甘肃省经济文化建设滞后，其文化在本质上还是传统的农业文明，封建的生产思想根深蒂固，难以掀起创新潮流；小农社会特色的一整套文化观念制约着人们的思维，以致甘肃的经济社会发展停滞不前。而国外的一些文化建设理念，或许对甘肃省的新丝路文化建设有一定启示。

推动新丝绸之路文化建设，不只是转变故步自封的文化发展理念，更需要相适应的健全文化体制的引导。因此，遵循文化市场规律和国际标准制定文化产业政策要遵循科学的原则，完善文化产业的政策体系，兼顾文化政策的经济目标、政治目标和文化目标，加强文化产业政策与其他领域政策的协调是建立文化产业体制等都需要考量的方面。

---

① 但海剑、石义彬：《数字时代跨文化传播中的文化身份认同》，《武汉理工大学学报》（社科版）2009 年第 8 期。

② ERICA MUKHERJEE. The Implications of National Narra – tives，http//www. perspective – son-globalissues. com/the – implications – of – national – nar – ratives/，2013 年 9 月 20 日。

如何提升丝路文化传播影响力，利用数字搭建时代背景、进行跨文化传播、形成情感沟通和价值交流，是当下丝路文化传播中思索的重点。本书以甘肃省文化建设为例，将文化产业发展放在"数字时代"的环境背景下，对比了城市与乡村数字时代文化建设发展的异同，探索了数字时代新技术变革下文化建设路径，总结出甘肃文化建设的特有模式，为甘肃文化建设提出了战略措施、政策导向及空间布局。全书共分为四大部分：理论篇、现状篇、惠民篇、案例篇。

第一章介绍了数字时代的文化传播效能模式。在当下科学技术不断被"祛魅化"的同时，传播模式也在随之发生演变。我们首先对原有的几大传播模式做了简述：美国学者哈罗德·拉斯韦尔 1948 年在《传播的社会职能与结构》一书中提出的"5W"传播线性传播模式、美国贝尔实验室工程师克劳德·香农和韦弗在《传播的数学理论》一书中提出的香农—韦弗传播模式图、美国学者奥斯古德于 1954 年提出的双行为传播模式图、施拉姆 1960 年提出的循环传播模式图、保罗·拉扎斯菲尔德和伊莱茨休·卡尔于 1955 年提出的两级传播模式、德弗勒 1960 年在《大众传播理论》一书中所提出的环形传播模式、西奥多·纽科姆于 1953 年提出的对称传播模式图、美国传播学家弗雷特·罗杰斯和弗洛伊德·休梅克 1971 年在《传播的创新》一书中提出的网状扩散传播模式图、德国学者马莱茨克 1963 年提出的大众传播模式等。然后概括了数字时代下文化传播的特殊性：从信息来源、传播主体、传播渠道、效能的渐近性、传播累积性、传播工具、传播过程、传播互动等 11 个方面，以及文化成品作为带给人类直接精神享受的载体，其传播过程中体现的实用、共享、向往、参与的四大特性。最后为方便讨论，将文化大致分为音乐文化、书面语言文化、造型文化、综合性文化四类，探讨数字时代下文化传播的效能模式。

第二章首先总结了最新的数字时代新媒体的发展状况。截至 2014 年 6 月，中国网民已达到 6.32 亿，新媒体的发展不仅改变了传播方式、传播格局，也让文化传播的原则得以重新修正。根据罗格斯的研究采纳与扩散理论，以及香港城市大学祝建华教授在此理论基础上以北京和广州两地作出的验证修改为参考，本章列出了数字时代下文化传播的几大原则：传播方式的多样性、传播事物的可接近性、传播内容的新颖性、传播对象的时代性与历史前瞻性、传播的现实对接性、传播的生动性。

第三章以兰州市"4·11"局部自来水苯超标事件为例，对公共危机事件的报道方式做了探讨。本章运用框架理论、数字时代危机传播理论、内容分析法，通过比较不同类型媒体对兰州自来水污染事件报道的异同，发现总结危机传播事件中媒体的框架偏向及报道方式、存在问题等。既有翔实的数据样本来源，又有一定理论支撑下的文本分析。在当下媒介环境早已翻天覆地变化的同时，传统报道模式似乎力不从心。尤其是媒介技术的飞速发展下公众参与度不断提升，突发事件正是考验政府公信力、媒体舆论监督职能的关键点，因此对危机传播的研究显得尤为必要。

第四章分析了数字时代视听内容的收视模式及运营策略。数字技术的发展让电视收视模式发生了变化：接收终端移动化、立体化、高清化、互动性的社交电视即将出现，时移电视将是人们未来的主要收视方式。另外，电视科技革命的变化，也会导致电视运营趋势的转变：全球化媒介工业时代即将到来；资本运作规模化竞争是必然趋势；广告与付费节目两种方式将依然并存；节目传播平台也早已发生变化，这一点网络的渗透可见一斑；收视测量需要更新；电视的本土化和全球化需要相辅相成；技术的发展普及也使得创作主体趋于多元。

第五章以今日头条为例分析了今日头条内容运营的战略，比较了传统媒体与新兴媒体在创作主体、内容决策、内容来源、传播方式、技术平台、销售模式和激励机制等方面的异同。面对传统媒体不断流失的市场份额，僵化的管理体制，新媒体的截杀，传统媒体要成功转型，就得尊重互联网络时代的信息传播特点，学会、实践并超越在新兴媒体行业中运用的战略和思路。

第六章以当下国家政策、文化环境发展等因素分析了文化产业在丝绸之路经济带建设中的主导作用。甘肃作为丝绸之路的重要地段，必须有相应的文化产业体系来适应新的文化发展形势：教育、科技、城市景观、传媒、休闲娱乐，等等。

第七章着重探索陇东南文明产业区的建设。作为全国华夏文明生态的缩影，陇东南在华夏文明传承方面非常具有发展潜力。本章在对陇东南地区庆阳、天水、平凉、陇南四大城市的历史文化、民俗文化资源进行梳理的基础上，总结了四大城市文化建设发展中各自存在的问题，并根据各地特色分别提出了发展策略：庆阳市确立核心产业、引进人才、增加宣传、重视红色旅游的文化建设策略；天水市联动策略、打造标志性的文化旅游城市；平凉市加大养生平凉发展和宣传；陇南市打造精品景区、加强基础投资和区域合作、完善旅游体系等文化建设策略。

第八章和第九章对河西走廊及兰白都市圈文化产业发展的区位要素、资源要素进行了梳理，并提出了一定的发展对策：优化发展环境、强化基础设施建设、整合资源、合理规划、拓展文化领域、实施文化产业发展的人才工程，等等。

第十章着重分析了甘肃省的文化体制改革。通过文献分析法和比较研究法，参照中央地方关于文化体制改革的政策文件，分析国外文化体制及国内其他地区成功案例，从市场主体、文化事业单位改革方式、文化运行机制、文化产业发展面临困境、政府职能与管理方式方面入手，分别予以分析并提出可行性对策。

第十一章、第十二章、第十三章和第十四章全部属于惠民篇内容，这四章选取了甘肃省四大惠民工程——"户户通"建设工程、农村书屋建设工程、文明素质提升工程、文化信息资源共享工程的实施状况为调研样本，采用问卷调查、访谈等研究方法，以甘肃省兰州市、白银市、陇南市为例，对四大惠民工程进行调研分析。以百姓的知晓度、享用度、满意度、民众评价为基本评价标准进行评估，了解其工程背后的建设情况并分析地方政府的重视程度、经济发展程度、区域地理位置等因素。

研究显示，这几大工程中"户户通"居民满意度最高，即便如此，欠发达地区的宣传力度、管理模式、使用效率、后期维修仍亟须改善。对此第十一章给出了相应的对策：完善制度建设、加大宣传力度、实施地域信息采集消除盲区、加强播放节目内容的针对性、扶持涉农节目、完善"户户通"变为"一卡通"的信息功能、强化后期维修以保证工程长久畅通。

农村书屋建设工程中，调查显示民众知晓度极低，需求差别很大，宣传力度不足，缺乏有力监督机制。针对此情况，第十二章给出了十余项策略，提出了用创新图书阅读模式等对策来加快农村书屋建设的进程。对政府相应政策的出台，不仅提供了理论方面，而且也提供了实际方面的依据。

文明素质提升工程中，提出了宣传教育、实践落实、监督监管三个方面对策：公益广告宣传、甘肃形象宣传、树立人物典型、传承发展非物质文化遗产，等等。

文化信息资源共享工程一章中着重以当下微传播的传播特征及环境概

述文化信息资源共享工程和甘肃省发展现状。基于新媒体的优势及当前碎片化的消费环境，更应该重视其在文化信息资源共享工程中的积极作用。拓展新媒体平台、建设相应文化信息资源库、建立文化信息资源共享机制、提升文化信息资源服务效果，是保证该工程可持续发展的重要路径。

第十五章以甘肃省的广电媒体为例，探讨当前西部地方卫视的运营困境和对策。西部地方卫视建设虽已取得不小进展，基本形成了稳定的报道格局，但是仍然存在精品节目缺乏、资源浪费严重、节目创新不足、本地突发事件报道"失语"、难在国内外形成舆论影响力等困境。针对此现状，本章提出以下对策：创新内容，打造甘肃元素品牌栏目，走本土化发展之路；完善突发事件报道应急系统，最好做到直播常态化；积极探索多渠道广电投资融资机制；打造以受众为核心的网状传播模式；等等。

第十六章分析了融媒时代甘肃省文化艺术产业的发展困境及对策。媒介融合趋势对文化艺术产业的发展无疑具有很大的促进作用。它迫使文化艺术产业进行跨行业、跨地区、跨媒介整合，在提供成长机遇的同时也带来了竞争与威胁。寻找如何利用媒介融合科技趋势进行文化艺术产业跨越式发展的重要途径是本章探讨的内容。

第十七章以2014年在甘肃省和政县国家4A级景区——松鸣岩举办的第七届中国原生民歌大赛为例简析原生民歌大赛的宣传策略。民歌赛事作为甘肃省区域文化宣传和打造文化根基的重要思路，宣传策略上并未取得良好效果。赛事规模只是表面做大做实，品牌效应还未形成；宣传结果也差强人意，地方预算有限、资金引进不足，如何解决品牌冠名和资金互惠方式，是维持大赛长期发展的重要途径；另外，由于民族文化差异导致比赛标准出现审美空间距离。如何利用新媒体进行宣传、扩大影响，以及形成完善的大赛文化产业链等问题，是原生民歌大赛传播策略需要解决的问题。

第十八章以已经举办了三年的中国·嘉峪关国际短片电影节为例探讨了影展存在的价值和传播效果。甘肃省具有十分丰富的影视文化资源，如何宣传、利用这些丰厚的文化资源，形成相应的影视文化产业体系和品牌，不仅是甘肃省对外宣传的优势窗口，也是优化文化建设格局的重要组成部分。本章分析了嘉峪关国际短片电影节的传播方式、影节内容、传播效果，结合嘉峪关国际短片电影节的市场竞争力、甘肃省影视文化产业现状，指出当前影展的发展困境，提出今后嘉峪关国际短片电影节传播策略：传统媒体和新媒体联动传播、整合营销、培养影视文化产业链，等等。

第十九章采用 SWOT 案例分析法分析新媒体时代下伏羲文化的传播困境和对策。伏羲文化作为中华文化的象征和代表，其挖掘与传播对提升丝绸之路文化影响力甚至发展国家经典历史文化都有现实意义。把伏羲文化变成地域优势精品文化、突出内容传播、利用好新媒体传播平台及文化故事讲述策略，是振兴伏羲文化的重要方式。

第二十章以 2012 甘肃国际彩陶文化节、"丝路寻梦·绚丽甘肃"活动、2014 兰州国际车展、2014 兰州国际马拉松赛等甘肃省重大涉外事件为例，分析这几个重大涉外事件的传播状况，在此基础上着力探讨新媒体环境下甘肃媒体的传播效果，从而提出甘肃媒体传播的战略变革以及对策建议：传播内容和形式需要与时俱进，不断更新；新媒体和传统媒体联合互补，拓展传播的受众人群，精化传播效果；提升甘肃媒体的影响力和知名度，建立适应新媒体传播环境的甘肃媒体传播新格局。

第二十一章探讨了当下东西部地区政务微博传播效果，分别以"@陇南发布"和"@无锡发布"为例。2014 年 3 月 10 日，人民网舆情监测室发布的"地级市政府官微实力榜 TOP10"排行榜单中，"@陇南发布"政务微博排名全国第八。"@无锡发布"则连续九次位居全国地级市政务微博实力榜首位。微博的媒介特征使其在公众事件中往往发挥重要影响力，地方政务微博注册数量不断攀升。本章选择这两个基层政务微博进行对比分析：①总体情况（上线时间及关注度、运营平台）；②政务微博群；③微博内容与功能（粉丝与关注度、好友关注及内容、微博活跃度、微博发布时段和频率、信息交互度）。对比结果显示，东部地区对于新媒体的认识及接受能力高于西部地区、微博团队维护东部地区也要强于西部地区，两个地区都缺乏微博双向互动，仅仅单向传递信息，东西部政务微博的传播效果还有待进一步提升。

理　论　篇

第一章 数字时代的文化传播效能模式

第一节 研究文化传播模式的意义

自从人类社会诞生以来，传播现象便伴随着我们，我们的社会文化之所以能一代代地发展和延续，正是因为传播在社会中所起的重要作用。传播是社会文化延续的重要保证，是人类生存的经验得以继承和发展的重要保证。可以说，没有传播就没有文化的更好发展，就没有我们现在的社会，我们的社会历史就是一部传播发展历史。而在各项科学技术飞速发展的今天，除了传统的传播方式之外，文化传播同样依靠电子信息传播方式，使得其模式相较以往发生了一些改变。

在我们正如火如荼地进行社会主义现代化建设的今天，如何开展先进文化建设是我们每一个文化工作者所面临的问题，而进一步探寻移动互联时代的文化建设方式更是题中应有之义。为了寻求传播先进文化的方式与方法，对先进文化建设的规律进行探索，我们有必要对先进文化传播的模式进行研究。

研究文化传播模式就是要对现行的纷繁复杂的文化形态进行梳理，找到文化传播各个要素之间的关系，把握文化传播的关键环节，以便我们在先进文化建设的过程中对文化建设的关键环节和关键点进行把握，找出文化传播的规律性。美国比较政治学家比尔和哈德格雷指出："模式是对真实世界的理论化和简约化的一种表达方式。"[1] 1952 年，美国学者卡尔·多伊奇曾指出，模式是"一种符号的结构和操作的规则，它用来将已存在的结构或过程中的相关要点联系起来"[2]。研究文化传播模式正是要对

---

[1] ［美］赛弗林·坦卡德：《传播学的起源、研究与应用》，陈韵昭译，福州人民出版社 1985 年版，第 114 页。

[2] Deusch，K . 1952. On communication models in the social sciences. Public Opinion Quarterly 16：356 – 380.

文化传播的过程做一个理论化、简约化的认识，帮助我们弄清文化传播的规律性，为先进文化建设找到一些普遍的方法和经验，为先进文化建设找到要达到先进文化传播应有的效果而应注意的一些关键环节和采取的一般方法；另外，对文化传播模式的构建还在于使先进文化建设者在建设先进文化时能够注意到如何找到产生这样效果的更有效的方法；考察文化传播的效果达到以后，文化传播是否还有其他的功能有待开发，从而在一次文化传播的同时便可以达到一石二鸟或一石三鸟的功能。

第二节　原有的传播模式简述

有关信息的传播模式已有许多，提起传播模式，人们一般便会想到传播史上第一位提出传播模式的美国学者哈罗德·拉斯韦尔 1948 年在《传播的社会职能与结构》一书中提出的"5W"传播线性传播模式（如图 1 所示）、美国贝尔实验室工程师克劳德·香农和韦弗（Clavde Shannon & Weaver）在《传播的数学理论》（*Mathematical Theory of Communication*，1949）一书中提出的香农—韦弗传播模式图（如图 2 所示）、美国学者奥斯古德（Osgood，1954）于 1954 年提出的双行为传播模式图（如图 3 所示）、施拉姆提出的循环传播模式图（如图 4 所示）、保罗·拉扎斯菲尔德和伊莱茨休·卡尔于 1955 年提出的两级传播模式（如图 5 所示）、德弗勒在《大众传播理论》一书中所提出的环形传播模式图（如图 6 所示）、西奥多·纽科姆于 1953 年提出的对称传播模式图（如图 7 所示）、美国传播学家弗雷特·罗杰斯和弗洛伊德·休梅克 1971 年在《传播的创新》一书中提出的网状扩散传播模式图（如图 8 所示）、德国学者马莱茨克提出的大众传播模式图（如图 9 所示）等。

图 1　哈罗德·拉斯韦尔的"5W"传播线性传播模式

资料来源：From Lasswell, H. D（1948）. The structure and function in society. In L. Bryson（ed.）, The Communication of Ideas. New York：Harper & bros. Also reprinted in W. Schramm（ed.）（1960）, Mass Communications, pp. 117 – 130. Urbana：University of Pittsburgh Press.

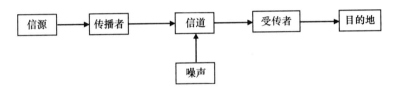

图 2　香农—韦弗传播模式图

资料来源：From C. Shannon and W. Weaver. The Mathematical Theory of Communication (Urbana：University of Illinois Press，1949)，p. 98. copyright @ 1949 by the Board of Trustees of the University of Illinois . Reprinted With the permission of the University of Illinois Press .

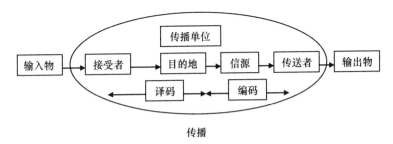

图 3　奥斯古德的双行为传播模式图

资料来源：Osgood，C. E.（ed.）（1954）. Psycholinguistics：A survey of theory and research problems. Journal of Abnormal and Social Psychology 49（Oct.）. Morton Prince Memorial Supplement.

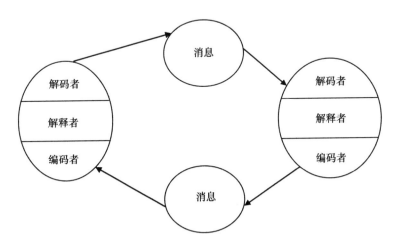

图 4　施拉姆的循环传播模式图

资料来源：From W. Schramm. How Communication Works，Chapter 1 in W. Schramm（ed.）The process and Effects of Mass Communication（Urbana：University of Illions Press，1954）：copyright @ 1954 by the University of Illinois. Reprinted with the permission of the University Illions Press.

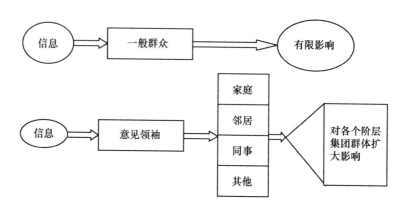

图 5　保罗·拉扎斯菲尔德和伊莱茨休·卡尔的两级传播模式

资料来源：From Lazarsfeld, P., and R. Merton（1948）. Mass communication, Popular taste and organized social action . In L. Bryson（ed.）, The Communication of Ideas, New York Institute for Religious and Social Studies. Reprinted in W. Schramm（ed.）（1960）, Mass Communications. Urbana：University of Illinois Press.

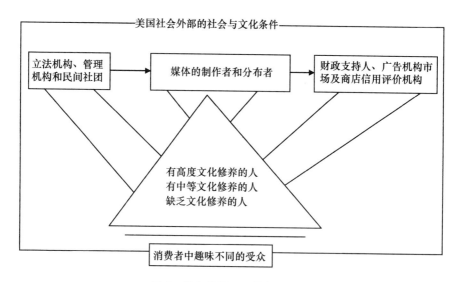

图 6　德弗勒的环形传播模式图

资料来源：转引自戴元光、金冠军主编《传播学通论》，上海交通大学出版社 2000 年版，第 188 页。

X

A   B

图7 西奥多·纽科姆的对称传播模式图

资料来源：From T. M. Newcomb. "An Approach to the study of Communicative Acts", Psyhological Review 60 (1953)：393. Copyright @ 1953 by the American Psychological. Psychological Association. reprinted with the permission of the American Psychological Association.

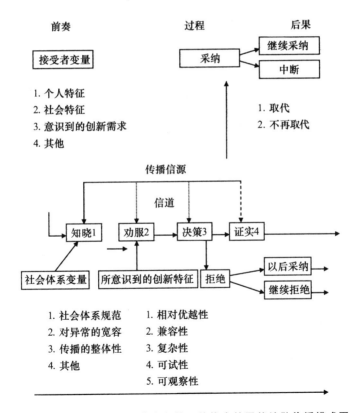

图8 弗雷特·罗杰斯和弗洛伊德·休梅克的网状扩散传播模式图

资料来源：From Rogers，E. and F. Shoemaker (1971). Communication of Innovations. New York：Free Press.

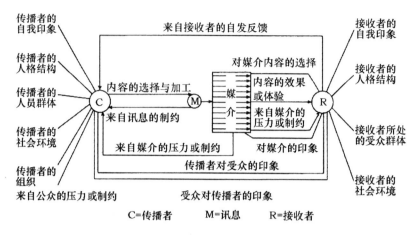

图 9　马莱茨克的大众传播模式图

资料来源：转引自戴元光、金冠军主编《传播学通论》，上海交通大学出版社 2000 年版，第 188 页。

拉斯韦尔的传播模式对传播现象做了符号化、简约化的描述，反映了传播的基本过程，为我们研究传播模式提供了思路，奠定了基础。香农的传播模式将电路原理的直线性、单向性传递过程引入人类的传播过程，展示了传播中各个要素的重要作用，另外他还将噪声这一影响传播效果的元素引入到了传播学研究的视野。但是拉斯韦尔和香农的传播模式是一种线性的传播模式，没有反馈，而且香农的传播模式太过于机械化，这显然不能帮助我们解释十分复杂的社会传播现象。保罗·拉扎斯菲尔德和伊莱茨休·卡尔的两级传播模式虽然给予意见领袖以充分的重视，但是它又忽视了媒体的作用，而今天的受众在很大程度上是从媒体获取信息的。另外，意见领袖并不只是一味地传递信息而不对信息反馈。而后来的传播模式虽然也对他们的传播进行了修正，针对社会中的大众传播模式方面的传播现象做了简约化、理论化的描述和总结，为大众传播的研究做出了突出的贡献。但这些大众媒体传播模式主要建立在对西方社会大众传播的现象的分析和总结的基础上，是对其社会传播结构和体系的总结，因而有许多情况并不适合我们国家。更为重要的是，文化包罗万象，其构成是非常复杂的。文化传播的过程更是复杂多变的，而大众传播只是文化传播中的一种特殊形态。虽然这些传播模式给予了我们研究文化传播现象很多启发，但是毕竟文化传播有许多不同于大众传播的地方，大众传播模式不能替代文化传播的模式，文化传播有其自身的特殊性。

第三节　数字时代文化传播的特殊性

一　信息来源的多元性

在大众传播过程中，媒体充当了受众的信源，受众只有通过媒体才可以接触到信息，而且从媒体本身来说，它存在的意义在很大程度上就是因为它充当了人们的信源。受众身边只要有大众媒体存在，就可以"秀才不出门，便知天下事"。因为这个信源是有人在为它源源不断地补充"能量"。对于受众而言，受众需要做的就是去选择、接收这些信息，尤其对传统媒体来说，受众的反馈是很有限的。然而，文化传播则不同，它的信息来源有很多种，受众的信息有可能是从大众媒体那儿得到的，或从新媒体处获得，也有可能是从其他的人那儿听说的，也可能是他自己亲身经历的。信源的丰富性与信源的单一性导致了文化传播与大众传播在许多方面各有不同。

二　文化传播主体的多元性

在大众传播中，虽然大众传播的主体即媒体工作人士在信息加工过程中会碰到许多信源，而且其传给受众的信息是丰富的，但是受众只能通过媒介从他那儿取得信息，这就如同受众通过媒体一扇窗户去接触事物一样，他只能从大众媒体的工作者这一唯一的传播主体来获得信息。这说明大众传播的主体是单一的，而文化传播的主体则是多元的。生活中的任何一个事物都可以充当文化传播的主体，尤其是在数字新媒体盛行的时代，主体在传播文化时也在创造着新文化形式，建立新文化秩序。正如麦克卢汉所说"媒介即信息"，任何一种新、旧媒体，其形式本身也是一种文化内容。

三　传播渠道多元性

在大众传播中，受众是通过媒体得到信息的，而且也只能通过媒体得到，即使有舆论领袖，这个舆论领袖的信息也是通过媒体得来的。这就决定了大众传播的主体只有一个——媒体。大众传播只能通过媒体来向受众传递信息，因而只要控制了媒体，便如同掐断了大众传播的咽喉。而文化传播的渠道是多样的，文化传播的渠道除了大众传播、新媒体传播之外，它还可以是现实中的实物，可以是讲一个故事、一个传说、一个寓言、一本小说等，也可以是表演一部戏剧、一个秧歌、一个舞蹈、一部话剧、一部舞剧等，真是"条条大路通罗马"。

四 传播产生效能的渐进性

文化传播产生效能的渐进性不仅是指文化传播在时间上具有渐进性，而且是指文化传播在空间上也具有历史久远性。

由于客观条件的制约，文化要传播到接收者那里需要一个过程。由于主观条件的限制，传播对象要理解传播的文化也需要一个过程，要接收文化更需要一个过程。中国人讲"十年树木，百年树人"，英国人讲"培养一个绅士要经历三代"，就是讲文化传播要产生效能是一个漫长的过程。文化形态一经形成便会在一定的时空中存在下去，也不容易消失。如雕塑、绘画、篆刻等一旦形成，就会作为一个事物而存在，而不像大众传播那样稍纵即逝。文化传播的这种持续性的存在为文化传播效能产生的渐进性创造了条件。如果文化传播是稍纵即逝的，那么有些文化便无法延续。文化传播到信宿那里并没有像化学反应一样立刻产生明显的效果，当然也不是到信宿那儿就一定停留下来了，而是很有可能展开二次传播或多级传播。历史上有许多祖传秘方就是父传子、子传孙这样代代相传的。另外，同一时空内的人们之间也会互相进行文化传播。人类文化的发展是逐渐积累而流传下来的。

正因为这样，一种文化从传播到产生作用是一个漫长的过程，需要上百年，有的甚至需要上千年。比如，封建文化在我国已经存在了上千年，虽然从"五四"就提出了"德先生"、"赛先生"的口号，要打倒封建文化，建设民主科学的现代文化，但是已经快一个世纪了，封建文化的遗毒还依然存在。在社会上，封建迷信思想、门第出身观念、等级观念、任人唯亲等丑恶现象依然存在。当然，随着现代传播工具的发达和人们文化水平的不断提高以及社会的进步，人们接受文化的能力有了很大提高，文化传播效能产生的时间已经在缩短。比如，报纸从产生到广泛使用用了300多年的时间，广播从产生到广泛使用用了不到一个世纪，电视从产生到广泛使用用了不到半个世纪，而互联网从产生到广泛使用的时间则更短。但是时间缩短并不等于不需要时间，文化传播要产生效能还是需要时间的。

五 文化传播具有累积性

文化传播的累积性表现在文化是一代又一代的人共同创造和积累的结果，后代人总是在不断地吸收、总结和借鉴前人的奋斗成果中发展和创造出更加优秀的文化。比如文化传播中审美能力的培养，人的审美能力是一种文化的累积，是历史地形成的。正如马克思所说的："人的审美感官及其审美能力，是以往全部世界史的产物。"正是由于文化具有累积性，才使得文化在其发展过程中从量上增多。

六 对传播工具的不同依赖性

大众传播必须依赖其工具——媒体，而文化传播则不需要。由于文化传播来源的多样性和传播手段的多样性，其传播不必拘泥于一定的传播工具。受众之间可以通过大众媒介工具、新媒体及手势语言、面部表情等副语言来传递信息，也可以通过"鸿雁传书"或自己身临其境去寻找，等等。

七 传播过程的可反复性

大众传播要讲究传播的时效性，如果一件事情没有时效性，那它就不能成为大众传播的传播内容。新闻是要讲求时效性的，现在随着网络的出现和手机等现代化工具的使用，新闻的时效性要求越来越强，几乎达到同步的程度。但是文化传播没有这种要求，有的反而有延时性。人们对其内涵、外延的理解，当时未必了然，过后逐步了解，有的历史愈久，价值愈见彰显。由于个体的认知过程是一个由浅到深、由易到难，从不知道到知道到理解到掌握的过程，因而要让个体直接理解某个文化事件是不可能的，也是不现实的。文化的传播要一步步来，它的传播是一个不断反复的过程。在这个反复的传播过程中，文化得到不断的选择、剔除、融合和创新，从而完成了文化的增值。一个故事、一个传说，可以从爷爷那里传到父亲那里，再从父亲那里传到儿子那里，然后从儿子那里传到孙子那里，虽然传播了许多遍，但是丝毫不会影响它的传播效果。

八 传播的潜移默化性

大众传播可能在短期内便达到其效果。它的时效性较强，效果也很明显。自 2003 年 4 月份非典型性肺炎在我国大面积传播以来，我国媒体便开始了全方位、立体式的报道。由于媒体报道及时，非典型性肺炎得到了全国人民的重视，于是在不到两个月的时间里，便得到了有效控制。但文化传播不是一蹴而就的，它的传播要达到一定的效果往往要经过时间的考验。文化是流淌在人们的血液之中的，其具有传承性，一般不易改变。人们在接受某项文化时或许由于某个原因（比如沉默的螺旋）而表面接受了某种观点，但是要使之真正变成其文化内涵中的一部分，则是很难的。虽然在新、旧媒体的作用下，文化传播速度快、到达率高，但文化的接受依旧需要较长时间。它需要人们在日积月累中去慢慢感悟和体会。它是一个潜移默化的过程。文化传播的潜移默化性导致了文化传播效果的渐进性。文化传播要发生作用需要经历一个漫长的过程。

九 产生效能的多级影响性

文化传播的效果的产生不是一个点，也不是一条线，它是以发散式的多级影响模式出现的。比如，一部电影甲看了以后可能会立刻产生一种感觉，但是当他把此电影同乙讲了以后，乙有可能产生不同的感受，如果甲和乙再讨论、争论一番，那么甲的感觉又会和以前不一样了。这样看完一部电影，可能会产生多重影响，而且会有多重不同的影响。之所以产生这种"横看成岭侧成峰，远近高低各不同"的感觉，是因为每个个体的阅历与认知结构不同。即便每个个体的阅历与认知结构相同，传播过程中各种复杂的因素也会导致传播的效能是不同的。

十 产生效能的传承性

文化传播要达到一定的效果需要经历一个缓慢的过程。文化一般是流淌在人们的血液之中的，它具有传承性。所以一个文化传播一旦产生效能被另一个地区或民族接受以后，一般都不会改变。正因为这样，中华文明才会在人类曾经有过的数十种文明先后消亡时，却能在世界文明史上保持自己的独特地位而延续千年至今不衰。今天划分出这么多的文化区域，也是因为文化传播产生的效能具有传承性。文化传播产生的效能具有传承性是因为每一种文化都具备某种传递和延续生命的手段，都有一整套自己的传承机制。这种手段就是这种文化所产生的可以供世代传承相沿的共识符号，这种符号是该文化共同体内聚力和团结力的象征。每个成员都深深镌刻着该文化的印迹。这种传承性十分稳定和持久，它存在于接受者的整个文化发展中，并作为其核心要素与文化共同体相始终。另外，这种传承性协调并维持着一个文化共同体的平衡，对该文化共同体的发展具有调适、整合的功能。

十一 文化传播具有互动性

以往文化传播渠道除大众媒体之外，也可以是现实中的实物，或者故事、传说、小说、戏剧等。而今随着网络的普及、移动互联网的应用，数字新媒体技术进一步改良和优化了文化传播系统，其大大拓展了文化传播平台，重组了文化传播渠道。单一方向的传播，如受众接受大众媒体的信息推送、民间口耳相传、演出观赏等方式，逐渐加入了各种新媒体的形式。这些传播方式将传受互动加入其中，受众可以充分参与并及时反馈，而且主客体角色随时进行互换。这使得文化传播的内容更加多元、丰富和完善。被传播的文化可以集合更多的智慧，提高社会向心力、凝聚力与文化认同感，以更高效、全方位地到达目标人群。

第四节 文化成品的传播特性

一 实用传播性

一般来说，文化成品会给人们带来精神上的享受，但是文化成品在传播过程中不仅仅给人们带来娱乐性，缓解人们的工作压力，而且它会给人们带来种种实惠。这种实用性可能会独立存在，也可能会贯穿在精神享受之中。只不过人们在享用它的时候会分不同的消费层次，会有不同的侧重点而已。它主要表现在以下几个方面。

其一，它具有传播功能。传播功能体现出文化产品的社会服务性，它能有效地将信息传递到消费者那里，帮助消费者分析、决策、解决生活中的事情。例如，新闻传媒、展览、广告、信息咨询等都具有这项功能。

其二，文化成品作为社会精神文明的工具起到社会宣传、教育功能。它帮助政府宣传方针、政策的实施，帮助人们学习先进的东西，提高自己。

其三，文化具有增值性的功能。在所有的产品中，只有极少的产品能够像文化产品那样具有年代越久远就越值钱的功能，所以文化产品具有增值功能，如艺术品、古玩、各种收藏品，其增值性是吸引人们对之投资的动力。文化产品在其传播过程中会给人们带来实用性，大大刺激了人们消费文化产品的欲望。

二　共享传播性

文化成品的传播具有共享性，在文化传播过程中，文化成品往往不是作为一个独立的个体为一个人所享受的，它具有共享性。正如我国古代伟大的思想家孟子在《庄暴见孟子》中问道："独乐乐与众乐乐，孰乐?""与众乐乐"一样，文化在其传播过程中，较多的也是以一种大众共享的姿态出现的。文化建设要"为人民服务，要深入群众"就是说要让文化传播的共享性得到更大的发挥。一尊雕塑、一个电影院、一个园林、一幢摩天大楼的存在往往都是为大众而建设的，而且其建成以后也往往发挥着这种功能，很少有人能将一个园林、一场电影、一幢摩天大楼放在自己家里而不让别人看见。

三　向往传播性

文化成品要能使其功能得到发挥，它就必须先得到传播。若要使文化成品的功能得到更大发挥，它就要在更大范围内传播。正如千里马向往伯乐一样，文化成品向往传播，它具有向往传播性。比如发明一件产品，可能只有发明者几个人知晓，其发挥功用的范围也只能限于这几个人之间。但是对于发明者本人来说，产品本身对社会的功用很大，但并不等于其本身会直接给发明者本人带来实际用途。所以，他就会想尽办法去传播这项产品，或申请专利后请别人帮他传播或自己免费公之于众，让人去传播、利用。现在计算机界研究的 Linux 技术就是由很多的计算机专家一直在不断地免费公开其研究成果，从而 Linux 技术在许多计算机专家的相互启发和不断刻苦研究下迈向了前进。

四　参与传播性

文化成品的作用要发挥就必须传播，要使其功能得到更大的传播，文化成品就需要得到更大范围的传播。文化成品在其传播过程中实现了其本身的价值，而且也只有在传播过程中，其价值才能得到发挥。所以文化成品具有参与传播性。

五 内涵的可发散性

文化成品本身蕴含的信息是非常丰富的，其内涵具有发散性。文化成品内涵的发散性来源于以下三点：

其一，文化成品本身具有多义性。

为了增加文化成品所蕴含的信息量，文化成品的主体在创造文化成品的各个环节中往往会有意地营造一些"空白"来增加其"熵"值（熵是信息论中经常提到的一个字眼，它是指一种情境的不确定性或无组织性）。比如，现代影视作品中在叙述了一对男女主人公之间的一些曲折动人的故事之后并没有以一个"句号"结尾，其结果是悲是喜、是离是合，并不做一个交代。古希腊著名雕塑作品《断臂维纳斯》与《胜利女神》《蒙娜丽莎》一起被誉为世界三宝，可见其在世人心目中的地位与影响。断臂维纳斯以其断臂获得了一种不可超越的美。断臂维纳斯双目无瞳、双臂残断，然而却成为世界女性艺术美的典范。断臂维纳斯是美的，这一点，人人都承认，但怎样欣赏断臂维纳斯，她为何是美的，许多人未必说得出。为什么说不出呢？就在于其表达意蕴的抽象性，其作品本身暗含信息的丰富性与不确定性。

其二，传播渠道的不同造成了文化成品内涵的多样性。

不同的传播渠道要求传播的文化成品对象要有不同的编码方式、不同的传播渠道、不同的传播方法和传播技巧。比如电影就要求必须把素材加工成胶片，然后通过一系列的化学反应和光电反应才能传播。通过电影传播给大众的是一种直接的音、形、文字的传达，其传达过程不再有转述这个环节，受众对其理解是直接的。但是如果这部电影不是该受众去电影院看的，而是听别人讲的，那么他对这部电影的理解可能就和他直接观看的效果大不一样，因为这个过程附加了他人的主观评价和筛选环节。所以就电影的理解本身来看，有可能比他亲自看该部电影更深，意义更丰富，也有可能更少，这取决于转述人的审美水平。同样，同一部电影，在电影院看的效果与看盘片的效果是截然不同的；即使同一部电影在相同的地方观看，但是如果和不同的人看，又会造成其感受的不一样。即使同一部电影，同样的地点、同样的人，但是在不同的时间去看、不同的心情去看、不同的原因去看等都会造成对该电影的不同理解。所以传播渠道对文化成品的意义的解读有很大影响。文化传播渠道的差异性是造成文化成品内涵的发散性的重要原因。

其三，受众的理解造成了文化成品的多义性。

由于文化成品的接受者文化水平、阅历等认知结构的差异性造成了不同受众对同一种文化成品有不同的理解，也可能存在由于文化受众的思维发散性，或由于其阅历、认知水平的提高，其会对同一种文化成品在不同时间阶段上表现出不同的认知结果。认知结构的变化会对作为一个意义整体的文化作品产生多义性。而且作为一个文化成品，其各个构成的环节所表达出来的意义也是多维和多向的。鲁迅曾经指出，在看《红楼梦》时，单是命意，就因读者的眼光而有种种："经学家看见《易》，道学家看见淫，才子看见缠绵，革命家看见排满，流言家看见宫闱秘事……"[1]

总之，大众传播的特殊性决定了它的传播模式必然有许多地方不同于文化传播的模式，因此我们不能照搬大众传播的模式去研究整个文化传播。要研究文化传播的模式就要对文化传播的形态、特征和传播的流程进行分析和总结，这样构建出来的文化传播模型才具有简约性、创新性、预测性、普遍性、真实性和现实指导性。

第五节　文化传播的效能模式透视

虽然文化传播可能由于每次传播的内容不同、传播的环境不同、受众的特点不同等而导致每次传播都有其自身的特点，但是在其中总有一些共同的东西。创建文化传播的模式正是旨在探究文化传播过程中所具有的共同的一些属性和特征。对文化传播模式的探究可以帮助我们对文化传播的流程进行解读，以便弄清文化传播过程中的重点和难点，从而使我们认清文化传播的规律。另外，对文化传播流程模式的构建有利于文化传播者在其文化传播过程中制定科学的决策和执行计划时做一个参考，从而提高文化传播的效率，有效地进行文化传播。

---

[1] 《鲁迅全集》第 7 卷，人民文学出版社 1981 年版，第 419 页。

文化的外延包含内容太多，文化的发展史便是人类的传播史。文化传播可以按整个传播形态出现的历史大致分为口语传播、文字传播、电子传播；按照其传递的对象可以分为自我传播、人际传播、组织传播和大众传播；也可分为一般性传播、专门性传播（如职业教育等）、系统间文化传播（如跨文化传播等）。① 这里以文化传播的内容存在的形态将文化传播现象大致分为音乐文化传播、书面语言文化传播、造型文化传播和综合性文化传播四类来研究、探讨文化传播的模式。当然，文化是一个很复杂的现象，文化要素之间互相影响、互相渗透、互相作用，一种文化形态之中可能会包含另外一种文化形态或者具有另外一种文化形态因子。所以对文化进行分类也只是为了研究方便，而不是将其一刀切成四份。

一　音乐文化传播

音乐文化传播是指使用音乐语言（主要是以音乐的和声、旋律、复调、音乐器械等形式为表达符号）创造性地运用音乐艺术形象来传播文化的一种传播方式。

1. 音乐文化传播的特点

音乐文化传播是以人的耳朵作为大众接受中介的一种传播方式，它企图通过声波的传递使大众产生心理上、生理上的美的感受。音乐传播具有抒情性、模糊性、易逝性和民族共通性等特点。

（1）抒情性。

音乐文化的创作与接受是一种情感的再现和交流。不论是曲作家、词作家还是歌唱的演员、乐器的演奏者，其创作传播文本的过程都是一种抒发情感的过程。没有寄情感于音乐的音乐作品不是一个好作品。若没有梁山伯与祝英台那刻骨铭心的爱情，若没有将他们的爱情融入《梁祝》，那我们今天就听不到那么优美的曲子。俄国作曲家柴可夫斯基在评论舒曼的作品时说："在舒曼的音乐里，可以找到我们心灵生活的神秘而深奥的过程，找到怀疑、失望与追求理想的激动心情的反应。"②

（2）模糊性。

音乐的传播没有语言文字那么简单易懂。因为音乐文化的创作过程

---

① 戴元光：《传播学通论》，上海交通大学出版社 2000 年版，第 131 页。
② 邵培仁：《艺术传播学》，南京大学出版社 1992 年版，第 164 页。

是用纯音乐符号来表达的，对于普通大众来说，没有乐理知识的人很多，要他们直接去接受音乐文本是不可能的。即使在音乐表演者将音乐文本用声波这种听觉语言表达出来以后，听不懂音乐所要传达的意蕴的也大有人在。音乐的传播过程也就不仅需要传播的主体要有音乐知识，而且传播的对象也要有相当的乐理知识，需要受众有丰富的想象力，不然传播主体与传播客体就无法沟通，传播的效果就不明显，传播的目的便达不到。不懂音乐的受众听不懂音乐所传达的细微情感；音乐欣赏水平低的人也听不懂高雅的音乐；而欣赏水平高的人也对通俗的音乐作品不屑一顾。这正如所谓的阳春白雪，下里巴人。所以在音乐传播中既要依据传播对象的特点对症下药，又需要一些文化精英人士对传播的内容加以解读和剖析，以帮助和引导其他人欣赏和消化该音乐作品。

（3）易逝性。

音乐传播是一种用声波信号来传递信息的文化。它是一种线性的文化传播方式。它不如雕塑或书面语言那样一旦产生便不易消失，它是稍纵即逝的。它的记录和存放必须用特定的载体，如磁带、磁盘、光盘等。不如书本随手拿来翻就是了，音乐会自动随时间而不断播放，播放过去以后前面的文本将不会再现，除非你再重新播放。对一般受众来说，书本可以反复看，但是音乐会或现场大型文艺晚会一般是不可以重复看的，它稍纵即逝。这就要求受众在接受过程中对音乐语言很熟悉，对音乐语言的理解能力很强。不然受众听了很长时间不知所云却又不能反复去听、去理解。所以音乐精英文化人士帮助普通大众理解和解读音乐文化以及大众提高音乐文化素养是相当重要的。

（4）民族共通性。

音乐的表达形式在全世界是共通的，不论是中国还是外国，旋律的主要基调都是一样的。很少出现国外用来表达悲伤的调子却被国内用来表达愉悦的心情，或者国外用来表达快乐的调子却被国内用来表达伤痛的心情。由于国际上通用五线谱或简谱，用声音的高低、强弱、快慢来表达音乐所要传递的内容。因而音乐语言的传播可以跨越国界的限制，做到世界各民族共享。

2. 音乐文化传播模式图（见图10）

在音乐传播过程中，首先是音乐家或有乐理知识的人在对社会感悟之后，将其编码加工成音乐艺术符号文本，主要是为了音乐表演者更好地理

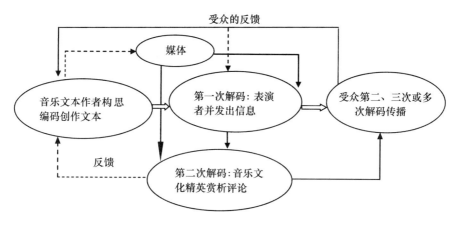

图 10　音乐文化传播模式图

解和传达他的创作意图，然后通过一些艺术表演，如歌唱家的歌唱或演奏家的演奏来传递给大众。

可见，在音乐文化传播过程中，音乐传播的一级主体——文本创作者一般不和受众接触，而一般的受众也看不懂音乐符号，只有在表演者演奏时，受众才理解音乐传播的精华。所以音乐传播者的才华在音乐传播过程中是很重要的，音乐文化传播不仅要靠他们来吸引观众，另外还要靠他们来表达正确的信息。只有音乐传播者准确地翻译出了原作品文本的符号、原作品要表达的意图，读者才能更好地接受和享受音乐文化。另外，对文化水平较低、理解力较差、乐理知识较少的受众来说，会存在一个与表演者的知识沟通问题。所以在音乐文化传播过程中，音乐文化精英的文化赏评的引导和讲解对于普通受众来说也是很重要的。

二　书面语言文化传播

书面语言文化传播主要包括小说、诗歌、散文、戏剧（文本）等。其表现特征主要是以书面文字的形式创造、记录、传递文明。它主要作用于人的视觉系统。通过各种写作手法（如描写、叙述、议论、抒情等）和各种修辞手法（如比喻、拟人、借代、通感、象征、排比、夸张、对偶等）来创作文本，进而传播信息。书面语言文化传播是语言文本的创作者将丰富的社会阅历内化为构思，然后用书面的语言表达出来以供读者去欣赏、解读的一种传播方式。

书面语言文化传播过程简单，但是由于语言文字的丰富性，受众思维的千差万别使得书面语言文化传播的内容所反映出来的意蕴也有不确定性。但是同音乐文化传播和造型文化的传播相比较而言，其不确定性则比较小了。另外，由于这种传播方式操作起来简单方便，于是它也是人类社会中比较常用的一种文化传播方式。书面语言文化传播的流程（见图 11）一般由以下几个环节构成：

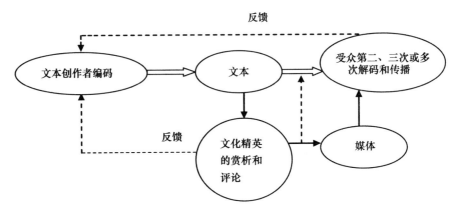

图 11　书面语言文化传播模式图

首先由文本创作者将其构思符号化，创作出语言文本，提请有关部门审查，然后交到印刷社去印刷，再通过各种形式与读者见面。在这个过程中，文本创作者一般不和读者见面，一般的读者也不会向其作者提出问题、进行反馈，即使有反馈也多是一些文化精英人士。另外，在这个传播过程中，文化精英人士的赏析和评论是很重要的。媒体或许可以充当该文本的宣传工具，但是媒体的评价有做广告的嫌疑，而专家或学者等权威人士的评价与赏析则会受到大众的重视。

虽然书面语言文化传播的环节比较简单。但是我们要注意到，作为一个文本，它要能在群众中得到广泛传播，就不能默默地摆在书摊上等待着读者去发现。语言文本创作的主体尽可以在这个环节中充分发挥其主观能动性，变被动为主动，加强文本的宣传力度。这样其创作的文本才能更加广泛地到达大众那里，语言文本创作者也可将该文本所蕴含的更深层次的创作意图告知读者。近年来出现的作者签名售书活动，不失为一种促进文本文化传播进程、提高文本文化传播效能的方法和手段。

文本创作者签名售书活动可以拉近他和大众的距离。表面上看这是一种促销活动，实际上它可以帮助读者解难答疑。更重要的是，这种活动既能鼓励读者去读书，读好书，又能拉近读者与文本创作者的距离，使文本创作者对于受众来说不再神化。王家安、娄长金等六位农民创作的《文明民谣》在南京新华书店签名销售的时候就收到了很好的效果，"我们到南京闹市区来签名售书，目的不只是卖书，还是要展示一下新时代农民的风采"①。

2000 年 5 月 21 日下午 2 时，中央电视台节目主持人白岩松来到河北省石家庄市汇文图书城，为省会市民签售他的《痛并快乐着》一书。据统计，此次签售活动销售图书 600 余册。有的读者手持笔记本要求签名题字，或提出合影留念，白岩松都积极满足要求，并报之以微笑。当得知一位 7 岁的小读者正好生日时，他提笔祝福道"生日快乐，多多快乐"，小读者羞涩地笑了。文质彬彬、谦和有礼，屏幕之外的白岩松给读者留下了很好的印象。

除传统的宣传手法之外，利用新媒体宣传书籍也已屡见不鲜。比如利用当下非常热门的互联网工具——微博，有以下一些方法。第一，可以在话题榜发起热门话题吸引眼球。比如，刘同就发起与其书籍同名的微博话题"你的孤独，虽败犹荣"，并常常在此话题下发表与书籍相关的看法和感受，提高该书知名度。第二，设立讨论区，有相似读书爱好的读者可以在某领域讨论区内发表意见，相互交流，也可以起到对某部作品的宣传作用。第三，由于微博的交互性，作者和读者可以进行互动，不受地域空间限制。这样可以拉近两者之间的距离，使读者的阅读欲望增强，并带动同一作者其他书籍的销售。

三　造型文化传播

造型文化包括静态造型文化和动态造型文化。它是通过色彩、线条、形体等来塑造二维或三维空间形象，然后作用于人的视觉系统以引起人们

---

① 《文明民谣》是由南京浦口区委宣传部从全区村民中征集的 300 首民谣汇编而成的，该书由南京出版社出版，内容包括爱国爱党、思源思进等 14 个方面，既切合当今时事政治又短小精悍、形象生动，深受群众喜爱。王家安、娄长金等六位农民于 2003 年 1 月 1 日在南京新华书店大厅签名销售他们编撰的《文明民谣》，仅 1 小时就售出 300 多本。此话是记者在采访他们时他们说的（据新华网江苏频道南京 2003 年 1 月 2 日电）。

的选择性注意、选择性理解和选择性记忆的一种文化传播方式。静态造型文化包括城市建筑、园林、雕塑、工艺美术品、绘画、书法、刺绣、篆刻、商标等。动态造型文化包括戏剧、歌舞剧中的舞台表演、哑剧、杂技、艺术体操等。

1. 静态造型文化的基本情况

静态造型文化主要是用一定的物质材料而构成的点、线、面等色彩、图案或形体符号等来传达信息的一种文化传播模式。它通过创造实物的形式表现现实生活，传递信息，给观赏者以美的享受。

静态造型文化是用浓缩性的语言符号来表现纷繁复杂的大千世界的文化。作品本身不可能包揽万物。即使是表现力很丰富的张择端的《清明上河图》，也不能极尽当年的市井生活。但是见微知著，它可以给受众再现当时的社会形态。又比如好多地方都有牛顿的雕像。牛顿对着一个落地的苹果发呆的雕塑虽然不能表现出牛顿的整个生活面貌，但是它截取了牛顿生活中很有特色的一刹那，表现出牛顿在科学研究领域里那种善于思考、一丝不苟、刻苦钻研的精神。这样它就做到了以有限的空间表达无限的意蕴。

2. 静态造型文化的传播模式（见图 12）

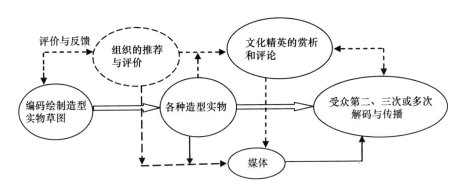

图 12   静态造型文化传播模式图

静态造型文化的传播流程大致包括以下几个环节：先由设计师设计出草图和实施方案。然后（有时由政府的相关组织进行评价并推荐给大众引起舆论或好或坏，如果好，则进一步开展并实施该文化项目，反之，则取消该项目）由各类工程师以及建筑工队按方案造出各种造型实物。在造成建筑实物以后，该建筑造型物要么直接与大众见面，要么通过竣工仪式或媒体的宣传与大众见面，要么由相关的文化精英人士对之评论和赏析以后由媒体传递给大众。在数字新媒体高速运用的时代，静态造型文化传播除此之外还有另一种传播方式。在建筑实物的环节，可利用各类新技术，如虚拟现实、幻影成像、3D技术等手段替代，来立体直观地展现在大众面前。传递到大众以后，由于各个接受者的具体情况不一样，有时它会吸引较多眼球——反对、拥护、赞扬、传递，有时则无声无息。因为受时空的限制，许多人可能没有机会亲身体验或享受这种文化，也有可能因为欣赏水平的问题，认识不到这种文化所蕴含的文化底蕴及其存在的重要意义。因而，在造型文化传播过程中仅仅靠造型文化本身传递信息，它的效果是微不足道的，何况现在的信息如此繁多，也许它还没有发挥作用就已经被其他的信息所淹没了。所以在造型文化传播中，政府的相关专家的评价、宣传、推荐以及社会各界人士的赏析、评价和媒体的报道是广大人民群众对这种文化形态进行了解和深入认识的重要保证。

3. 动态造型文化的基本情况

动态的造型文化一般是通过有生命的人体作为其承载信息的平台。不论是戏剧表演还是杂技、魔术、舞蹈、体操等，均是借助于人体的器官（如手、脚、五官、四肢）来表达其意蕴。静态的造型艺术是一个无生命的实物，是静止不动的，而动态造型文化的传播过程却是运动的，是一系列动作的合成体。它是通过高超的表演技巧和表演本身所蕴含的深刻思想来打动观众。它是一个过程，无法凝聚成一个时间点。在其传播过程中，作品的思想性只是决定该作品优秀与否的一个方面，另一个方面即演员的表演技巧如动作的协调性、表情的自然性和丰富性、节奏的连贯性等将会直接影响传播的效果。在此传播过程中，由于形体语言等充当了信息和受众的中介，而符号化了的形体语言又比较抽象，因而对于某些受众来说，可能存在一个信息理解的障碍。因此，这里也存在一个文化精英帮助大众解读文本的问题。

4. 动态造型文化的传播模式图（见图13）

动态造型文化的传播流程主要包括以下几个环节：

首先文艺工作者将其构思符号化，用演员可以理解的音乐符号表达出来，然后由表演者将这个符号化的语言表演给观众。作者的文本一般不和

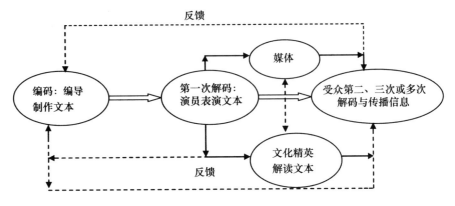

图 13　动态造型文化传播模式图

观众见面，即使见了面，由于观众音乐知识的差异性，也有大多数的观众看不懂这种音乐符号。只有一些文化精英人士会看到这种音乐文本而传递信息给大众和反馈给原作者。大众较多的是通过表演者本身传递的信息或媒体转播的信息来获得这种文化的传播。在表演者得到表演的文本并经过长时间的排练以后，表演者或深入群众登台表演其节目，或通过媒体将节目送达大众。此时动态造型文化的传播达到了高潮。在造型文化传递到受众以后，它也没有停止，而是往往由一个受众传递给其他的人群。这是一个二次、三次甚至多次传播的过程。在这个传播过程中，不仅受众之间互动，而且受众与文化精英人士之间进行互动，受众、文化精英人士与编剧者进行互动。

在造型文化传播过程中要把好以下几道关口：

一是创作原文本语言关。动态文化造型的文本创作者在这个过程中扮演的是一个默默无闻的角色，因为和大众见面的不是他们而是演员，因而往往他们易受到忽视。大众可能知道某个作品的演员，但是却不知道其编剧的现象常有发生。如果没有这些编剧，演员便如同无头苍蝇一样顿时失去了方向。所以这些编剧才是一部作品的灵魂。不能因为他们默默地工作而忽视他们。只有相中有创作才华的编剧，才可能欣赏到优秀的作品、先进的作品、群众喜欢的作品。

二是演员关。在造型文化传播过程中，大众往往更注重演员的表演而不去重视原作者的构思。所以在造型文化传播过程中，演员的表演是至关重要的。在动态造型文化创造出来以后，即表演者将文本转化为肢体语言以后，观众才可以领悟到原造型文化创作者的意图。当然，并不是说原作者就不重要，只是说在造型文化传播过程中我们对表演者也要予以重视。如果在这个过程中演员能形神并茂地表达出原作者的意图，那么这项文化传播将会得到很好的开展。具体来说，就是要选择能识别原作者创作意图的人，懂表演的人，会表演的人，演技水平比较高的演员，人民群众喜欢的演员去表演。

三是宣传关。宣传观包括原文本创作初期的宣传和演员在登台以前的宣传，以及在演员表演的过程中和其表演以后的再教育与宣传工作。宣传是为了让更多的人去参与这项文化传播活动，宣传是为了更好地挖掘该文化项目的优秀部分，宣传是为了扩大该文化产品的影响力。一部造型文化作品可能包含很多意蕴，对于观众来说，也可能出现理解偏差，因而在这个过程中不能忽视一些文化精英人士对该作品的赏析和评论，要将对文本的解读引导到积极、健康的道路上来。

2003 年音乐剧《猫》为什么能在上海演出成功呢？主要原因就在于其在以上三个关口做了很大的文章。

（1）演员关。

《猫》的演员大多来自南非，因为《猫》中有许多爵士舞、踢踏舞、恰恰舞的片段，要求演员既能唱又能跳，这些演员的身材也堪称一流。"女主猫" Grize Bella 是由著名演员赛琳·迪莉扮演，她天生一股风流，媚不可挡。公猫的阳刚与自得，则在典型的麦克尔·杰克逊式抚下腹摇臀部的动作中体现出来。他们只要踢脚便是笔直，只要俯下便是柔软，只要张手便是伸展，只要张望便是专注，见满台人影，却丝毫不乱。《猫》的人物众多，而服装竟没雷同的，虽是猫服，与现代人的角色也差不多。有威严老人，有落魄老妇，有凶恶男人，有活力男人，有娇媚女人，有贤惠女人，有黑衣、白衣、花衣，有资产者，有魔术师……剧中一位声音沙哑的老母猫系一老妇人所演，该猫与一位穿大毛袍子的老公猫遥遥相望，脉脉含情，互相对歌，真是难得。

据巡演团的编导乔安娜女士介绍，演员们之所以长期演出同一剧目还能保持一贯良好的状态和创作的激情，主要有两方面的措施：一方面，演员们在巡演之前通常要提前 1—2 个星期到达演出地点，进行一系列非常有章法的排练，以保证他们常演常新；另一方面，演员在塑造猫的角色时，导演要求他们二度再创作，他们首先要热爱自己的角色，在表演过程中，不断地挖掘自己的角色。演员们也都有一种使命感，他们觉得自己有义务把角色演到最好，演员经常匍匐在地，《猫》里的演员似乎人人都把自己当作猫了，他们表情各异，但都有猫的慵懒，眼睛不大睁得开，一睁开又精光四射，吓人一跳。他们动作也轻捷，配合小心谨慎的一副猫容，真如脚踩肉垫一样无声无息。演员们活灵活现的舞台表演为音乐剧《猫》在上海的成功演出起到了推波助澜的作用。

（2）宣传关。

《猫》在上海还未演出就已经被媒体炒得火热。在演出期间则更是从广播、电视、报纸、网络、杂志上都有宣传，甚至一些饰品也充满了大街小巷。一走进上海大剧院的大厅，就看到很多有关《猫》的副产品正在出售，包括 T 恤、帽子等。一个庞大而杂乱的"垃圾场"呈现在观众眼前，从舞台上一直延伸到观众席前面，令观众马上进入了剧情。演出开始后，黑暗的空间里有无数只猫的眼睛闪烁，显得诡异而神秘，探照灯划破黑夜。正是这种立体式、多角度、全方位的宣传方式为《猫》能在上海演出成功立下了汗马功劳。

（3）内容关。

音乐剧《猫》源于艾略特的诗，由安德鲁作曲，1981 年上演，成为世界上演出时间最长的英国音乐剧目。《猫》的剧情相当简单，讲述了一个杰利克猫族，他们每年都要举行一年一次的舞会，要挑选一只猫升上天堂。大家等待着杰利克猫的领袖老杜特洛内米猫的到来。老杜特洛内米猫终于来了，于是所有的猫都粉墨登场，尽情地表现自己。他们中有年轻天真的白猫维克多利亚、老刚比猫珍尼安尼朵茨、爱恶作剧的兰塔塔格、爱开玩笑的蒙哥杰瑞和蓝蓓第泽、邪恶猫麦克维第、大力士猫巴斯朵夫·约翰、剧院猫嘎斯、铁路猫斯金伯·申克斯、魔术猫米斯特腓力，等等。最后登场的是当年光彩照人而如今邋遢肮脏的格里泽贝拉猫，她在痛苦悲伤的情绪下，深情地唱出了《回忆》，这首歌打动了所有的猫儿，大家一致推选她升入天堂，全剧结束。

可以看出，《猫》其实没有什么剧情，形式上类似于 20 世纪上半叶的歌舞杂耍（Vaudeville），只是在安排上紧凑一些，并用了一条线索串起来而已。但是就是一根线的贯穿，《猫》的剧情变得生动和丰富起来了。看过《猫》的人都有感触，《猫》的吸引力并不来自于戏剧的张力，而是其音乐和舞美的冲击力，剧里有支荡气回肠的《Memory》。《猫》还获得了1981年伦敦晚会权威奖（London Evening Standard Award）和奥利弗奖（Oliver Award），并在1982年获得了百老汇的七项托尼奖（Tony Award）。

四　综合性文化传播

综合性文化传播包括整个戏剧、相声电影、电视剧以及20世纪90年代兴起的网络所创造的一些网络传播方式，如网页、Flash动画等。这种类型的文化传播是一种全方位、多角度、立体式的传播方式。其充分利用声波、光波来表达信息，将文字、声音、动作、造型等事物传达信息的方式融为一体。在其传播过程中有如下几个特点：

1. 综合性文化传播的特点

（1）传播内容的多主体性。它的生成不是一个人可以完成的。它是多人智能的结晶。比如想在网上传送一个动画网页，在其文本创作过程中就需要懂文本的人员、懂音频操作的人员、懂图像处理的人员、会制作网页的人员、网络技术维护人员等。

（2）传播文本语言的复杂性。它不是由一种文本构成的，而是各种文本（声、光、像、造型等）的集合体。这种结合使得其创作更加复杂。因而处理这种复杂的关系，使这些不同的文本如何有序地、协调地搭配在一起便显得尤为重要。在整体与受众见面以前，它其实已经集中了多个人的智能。在其传播过程中也是需要多个人物和多种器具的配合。

（3）传播效果的显著性。由于这种传播借助了各种传播手段，受众在接受的过程中是全方位（视觉、听觉甚至是可以直接参与其中）地接受信息。它在传播的速度、内容、效果等方面具有不可比拟的优势，因而具有信息传递效率高、受众接受度高、宣传效果好的显著优势。以网络为例，随着网络多媒体制作技术的发展，音乐、动画、文字实现互相穿插、链接，网络媒体将声音、图像、照片、资料、文本等信息符号融为一体。网络Flash动画制作已经与影视、音乐等传统的艺术形式相结合，它采用了向量图形和流媒体式播放技术的功能强大的动画，把音乐、动画、声效以及交互融在了一起；同时它的文件非常小，能够通过网络方便地传输，很快地下载。这样快捷、通俗、图文并茂、有声有色、全方位、立体式的文化传播方式，受众能不喜欢吗？

2. 综合性文化传播模式图（见图14）

综合性文化传播大致包括了以下几个传播环节：先提出一个构思，

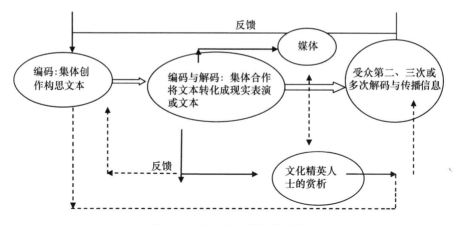

图 14 综合性文化传播模式图

然后由多个人去对这个构思进行完善和文本创作，再是后期的加工制作，直到该文本完成。在文本完成以后，便开始了对它的全方位、立体式、多角度的传播与宣传。全方位是指它可能集光、音、形、像、块等艺术手段于一体。立体式是说它宣传的工具是多维的，报纸等平面媒体可以传播，广播可以传播，电视可以传播，网络也可以传播，也可以让人去参观、去享受。在这个传播环节中，传受双方的互动也达到了空前。它采用的传播工具的先进性和其传播手段的多样性，使得人们接触和使用它的机会更多。其反馈也可以是多路径的，呈现出更活跃、更多元的互动状态。

第二章　数字时代的文化传播原则

第一节　数字时代的文化传播模式

中国互联网络信息中心（CNNIC）发布的数据显示，截至 2014 年 6 月底，我国网民已达到 6.32 亿，互联网普及率为 47.4%。其中手机网民数量为 5.27 亿，手机高于其他设备的使用比例，已成为第一大上网终端，手机上网常态化特征进一步显现，且使用频率不断上升。经过几年强势发展，到 2014 年，新浪微博注册用户一直保持在 5 亿这个数字，刷微博成为中国网民上网的主要活动之一。除此之外，近几年微信用户数量呈井喷态势增长，现已突破 6 亿大关。新媒体成为推动社会治理创新的重要力量。低成本、高效率、强互动的新媒体已经成为党和政府与人民群众沟通的重要渠道（具体如下图所示）。从中可以看出，新媒体在当下无所不在，

图 1　中国网民规模和互联网普及率

数据来源：中国互联网络发展状况统计调查。

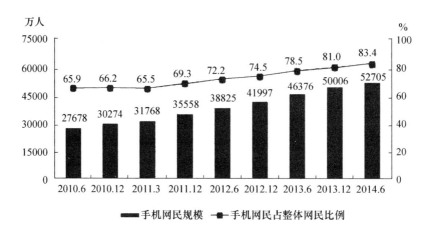

图2 中国手机网民规模及其占网民比例

数据来源：中国互联网络发展状况统计调查。

未来互联网自媒体趋势将愈加明显，新媒体文化对社会大众已经形成了一种无法回避的包围性力量。新媒体将成为主流媒体，新的话语将成为主流话语，新思维将成为人们的主流思维方式，新载体将成为精神沟通、情感共鸣、获取信息的主要途径，也必将对核心价值观的培育产生影响。

新媒体的发展使得文化传播的载体由现实物理空间转向网络虚拟社区，从平面走向立体、从静态转为动态、从理论落实到实践。与传统媒体不同，新媒体不仅具有信息海量、覆盖面广、速度迅捷的特点，而且信息传播过程呈现实时、立体和直观，信息交流呈现平等、交互、个性的特点，传播形式呈现开放性、创新性、虚拟化和多样化。当前的信息传播模式笔者总结为图3。

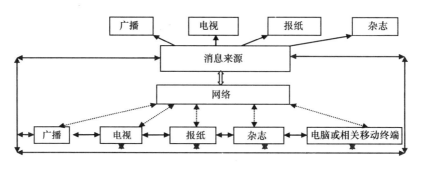

图3 媒介融合背景下的文化信息流动模式

新媒体突破了传统媒体的"服务器—客户端"的单向传播模式，其传播模式如图3所示，主客关系强调的是双主体或多主体之间的对话与交往。借助这种技术，用户不需要再经过服务器这个"中心"就可以通过互联网建立直接联系。所以说这是一种关系和关系模式。从文化用户来讲，新媒体时代的用户不仅是文化的传播者，也是文化的积极参与者和创造者。从格局来讲，传统文化传播模式被打破，出现了点对点、点对面、面对点、面对面的文化传播格局。从内容来讲，精英文化和大众文化都采取了新媒体这种形式，各种文化都变得越来越大众化和普遍化。新媒体文化的蓬勃发展和广泛利用，在国家政治发展、权力监督、社会治理、文化民生等领域发挥了越来越重要的作用。

第二节　数字时代文化传播的原则

一　关于受众接受先进文化的心理分析

大千世界，瞬息万变，可供人们接触的信息很多，人们接触的信息也是纷繁复杂、千变万化的，但是否所有进入人们眼帘的事物都会被人们接受和重视还有待考究。姚斯说："在审美经验的主要视野中，接受一篇文本的心理过程，绝不仅仅是一种只凭主观印象的任意罗列，而是在感知定向过程中特殊指令的实现。"[①] 人们接受某项事物是因为它具有人们喜欢的某种特质。人们对事物的接受存在一个选择性注意、选择性理解、选择性记忆的过程。罗格斯在研究采纳与扩散理论时指出，影响人们接受新事物的因素主要有以下几个[②]：

（1）相对优点。即新事物较旧事物的优点，如果新事物在性能上比旧事物高，那么它往往会被别人采纳。

（2）新事物和人们现存的价值观念、需要、社会压力、群体规范、过去的经历是否存在融合与冲突等。如果新事物与人们现存的价值观念、需要、社会压力、群体规范、过去的经历等发生冲突，那么它就不会被人们接受，反之则会被人们接受。

---

① ［德］姚斯、［美］霍伯勒：《接受美学与接受理论》，周宁、金元浦译，辽宁人民出版社1987年版，第29页。

② Rogers, E. M. (1995). Diffusion of innovations: 4th edition. New York: Free Press.

（3）人们使用新事物的简便性如何。如果新事物使用起来太困难，那么受众则不容易接受，反之人们则会接受新事物。

（4）新事物的表现性如何。即使用新事物是否会引起别人的注意。如果新事物的使用会引起人们的注意，那么它便会被人们接受，反之则不接受。

（5）新事物的试验性如何。如果一个新事物被别人使用过以后证明是成功的，那它就容易被别人接受，反之则不被接受。

后来，香港城市大学教授祝建华在进行我国内地的互联网采纳与扩散①调查研究以后，对罗格斯的理论做了修改。他将罗格斯的后两种因素即新事物的表现性和新事物的试验性改为使用效果的显著性（使用它的益处是否会被别人看到，如果看到则有利于新事物的采纳，反之则不采纳）和形象（使用新事物是否会有利于人们地位的提升）。他的结论经过在北京和广州等地的调查研究得到了验证。

先进文化建设虽然与新事物的接受有不同之处，但是其接受和传播的过程中受众的心理对先进文化的采纳与先进文化的扩散也有许多相通之处。

二　数字时代先进文化传播过程中应该遵循的原则

1. 传播方式的多样性

后工业社会由于科技的迅速发展和人们审美需求的多元化发展，要求我们在进行先进文化建设时采用全方位、立体式、多角度的传播方式。这也是与我党一贯提倡的百家争鸣、百花齐放的方针相吻合的。现阶段，传播方式的多样性表现在对于同样一件事情的宣传与传播，我们既可以采用媒体传播，也可以采用文化下乡深入群众第一线去传播；既可以通过编辑成平面媒体的文章去传播，又可以将其制作成网页、Flash 动画、电视剧、MTV 等形式去传播；既可以将其制作成高雅的音乐剧搬进剧院，又可编排成通俗易懂的社火直接深入到群众中去传播。比如，西北地区每年过年或正月里都要组织的社火活动。总之，凡是能表现传播主题的各种形式、手段，凡是有利于传播内容既快速又准确地到达人民群众的传播方法与手

---

① Jonathan J. H. Zhu Perceived Characteristics, Perceived Needs and Perceived Popularity Adoption and Use of the Internet in China Communication Research, Vol. 29, No. 4, August, 2002: 470.

段我们都要使用。

在甘肃省范围内，陇南市在传播的多样性方面作出了表率，其传播方式及理念可作为模范。在传播其政务信息、工作进展、新闻事件和当地文化等内容的过程中，除了运用电视、报纸、广播等传统媒体外，陇南市委、市政府坚持"有所为有所不为，扬长避短，后发赶超"的理念，在新兴媒体发展迅猛、影响力不断扩大的当下，积极运用新媒体，如微博、微信等新兴微媒体。截至 2014 年，陇南市市县乡各单位在新浪网、腾讯网上，开通了统一规范、官方认证的微博 2600 多个，建立政务微信公众平台 180 多个。这一举措形成了强有力的"微媒体矩阵"，大大提高了各类信息的受众到达率。

2. 传播事物的可接近性

讲可接近性就是文化传播也要对症下药，要把文化传播的内容与受众的心理、职业、经历、信仰、爱好、年龄、性别、地域等方面结合起来去传播。由于受众在知识文化背景、生活阅历、个性特点等有所不同，因而文化传播的传播形式就显得极为重要。

可接近性有两点：

其一，物理距离上的贴近性。

心理学家认为，人们往往对于身边发生的事情较感兴趣，对身边事情的关注度往往大于外边的事情。在文化传播上，这就表现为文化传播的地域性问题。不同群众，其接受的文化一般来说是有地域性的限制的，这种地域性的限制表现为文化传播过程中出现了文化圈层，而且这种文化圈层在空间和时间上都往往是以圈状向四周辐射的，如我国的京派文化圈层、粤派文化圈层、海派文化圈层等。近年来，尽管科技的发展和传播手段的改进，使得传播的地域性限制逐渐被打破。但是，由于我国目前还处于社会主义初级阶段，生产力还不很发达，人民的生活水平还不是很高，于是传播受到地域性限制的现象依然存在。我们在先进文化建设过程中一定要注意到，并不是所有的人都可以天天看报、看电视、听广播、上网、进音乐剧院，在规划一项文化项目时我们要注意到物理距离上的贴近性问题。

其二，心理距离上的贴近性。

心理距离上的贴近性表现为传播的内容与形式要与受众的认知结构相吻合。文化传播不可以与当地人们的风俗习惯、社会规范相冲突。戴元光教授认为，文化传播中原有的"文化圈对外来的文化选择和自我保护作用：当外来文化有利于原有文化模式时它便容易被接受，被作为一种新的文化营养为原有文化所吸收；反之则拒绝外来的文化的'入侵'"①。具体来讲，就是传播的内容与形式要与受众的性格、年龄、职业、性别、兴趣等相一致。在内容上表现为，传播的内容与传播的形式相一致，什么花插在什么瓶子里。

3. 传播的新颖性

传播的新颖性表现在内容上，就是要求传播的内容有创新，不能天天念同一本经。内容新不仅仅要求传播新近发生的重大事件或新近变动的事实，创造出新的有利于人民健康的文化，它还要求能从旧文化中挖掘出新意，赋予其新的内涵，找到其在新时代的新的意义。

传播的新颖性表现在形式上，就是要在传播内容的包装上下功夫，要能找到新的包装形式；要在传播工具上下功夫，找到新的传播途径，或许这种形式在发达地区已经是新的了，但是它对于欠发达地区来说却是陌生的，那么我们就完全可以采用它去传播。现代科技的发展为我们提供了许多可以包装的东西和新的传播工具。如能充分利用必将为我国的先进文化建设做出突出贡献。如近年来出现的网页文化、现代化的建筑文化、Flash 动画，等等。

舞剧《大梦敦煌》近年来在多国巡演，盛况空前。该舞剧是以舞蹈、戏剧的形式，表现敦煌艺术宝库的千年创造历史。《大梦敦煌》不仅将敦煌瑰丽的文化盛况展现在世界面前，更巧妙的是，采取了舞剧的形式，夺人眼球，令人回味无穷。

敦煌以敦煌莫高窟、敦煌壁画、鸣沙山以及月牙泉等闻名天下。敦煌旅游业的长期发展、各地学者的亲历探寻、相关书籍的出版发行都让敦煌被世人熟知。2000 年，由兰州歌舞剧院编排的敦煌题材舞剧《大梦敦煌》横空出世，轰动文化界。该舞剧将敦煌最负盛名的莫高窟和月牙泉加以人格化，以青年画师莫高与大将军之女月牙的感情历程为线索，演绎了一个可歌可泣的爱情故事。这一形式将远在天边的敦煌文化瑰宝幻化成中华艺术的奇葩。

《大梦敦煌》的题材具有鲜明的文化特征，在表现形式上也十分具有新颖性和创新性。作为舞剧，其阵容强大，实力雄厚，舞蹈编排颇有独到

---

① 戴元光：《传播学笔记》，甘肃文化出版社 1996 年版，第 45 页。

之处。独舞凸显男女主人公的个性特征，群舞又体现鲜明的地域特征和文化内涵，二者往往形成对照，构成强烈的戏剧冲突。在音乐上，古朴典雅的西部风格音乐贯穿始终。中国传统乐器，如筝、埙、琵琶、箫等的加入，使主题音乐苍凉、雄浑、粗犷的艺术特色进一步强化。视觉和听觉上的双重冲击，带给观众身临其境之感。除此之外，栩栩如生的飞天壁画、绚丽多彩的莫高窟壁画、大气雄浑的千佛壁画等文化遗产，在该剧中利用布景和天幕生动展现出来，还有精巧的服装、道具，无不在细微之处体现出敦煌文化的内涵。

截至 2012 年 4 月，《大梦敦煌》已经在全国 40 多个城市和 6 个国家成功上演，累计演出 960 场，成为中国文化舞剧的成功典范。舞剧带来的艺术享受和文化冲击至今余韵犹存。在文化界，该剧依旧作为话题持续。表演和文化的完美结合，不仅一次次征服了国内外观众，而且将各大国家级奖项悉数收入囊中，更是赢得了"可移动的敦煌文化"的美誉。

4. 传播对象的时代性与历史前瞻性

文化传播要有时代性与历史前瞻性，就是说文化传播的内容要能代表当前先进的文化前进方向，能代表先进的生产力。时代性是指今天生产或创造的文化不能是过时的、落后的，它要有时代性，要有时代气息，能表现我们这个时代的主题和现实，能切切实实为我们的人民服务，能为我们的现代化建设做出突出贡献。

文化建设要有前瞻性是因为文化传播具有可传承性，文化传播往往不是一代人的事。一尊雕塑、一幅绘画作品、一件工艺品、一栋建筑物，它们的存在也不是一天、两天或一年、两年的时间。文化具有累积性，文化的累积性不仅是指它在符号上的增加、在量上的增加，而且是指它在质上的增加。文化在其传播过程中也遵循优胜劣汰的原理，将粗劣的逃汰，将优良的保存下来，达到文化的进化。正因为这样，文化才能不断地向前发展，人类才能不断地向文明迈进。今天，我们之所以可以看到先辈们留下的文化遗产，就是因为文化具有可传承性和累积性。因而我们今天进行重大文化项目建设时切不可急功近利、只看眼前，而要立足现在、放眼未来。

在重大文化项目的规划上，一定要有长远的眼光。在甘肃省渭源县，一直以来流传着大禹治水的传说。大约在公元前 21 世纪，大禹率众自鸟鼠山导渭水，开发了这片土地。洪水泛滥后，大禹与众多天神好汉共同治理了洪水之灾。这样的传说赋予了这片土地更深厚的文化情怀。大禹治水的传说流传至今，并没有被时间冲刷掉在人们心中的记忆，反而更加生生不息。但是在信息时代，单靠人们的口耳相传无法将"渭水情怀、大禹精神"广泛传播。而且，渭源县除了各类历史传说之外，还拥有得天独厚的自然风光和丰富的生态文化旅游资源。

2014年8月，第四届"敦煌行·丝绸之路国际旅游节"在甘肃省举办。其中，渭源县开展了华夏文明渭河源——2014年甘肃·渭源大禹公祭大典活动。活动内容包括渭源大禹公祭大典、"中国名家看渭源"高峰论坛等，邀请了于丹、易中天、陈铎等学者参与。活动中，参加的学者与观众分享他们对于渭河文化的研究，交流对于大禹精神的感受。依托各位学者广泛的社会影响力和媒体的全面报道，渭河文化突破了地域限制，得到了极大的丰富和传播。

活动除了传承渭河文化、弘扬大禹精神之外，长远来看，也提高了渭源的生态旅游知名度。如此一来，文化传承依托旅游发展，旅游发展涵盖文化传承，达到两方面互惠互利的良好效果，以实现华夏文明传承创新区的长足发展。

5. 文化传播的现实性问题

现实性问题最主要的就是文化建设的资金问题。说文化建设要有时代性和历史前瞻性，并不是说进行文化建设时只要其先进、宏伟我们就去做，而是说在先进文化建设的过程中，我们在考虑到当前人们的生活水平的前提下要尽可能使之更具现代化水平。进行文化建设要顾及当前人民的生活现状，不能因为要建文化项目而建文化项目，而要考虑到当前的实际。要以当前的财力、物力和人力为根据，切忌好大喜功，搞政绩工程、形象工程。长城虽然很雄伟，但它是建立在千万劳苦人民的白骨之上的，"文革"前的"大跃进"表面上很辉煌，但它是以牺牲上万人民的生命为代价的，我们搞文化建设不主张"一将功名万骨枯"。

6. 传播的生动性

传播的生动性是指在文化传播过程中所传递的信息及其形式要有情趣和意味。讲文化传播的生动性不是说要把"金钱、色情、凶杀、暴力"视为有趣、生动，也不是说要传递给人民群众一些华而不实的东西，更不是说要传递给人民群众低级趣味的信息，而是指要引导、培养人民群众的健康、高尚的情操和志趣，开阔人们的视野，丰富人们的文化生活。讲传播的生动性是与板着面孔说教相对立的，它是为了更好地传递信息而采用的一种信息包装。讲趣味就是要努力从平凡中找不平凡之处，对文化信息本身进行深度挖掘。

第三章 公共危机事件报道的框架分析
——以兰州市"4·11"局部自来水苯指标超标事件为例

第一节 前言

2014 年 4 月 11 日，甘肃省突发"兰州市'4·11'局部自来水苯指标超标事件"（以下简称"兰州自来水污染事件"）。新华社首发消息，兰州市 400 万人口陷入缺水恐慌，此事件在几个小时内扩至全国乃至世界，全球人民开始关注兰州自来水污染事件。兰州自来水污染事件在全国并不是个例，近年来国内水污染事件频发。2012 年，环保部直接调度处置的突发环境事件中，水污染事件占事件总数的 91%。① 2013 年至 2014 年不到一年时间，山西河流污染、湖北宜昌河污染、杭州西湖被曝污水直排、石嘴山市电厂废水涌入黄河、天津北辰区丰产河污染、深圳龙华河污染等多起水污染事件爆发，人民的人身安全受到了严重威胁，突发公共危机事件再次引起世界的关注。

水污染事件的爆发已成常态，此时新闻媒体的责任重大。大众传媒由于其在信息沟通、新闻传播、舆论引导和社会服务等方面的特殊功能，危机信息的进展、原因的探寻、事件如何解决等一系列相关信息的获取都需要通过媒体，大众传媒自然成为化解和规避社会风险与危机的重要手段和方式。数字时代新技术、新平台、新媒体的出现带来了媒体格局的重大变化，新媒体传播手段以不可忽视的力量强势进驻，并在不知不觉中占据舆论高地，威胁着传统媒体的媒体地位。突发公共危机事件的报道牵涉到民生安全、社会稳定，舆论导向的微小失误都将导致二次灾难的发生，媒体有职责将数字时代的新传播力量有效利用，更好地

---

① 文学国、范正青：《中国危机管理报告》，社会科学文献出版社 2013 年版，第 88 页。

维护社会稳定。如何有效利用数字时代的传播手段构建水污染事件的报道框架将是本章要研究的课题。新媒体时代，技术的快速发展改变了媒体报道的格局，突发事件的报道框架也在变革中发生了趋向于时代发展的改变。在这个过程中，技术和市场倒逼下的突发事件报道呈现出了不同的样态。

基于对上述情形的判断，本章以"兰州市'4·11'局部自来水苯指标超标事件"各类媒体的报道为研究样本，希望通过对各类媒体对此事件的报道进行分析，描绘出各类媒体在突发事件报道进入新时期后重塑角色的主要路径。

本章将运用框架理论、危机传播理论和内容分析法，从媒介内容的角度入手，比较不同媒体对兰州自来水污染事件的报道，分析不同媒体在水污染事件报道上展现的框架偏向，发现优势、规避缺点。在此基础上，探索适应于数字时代媒体报道污染事件的框架，有效利用数字时代的新技术、新平台、新方式，结合民意，构建更完善的突发公共危机事件报道系统，更好地服务民众。

第二节　理论支持

一　框架理论

关于"框架"，美国社会学家戈夫曼 1974 年在《框架分析：关于经验组织的一篇论文》一书中最早将其引入文化社会学，他认为，"框架能使框架使用者定位、感知、确定和标签那些看似无穷多的具体事实"[①]，从互动层面强调了框架在帮助人们分类、组织和解释外界信息的功能。美国传播学者吉特林在戈夫曼的基础上，进一步提出"框架"就是"认知、解释和表达的连贯模式，是筛选、强调和排除新闻报道的过程"[②]。他发现新闻记者刻意地选择、组织、强调或排除某些事实，让新闻倾向某一特定角度，进而影响阅读者的认知。该框架理论认为，"大众传媒通过建构

[①]　Goffman, E. Frame Analysis: An Essay on the Organization of Experience, Boston, Northeastern University Press, 1986, p. 21. 该书第一版由美国纽约的 Harper & Row 公司于 1974 年出版，本文引用版本为 1986 年重印本。

[②]　[美] 托德·吉特林：《新左派运动的媒介镜像》，张锐译，华夏出版社 2007 年版，第 14 页。

社会现实，以一种可以预报的且形成格局的方式……建构现实的镜像"[1]，在社会上产生重大影响。恩特曼认为，"框架就是选择一个可感知现实的某个方面并使其在传播文本中显得更加突出，人们以这种方式推荐或提升特定的问题定义、因果阐释、道德评价和解决方案"[2]，亦即框架是通过"选择"、"排除"、"凸显"和"弱化"的机制处理信息的。学者陈阳指出，框架分析同时存在于传播学的三个研究领域：媒介生产、文本内容和传播效果。[3] 传播学者黄旦认为，框架理论的中心问题是媒介如何反映社会现实和规范受众对其的理解，这最终通过媒介产品形式实现。[4] 所以，文本建构、诠释或话语生产分析是框架理论的重点。[5] 本书将利用框架理论对不同媒体有关兰州自来水污染事件的报道进行文本分析，从而梳理出各媒体在突发公共危机事件报道上展现的新闻框架。

二　危机传播理论

危机传播就是在危机前后及其发生过程中，在政府部门、组织、媒体、公众之内和彼此之间进行的信息交流过程。[6] 从传播学角度看，一次有效的传播不仅能够减轻危机，还能给组织赢得声誉，而失败的危机处理不只是损坏了政府的公信力，更将给民众安全带来莫大威胁，甚至会威胁到社会安定，引起群体性事件的发生。

新媒体环境下任何突发事件的产生、发展直至最后的消亡都能够突破国家边界，突破单一政府或者"把关人"的管制，将信息迅速传递给公众并得到广泛关注。而新媒体环境为我国政府、组织、媒体正确处理突发事件提出了新的课题。[7] 现代媒介的强大力量往往使得负面的突发事件朝

---

① Dietram A. Scheufele, Framing as a Theory of Media Effects. Journal of Communication, 1999, 49 (1).

② Entman, R. M. Framing: Toward Clarification of a Fractured Paradigm. Journal of Communication, Vol. 43, No. 4, 1993, pp. 51 –58.

③ 陈阳：《框架分析：一个亟待澄清的理论概念》，《国际新闻界》2007年第4期。

④ 黄旦：《传者图像：新闻专业主义的建构与消解》，复旦大学出版社2005年版，第231—232页。

⑤ 尹瑛：《风险的呈现及其隐匿——从"太湖水污染"报道看环境风险的媒体建构》，《国际新闻界》2010年第11期。

⑥ 史安斌：《危机传播与新闻发布》，南方日报出版社2004年版，第6页。

⑦ 张丽莉：《从危机传播视角看新媒体环境下的突发事件传播》，硕士学位论文，苏州大学，2010年。

着给公众、组织或者政府带来某一方面危机的方向发展。在危机中传播，一方面能够发挥环境监测和社会协调的功能，避免危机本身对公众危害的进一步扩大；另一方面也能够使危机中的组织重塑形象、扭转局面，转"危"为"机"。

突发事件中传统媒体占据了权威资源，数字时代传统媒体的网络附加舆论基地已经形成，舆论引导的主流权威有望回流，政府借助新媒体平台构建公信力的最佳时期已经到来。因此，将现代突发事件的传播研究重点放在对危机传播的研究上显得非常必要。

第三节　研究设计

1. 研究问题

本研究的主要目标即为分析数字时代各类媒体是如何建构突发事件报道的以及这一建构方式随着事件发展呈现出来的特点，来描述其在数字时代突发事件报道的新形态。本研究主要从报道时间、报道数量、播放量、报道角度、新闻来源、报道立场六方面入手对此进行考察，并主要回答以下研究问题：

第一，数字时代突发事件报道中各类媒体报道时间的分布情况及其特点如何？

第二，数字时代突发事件报道中各类媒体对议题的报道数量分布情况如何？各自呈现出怎样的报道模式？

第三，数字时代突发事件报道中受众对议题的关注呈现出怎样的偏向？

第四，数字时代的突发事件报道角度凸显出怎样的视角？

第五，数字时代突发事件报道中各类媒体是如何分配新闻来源的？

第六，数字时代突发事件报道中各类媒体的报道立场偏向如何？

2. 样本选择

本研究选取兰州电视台、中央电视台、凤凰卫视、腾讯视频四大媒体对兰州自来水污染事件的报道为研究样本。因电视台新闻节目具有稍纵即逝的特点，本章特选取四大媒体的官方网络同步平台即 CUTV 兰州台①、

---

① 兰州电视台官方网站，http://www.lztv.tv/。

央视网①、凤凰网②、腾讯视频③同步播报的有关兰州自来水污染事件报道的视频新闻为研究文本。本章主要采用内容分析法分析四大媒体涉及兰州自来水污染事件报道的内容，全面呈现和掌握四大样本媒体对兰州自来水污染事件报道的完整框架，比较地方媒体、国家核心媒体、大陆外媒体、网络媒体四类媒体对兰州自来水污染事件的报道异同。本章研究样本的选择基于以下考虑：兰州电视台是兰州市地方权威媒体，其对兰州自来水污染事件的报道情况能够代表兰州地方媒体对突发公共危机事件的报道现状；中央电视台是我国核心媒体，其报道在一定程度上代表了中国政府在突发公共危机事件报道上的倾向和主张；凤凰卫视的主要受众群为海外华人，在海外具有较大影响力，其报道情况将在国际上产生一定影响；腾讯视频是我国目前用户规模最大的、极具影响力的社交化网络媒体平台之一，其报道将反映出网络媒体对突发公共危机事件的报道状态。

3. 时间界定

本研究选取的时段是从 2014 年 4 月 11 日兰州自来水污染事件首发日开始至 2014 年 5 月 3 日④，共 23 天。该时段包含了与兰州自来水污染事件有关的危机事件报道及其后的常规报道，较为完整地展现了该议题的发展脉络。

4. 采样方法

本研究选取了人工查阅四大媒体对兰州自来水污染事件报道的方法，以"则"为分析单位，有独立标题即为一则独立报道，由编码员对目标样本进行逐条阅读、分析并编码，最终选出视频新闻报道共 601 则，其中兰州电视台 34 则，中央电视台 153 则，凤凰卫视 209 则，腾讯网 205 则。

5. 类目建构

本研究根据需要将类目建构分为两大部分：基本资料类目和文本资料类目。基本资料类目有：（1）报道时间；（2）报道数量；（3）播放量（受众对议题的关注程度）。文本资料类目有：（1）报道角度（政府、民

① 中央电视台官方网站，http://www.cntv.cn/。
② 凤凰卫视官方网站，http://phtv.ifeng.com/。
③ 腾讯视频官方网站，http://www.qq.com/。
④ 研究时段截止日期之所以选取 2014 年 5 月 3 日，是因为至 2014 年 6 月初，笔者对研究样本数据进行最终统计时，5 月 3 日之后四大媒体的官方网站对于兰州自来水污染事件的报道已经告一段落。

众、中立）；（2）新闻来源（自制、转载）；（3）报道立场（正面、中性、负面）。本研究将通过对这六大类目进行数据分析和内容分析，完整展现各大媒体报道危机事件的新闻框架。

报道立场是指报道中所体现出的倾向，即报道中叙述、评论等传播内容所显示的态度和立场。

（1）正面：带有强烈的鼓舞色彩，以赞扬为主；

（2）中立：以报道客观事实为主，用词不带有明显的倾向性；

（3）负面：带有批判性词语。

第四节 研究发现

一 基本资料类目

（一）发布时间显示突发公共危机事件报道高峰期集中在事发后一周内

本研究选取的样本发布日期从 2014 年 4 月 11 日至 5 月 3 日，共 23 天。由表 1 可以看出，兰州电视台对事件的报道只集中在 4 月 14 日和 4 月 15 日两天，后续报道寥寥无几，在事件发生 4 天后，即兰州自来水污染事件已经扩及全国的时候才进入报道高峰期，报道规模小而单薄。作为事件发生的一线阵地，兰州电视台天时、地利条件优越，但是兰州电视台对此次事件的报道整体较为乏力。中央电视台、凤凰卫视和腾讯视频对事件的报道高峰都集中在事件发生的一周内，四大媒体每日报道情况表显示，这三大媒体在 4 月 11—16 日期间都对事件进行了大规模报道，也就是说，在这个时段，突发公共危机事件的报道进入白热期；4 月 17—30 日事件发展进入缓和期，三大媒体的事件相关报道都极速减少，其中中央电视台作为国家权威核心媒体对事件进行了更深层次的解析追踪报道。以上数据及四大媒体每日报道情况表显示，在发布时间上，中央电视台、凤凰卫视、腾讯视频三大媒体对事件的报道都较为集中，事件报道的高峰期集中在事发后一周内，而一周后至一月间为事件后续报道的黄金时期，可以有效延续事件的后续效应，有利于媒体从更多角度、更深层次挖掘事件内涵，同时也有利于树立媒体的权威形象，维护公信力。

表1　　　　　　　　　四大媒体事件相关报道的每日发布数量　　　　单位:则

发布时间		4.11	4.12	4.13	4.14	4.15	4.16	4.17	4.18	4.19	4.20	4.21—5.3	合计
来源媒体	兰州电视台	1	0	1	11	13	4	1	0	2	0	1	34
	中央电视台	3	27	30	17	13	11	4	17	1	13	17	153
	凤凰卫视	9	74	19	31	38	24	2	1	1	3	7	209
	腾讯视频	17	57	34	38	21	21	0	3	3	1	10	205

数据来源:作者在四大媒体官方网站输入关键词"兰州水"进行搜索,对搜索结果进行逐条标题阅读后筛选出的研究样本。

（二）报道数量变化趋势显示四大媒体在公共危机事件报道上风格各异

对一个事件的重视程度,首先可以从媒体对事件的报道数量上来看,往往越重视该事件,越大力报道该事件。本研究选取的样本新闻共601则,其中兰州电视台发布34则(占比5.7%),中央电视台发布153则(占比25.5%),凤凰卫视发布209则(占比34.8%),腾讯视频发布205则(占比34.1%),凤凰卫视和腾讯视频占比超过2/3。以上数据显示出,兰州电视台在对事件的报道数量上远远落后于其他三大媒体,没有有效利用事发地的绝对优势,难以形成报道规模,这也是兰州电视台在此次突发公共危机事件报道中失势的一大原因。四大媒体从事发日起至报道截止日,每日发布的新闻数量变化情况如图1所示。兰州自来水污染事件发生在2014年4月11日,兰州电视台对该事件的报道高峰期集中在4月14—15日,相比凤凰卫视和腾讯视频,报道的数量只是出现了小规模的报道高峰且最高值仅为13,随后陷入沉寂;中央电视台对事件的报道出现了三个小高峰,分别是4月12—16日、4月18日、4月20日,最高报道数值达到30则,多个高峰值的出现说明中央电视台对突发公共危机事件的报道呈现出一定的长期持久性,后续深入报道数量不断加大,扩大了事件的影响范围,延续了事件的影响效度;凤凰卫视对事件的报道高峰在

4月12—16日，其中在4月12日达到了报道最高峰（74则），与中央电视台的报道高峰期有一定的重合；腾讯视频对事件的报道在4月12日达到最高峰（57则）后，后续报道量呈现出逐日递减的趋势。

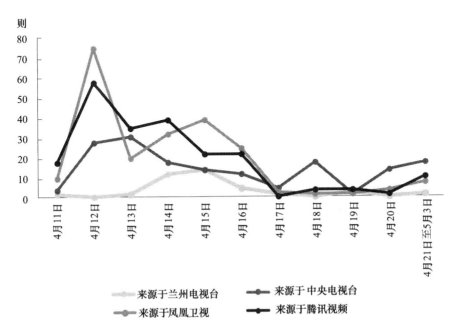

图1　四大媒体事件相关报道的每日发布量趋势图

　　由以上数据分析可以看出，中央电视台作为中国核心权威媒体对突发公共危机事件的报道风格表现为大规模的长线深入报道；凤凰卫视作为针对海外受众的权威媒体对突发公共危机事件的报道方式是火力集中报道；腾讯视频作为网络媒体的代表，对突发公共危机事件的报道力度是随着事件的发展逐日减弱的，呈现出"时间影响式"报道；兰州电视台作为地方媒体对突发公共危机事件的报道则过于短促和弱势，严重削弱了地方媒体在民众心目中的公信力。

　　（三）民声类报道的重要性凸显，新媒体报道量大而不精

　　突发事件报道中，网络媒体抢占了舆论高地，普通民众发布的信息所引发的关注已经远远超过传统的主流媒体。但是网络媒体报道内容多为转载，报道质量难以保证，在满足民众需求方面还有待提升。对议题播放量的统计可以直接反映出民众对议题的关注倾向以及关注程度，对该类目的

建构可以帮助媒体和民众有效对接，把握民众关注走向，在议题建构和民众需求及事件解决等各个方面做到有效平衡。

2014 年 6 月，笔者对四大媒体官方网络平台的事件相关报道进行了播放量统计，但仅有凤凰网和腾讯视频显示播放量（中央电视台并未对外公布单条新闻的播放量；2014 年 4 月 14 日 15 时，笔者对兰州自来水污染事件进行了数据统计，兰州电视台事件相关报道的单条新闻播放量为17[①]，但至 2014 年 6 月，笔者对四大媒体的事件相关报道的播放量进行最终统计时发现，兰州电视台隐藏了新闻播放量，所以本研究无法采集兰州电视台事件相关报道的播放量），所以本研究只统计了凤凰网和腾讯视频相关事件报道的播放量。从播放量看，凤凰卫视的 209 则事件报道中，高频次播放量的报道都集中在凤凰网自制的、替民众问责的吐槽类视频。即使这些吐槽类视频制作粗糙、画面不清晰，还有部分是手机随机拍摄的画面，但就是这些粗制的视频，播放量却达到了凤凰网关于此次事件报道的单条播放最高频次：102640 次，可见民众渴望了解在危机事件中民众自己发出的声音。从以上数据可以看出，基于民众视角发声的报道才是民众最关注的。腾讯视频的事件相关报道中，单条新闻最高播放频次达 1243 万，其报道内容主要为腾讯拍客拍到的兰州"抢水大军"。腾讯视频的 205 则事件报道中，凡腾讯拍客以民众为主要拍摄对象的"记录式无干涉拍摄"就会引起一个点击高峰，较高的播放频次有 302.7 万、10.5 万、7.7 万等，说明民众最关注的还是基于民众视角的报道，最关心的是兰州民众在此次公共危机事件发生时的状态和反应以及需求。

以上数据显现了两大问题：第一，民生类报道应成为公共危机事件报道的核心内容；第二，网络、手机等新媒体平台已经成为民众关注公共危机事件的主要渠道，同时也成为民众发声的主要渠道，新媒体报道系统亟须重视和完善，新媒体报道质量有待提升。

二　文本资料类目

（一）地方及中央媒体"政府一边倒"，大陆外媒体和网络媒体有望成为民声重地

报道角度即为四大媒体对事件所持的报道态度，笔者将从政府、民

---

① 　兰州电视台官方网站，http：//live. lztv. tv/，2014 年 4 月 14 日。

众、中立三大角度进行分析。本研究从四大媒体的整体报道角度和自采新闻的报道角度两个维度去衡量四大媒体的报道偏向，其中以自采新闻的报道角度为主要衡量标准，统计分析四大媒体在对事件的报道角度方面呈现出的不同特点。

兰州电视台针对事件的 34 则报道中，有 18 则来自兰州电视台自采新闻（占比 52.9%），这 18 则自采新闻中只有 1 则（占比 5.6%）是基于民众角度的报道，其余 17 则（94.4%）均是基于政府立场的报道，报道内容大篇幅地放在了政府措施、领导指示、政府发布会等方面，忽视了民众的呼声，有失媒体报道的客观公正，也没有对事件的深度解读和官方建议，说明兰州电视台对于事件的报道态度是"政府一边倒"；兰州电视台的整体报道角度倾向于政府的有 23 则（占比 67.6%），民众角度（基于替民众问责、民众视角）的报道有 4 则（占比 11.8%），中立角度（基于事件发展描述、事件追因、专家解读）的报道有 7 则（占比 20.6%），说明兰州电视台对事件的整体报道依然是以倾向于政府为主的，辅以少量的事件发展描述以及专家解读，基于平民视角的报道较少。中央电视台的 87 则自制新闻中，政府倾向的有 54 则（占比 62.1%），民众倾向的有 26 则（占比 29.9%），中立视角的有 7 则（占比 8%），说明中央电视台的自采新闻报道角度也是倾向于政府的。中央电视台相关事件的 153 则整体报道中，基于政府角度的报道比例接近半数，中立报道占比 35.3%，民众视角的报道仅占 17%，说明中央电视台整体报道角度也是倾向于政府的。凤凰卫视的 12 则自采新闻中，有 6 则（占比 50%）是倾向于民众角度的，也就是说，凤凰卫视在基于民众视角的深度报道上是不遗余力的，替民众问责，为民众谋福利，坚守了媒体服务大众的道德责任。腾讯视频的 36 则自制新闻中，有 31 则是基于民众视角的，占比 86.1%，说明腾讯视频在对突发公共危机事件的报道中是主要偏向于民众的。由凤凰网和腾讯视频的报道角度可以看出，大陆外媒体和网络媒体在突发公共危机事件报道中，为民众发声的报道还是有相当比例的。但笔者在对样本进行内容分析时发现，大陆外媒体和网络媒体的事件相关报道中存在部分报道质量欠佳的问题，腾讯视频的自采新闻中有部分直接将未经加工的网友上传视频作为报道主体内容，受众体验较差。加大民生视角的报道数量和提升报道质量，这是大陆外媒体和网络媒体制胜突发公共危机事件报道的关键。

　　由表 2 中的数据可以看出，地方媒体与中央媒体对突发公共危机事件的报道都是以政府角度为主的。大陆外媒体和网络媒体由于其受众群的不同以及运营模式等原因，使得民生视角在这两大媒体中生根发芽，为民众发声提供了广阔平台。

表 2　　　　　　　　四大媒体所有事件相关报道的倾向百分比　　　　　　　单位：则

		政府	民众	中立	合计
来源媒体	兰州电视台	17（94.4%）	1（5.6%）	0	18
	中央电视台	54（62.1%）	26（29.9%）	7（8%）	87
	凤凰卫视	4（33.3%）	6（50%）	2（16.7%）	12
	腾讯视频	4（11.1%）	31（86.1%）	1（2.8%）	36
	合计	85（50.3%）	67（39.6%）	17（10.1%）	169

　　数据来源：本组数据是作者通过对研究样本进行人工逐条分析后，每条样本中政府和民众中某一报道主体报道比例超过 50% 的即归为此类，政府和民众报道比例难分上下或者其他相关报道即归为中立。

（二）新闻来源单一，地方媒体失语并缺乏人文关怀类报道

　　兰州电视台针对事件的 34 则报道中，有 18 则是兰州电视台自采新闻（占比 52.9%），虽然自制报道所占比例较高，但是新闻质量较差，报道内容基本全部由政府公告、政府措施、政府动向等构成，缺乏人文关怀类报道。其余报道主要来源为央视 13 频道，侧重于对事件过程、解决办法、政府措施、政府公告方面的报道。中央电视台的 153 则事件报道中有 87则（占比 56.9%）是源自央视自制报道，超过半数，其余报道主要来自地方卫视，涉及北京、上海、天津、河北、河南、湖南、山东、陕西、江西、江苏、广东、辽宁、浙江、甘肃、内蒙古、青海、宁夏 17 省（市、区）的省级卫视，其中来自甘肃的报道仅有 3 则，地方媒体作为事发一线阵地，其报道并未得到其他媒体认可，地方媒体在突发公共危机事件报道中处于极度弱势地位。凤凰卫视的 209 则事件报道中，自采新闻只有 12 则（占比 5.7%），但是这仅有的 12 则自制报道，观点鲜明且带有强烈的批判色彩和替民众问责的魄力，其余报道则是来自央视《经济半小时》《新闻 1 + 1》《新闻周刊》等权威栏目以及各省级卫视报道。腾讯视频的 205 则事件报道中，自采新闻有 35 则（占比 17.1%），以腾讯拍客

拍摄的事件发生后民众的反应为主，其余报道的新闻来源也同样来自央视和各省级卫视报道。如表3所示，各媒体在对突发公共危机事件报道的过程中，当地媒体和中央媒体的新闻来源以自制新闻为主；大陆外媒体和新媒体以转载报道为主，央视和各省级卫视的相关事件报道是主要的新闻来源，其中转自央视的报道占到63.7%，可见在突发公共危机事件的报道中，央视报道占有了此次突发公共危机事件的绝对一线资源，权威地位不可动摇。转自当地媒体的报道只有3则，占比0.7%，当地媒体占有事发地的一线阵地却丧失了绝佳的资源，严重限制了当地媒体的良性发展。

表3　　　　　　　　　**四大媒体所有事件相关报道的新闻来源**　　　　　　单位：则

来源媒体		自制	转载	合计
	兰州电视台	18（52.9%）	16	34
	中央电视台	87（56.9%）	66	153
	凤凰卫视	12（5.7%）	197	209
	腾讯视频	35（17.1%）	170	205

数据来源：本组数据的获取是作者对研究样本进行了逐条分析，将新闻来源为本台的归为自制，其他所有归为转载。

（三）地方媒体和中央媒体偏向正面报道，大陆外媒体报道客观，网络媒体占据民声高地

网络媒体因其强大的互动系统收集到广泛的民意，根据民意偏向可以报道民众直接关心的内容，占据了绝对的舆论高地。本研究将各媒体的报道立场分为正面、负面和中性。正面报道指偏向积极与阳光面的报道，报道基调是正面赞颂类，如"政府正在积极应对危机，不影响市民正常供水等等"；负面报道主要指替民众问责的报道；在正、负面报道之间的可作为中性报道，常见的有对事件发展的描述性报道以及归因类报道等。报道立场代表的是媒体的直接报道态度，所以本研究仅针对媒体自制报道进行报道倾向的数据统计。

如图2所示，兰州电视台和中央电视台的报道立场整体上以正面和中立为主，其中，兰州电视台的正面报道比例高达88.9%，负面报道为零。这说明，在突发公共危机事件的报道上，当地媒体更倾向于正面报道，表现出"负面新闻正面报道"的宣传逻辑。中央电视台虽然整体倾向于正

面报道（占比 64.4%），但是结合文本看，只有中央电视台对事件进行了深入独立调查报道，将兰州自来水污染事件置于历史纵轴上予以呈现，关注了事件发生的背后原因，体现出其追求事实真相、服务公共利益的专业主义精神。负面报道主要集中在网络媒体腾讯视频的报道上，凤凰卫视作为大陆外媒体对此次事件的报道更为中性和客观。

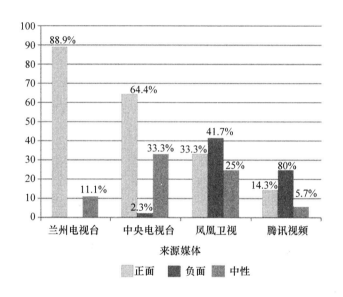

图 2　四大媒体所有事件相关报道的报道立场对比图

数据来源：本组数据的获取是作者对研究样本进行了逐条分析，将积极与阳光面的报道以及正面赞颂类报道归为正面；将替民众问责类报道归为负面；在正、负面报道之间的可作为中性报道，常见的有对事件发展的描述性报道以及归因类报道等。

第五节　结论与反思

一　结论

本章运用定量的内容分析法，辅之以定性的文本分析，从框架理论和危机传播理论出发，分析归纳出了以兰州自来水污染事件为例的突发公共危机事件的媒体报道框架。我们发现：第一，不同类型媒体对突发公共危机事件的报道周期不存在显著差异，报道高峰期都集中在事发后一周内；第二，不同类型媒体报道突发公共危机事件的风格各不相同，央视媒体以大规模长线深入报道为主，大陆外媒体偏向采用集中报道，网络媒体呈现出"时间影响式"的报道风格，当地媒体则表现出短促弱势的报道模式；第三，针对播放量的分析发现，民众真正关心的是基于平民视角的新闻内容，突发公共危机事件的归因报道、政府措施等不应成为突发公共危机事件的报道主体，各媒体应从关注民众呼声的角度出发，加大平民视角类报道。

尽管部分媒体的相关报道存在着新闻来源单一、报道角度"政府一边倒"、当地媒体在政府主导型的报道框架下表现出的"负面新闻正面报道"宣传逻辑、整体报道弱势、平民视角缺乏等问题，但如央视媒体对突发公共危机事件的长线深入报道、大陆外媒体的客观中性报道、网络媒体逐渐成熟的民声报道以及部分媒体报道中表现出的危机反思意识等都是我国媒体突发公共危机事件报道进步的表现。展望今后的突发公共危机事件传播，正如有些研究者对转型中国环境报道的功能分析中所指出的，由于我国民间动员力量的薄弱和部分地方政府的压制，中国环保运动需更多地借助媒介的力量，而媒介的社会动员不但要在环境报道中呈现环境问题，还必须建构环境议题的意义以促使人们采取集体行动，真正参与到环境保护当中。[①] 这可被视为我国突发公共危机事件报道尚需努力的方向。

二　反思

各类媒体在定位、方针、受众上各有不同，展现出来的报道框架自然也就不同。启动突发事件民意征集系统，实时关注民声动向，结合民众意愿，随时调整报道框架是未来突发事件报道的路径。针对部分媒体在突发公共危机事件报道中出现的报道角度"政府一边倒"、新闻来源单一、报道立场"负面新闻正面报道"、整体报道弱势、平民视角较少等问题，笔者总结了以下几点反思：

第一，在突发公共危机事件报道中，各类媒体应增加对专家意见、民意反映、百姓声音等客观中立以及民声类的报道。专家作为中立的一方，其提供的信息具有很大的参考价值和实用性，也具有稳定受众情绪的作用。加大对受害民众的关注力度，给他们更多的话语权，尽量平衡各种消

---

① 孙玮：《转型中国环境报道的功能分析——"新社会运动"中的社会动员》，《国际新闻界》2009 年第 6 期。

息来源，避免出现"政府一边倒"的危机报道模式。媒体应该担负起社会瞭望者的角色，发挥监测环境、协调社会的功能。

第二，增加媒体自制新闻的数量。增加自制新闻的数量，鞭策媒体对突发公共危机事件进行更深入的挖掘报道，尤其地方媒体处于事发当地，具有绝佳的地域优势，占据着大量独家新闻资源，通过独家新闻的挖掘，既可以增强新闻的可读性又可以拉近与读者的距离，同时还可以减弱当地媒体的政府宣传意味，树立起当地媒体的公信力。

第三，设置对突发公共危机事件的反思框架，增加有质量的评论和深度报道的数量。

评论和深度报道往往是突发公共危机事件发生后公众最愿意看到的报道，公众迫切希望从专家口中得知权威解读，有利于形成对突发公共危机事件的长线深入报道链条，更好地为公众服务。评论类报道以及深度报道数量的增加，为各方观点提供表达的场所，延展了各类媒体报道突发公共危机事件的维度，体现了报道的多元化和思想的自由，这将促使媒体报道和公众理解都趋于理智化，也更有利于突发公共危机事件的最终解决。[①]

第四，增加突发公共危机事件的客观中性报道基调。媒体报道突发公共危机事件应在以中性客观基调为主的前提下，注意对存在问题的发掘以及追踪事件发生背后的深层原因，增加客观中性报道基调，减少空洞的宣传性报道，淡化宣传色彩，给公众展现更清晰的危机事件发展脉络，担负起"把关人"的责任。

第五，新媒体与传统媒体融合，扩大舆论引导合力。网络媒体和传统媒体可以通过相互设置议程最大限度地保障民意的表达和舆论的合理化走向。根据诺依曼的假说，意见气候的形成与以下三个条件有关：多数传播媒介报道内容的类似性，由此产生共鸣效果；同类信息传播的连续性和重复性，由此产生累积效果；信息到达范围的广泛性，由此产生遍在效果。[②] 新媒体与传统媒体的融合能够使共鸣效果、累积效果和遍在效果得到最大程度的发挥。由此形成舆论的"立体化"引导，扩大舆论引导合

---

① 张晏：《框架理论视野中的食品安全报道研究——以"三鹿奶粉事件"为例》，硕士学位论文，暨南大学，2010年。

② 郭庆光：《传播学教程》，中国人民大学出版社1999年版，第221页。

力，达到最佳公关效果。[①] 网络媒体因其互动性和平等性能够快速地传递民声，保障舆论的民主性，但是网络信息的海量与泛化可能导致信息冗余、噪声泛滥的问题，传统媒体依靠其高素质的信息制作队伍以及可靠的信源所建立的公信力，还是目前网络媒体无法比拟的。新媒介的开放性使得网络舆论的引导一直是危机公关的难题，网络中大量的噪声使得公众对事件真相莫衷一是，此时传统媒体可以通过议程选择以及对议程重要性的安排影响网络受众的议程设置和议程构建，促进网络舆论向合理、正确的方向演进。

三　不足

最后，由于本研究主要采用的是定量的内容分析方法，缺乏文本层面深入的话语分析，所选样本媒体不能代表所有媒体对突发公共危机事件报道的新闻建构情况，后续研究需将这些因素纳入考虑范围之中，更为全面地反映我国媒体在突发公共危机事件报道新闻建构中存在的问题。

---

① 张丽莉：《从危机传播视角看新媒体环境下的突发事件传播》，硕士学位论文，苏州大学，2010年。

第四章 数字时代视听内容的
收视模式及运营策略

数字电视正在改变世界。虽然，近年来随着互联网以及手机的发展，不断有人惊呼"电视死了"，还有人甚至以"电视死了"制作成帽子上的图像来在网上销售。所以，许多传媒专家学者不得不写文章来讨论电视的生存还是死亡的问题。比如，学者 George Gilder 在 1990 年就写了文章《电视死了》①；2010 年，宾夕法尼亚大学教授伊莱休·卡茨（Elihu Katz）也撰文讨论电视终结的问题②。其实，随着数字科技的发展，电视并没有死，而是以另外一种形态存在。原来通过电视机＋有线网/无线网收看的模式正在被新的科技打破，人们收看电视的终端已经不再限于电视机。电视机可能已成历史概念，不是所有能看电视的设备都得叫电视机（无论是电脑、电视，还是手机或其他手持电子设备都可以实现收看电视的功能），电视机的功能已被镶嵌在其他用途的设备上，或者电视机还将有更大的功能发挥出来。数字技术完全将人们收视的模式不仅在时间上发生了变化，而且在空间上发生了变化，当然在内容上也发生了变化。随着全球化、网络化、数字化和市场化等时代潮流的推动与发展，当前的电视产业正在经历一场革命。

第一节 收视模式

其一，接收终端移动化。当前随着科技的发展，手持移动电子设备的

---

① George Gilder. Television is dead. PC/Computing, Vol. 3, Iss. 2, February, 1990.

② 周笑：《电视会终结吗？——新媒体时代电视传播模式的颠覆与重构》，《国际新闻界》2011 年第 1 期。

发展使得受众对于视频节目享用超越了时空的限制。当前，手机电视的屏幕过小的问题，被韩国三星集团利用光的折射技术生产的一种镶嵌在手机里面的投影设备所解决，受众只需要一块内镶嵌微型投影设备的手机便可以在任何地方观看大屏幕手机电视。

其二，接收终端立体化。当前，3D（立体）电视被认为是电视历史发展的下一代革命性产物。美国卫星电视公司 DirecTV、ESPN，法国的有线电视公司 Canal，英国的 BSKYB，德国的卫视公司 Sky Deutschland 以及日本的 Sky PerfecTV 和韩国的卫星直播公司 Sky life 等机构均开播了 3D 影视频道。除了卫星频道外，美国、英国以及韩国的地面无线电视台也开展了 3D 影视的试播试验。尼尔森（Nielsen）调研公司于 2010 年年底发布的最新报告指出，当前北美约有一成的消费者、欧洲约有两成的消费者对 3D 影视表现出了极大的兴趣。2011 年 1 月举行的国际消费电子展（CES）上，有超过六成的企业都展示了新的 3D 产品。中国当前已有 8 家电视台在尝试 3D 影视节目的制作与播放。所以，拍摄 3D 影视无疑是各电视台或者民营电视制作机构下一个重要方向。然而，3D 影视利用人两眼的视觉差别和光学折射规则，即人双眼观察物体的角度差异，产生立体的视觉把左、右眼所看到的影像分离，从而使用户体验立体影像感觉。

接收终端的移动化和 3D 电视产业的迅速发展，以及数字视频压缩技术的发展，3D 移动电视的发展也异军突出，并被 2010 年美国麻省理工学院权威科技杂志《技术评论》评为 2010 年十大尖端科技。

其三，具有互动性的社交电视将会是下一代电视发展的焦点。社交电视，即将社交媒体引入电视之中，让电视成为社交媒体的重要终端，让看电视变成一种在不同地方的观众还可以分享和讨论的模式，并且用户更容易找到想看的节目。根据 Deloitte's 2011 年关于《媒介民主状况的调研》（State of the Media Democracy），大约有 3/4 的电视用户在看电视时从事其他工作：有 42% 的用户在上网，有 29% 的用户打电话，26% 的用户在发短消息[①]。在英国，年轻人对社交电视也表现出了很强的兴趣。英国专业数字营销机构 Digital Clarity 周二发表的一份调查结果发现，大多数人在观看节目期间使用移动设备与好友进行交流。社交电视交流方式中，Twitter

---

① AT&T Has Launched Havoc's Linear Social TV Channel，http：//www. appmarket. tv/news/1184 – atat – has – launched – havocs – linear – social – tv – channel. html.

使用比例最高，使用人群为 72% ；其次是 Facebook，使用人群为 56% ；移动应用使用人群为 34% ，62% 的社交电视用户表示同时使用这三种交流方式。① 2009 年 7 月，Verizon 公司和 Facebook、Twitter 合作，打造了 FiOS 社交电视平台。通过该平台，受众既可以收看高清电视，还可以进行相互交流。当前，美国最流行的社交电视软件为 Yap. TV。只要下载该软件，受众就可以在 iPhone、iTouch 和 iPad 上免费使用。通过该软件，受众可以边看电视边和其他朋友分享自己的感受。通过该软件，运营商将 Twitter 和 Facebook 等全球最流行的社交网站搬上了这些手持电子视频设备，从而实现了受众与朋友适时分享其用户体验。当然，通过该软件用户也可以观看其好友的收视行为或者推荐的收视节目等。除了好友之外，受众在手持设备上观看此视频的相关链接时，还可以看到其他陌生人对此视频的评议，以及与此视频相关的链接；当然，还有其他人推荐的优秀视频，或者点击率最高的视频节目。由于电视观众是在他们的 iPad、iPhone 和 iPod 设备上进行交流，他们在收看节目的过程中不会受到诸如文本对话框之类的干扰。2011 年 3 月 13 日，新西兰电视台 TVNZ 和 Facebook 网站合作建立了新西兰第一个社交电视频道 Chanel U。这是一个没有广告的数字频道②，内容主要以生活娱乐为主，目标观众为 15—24 岁的青少年。节目每天下午 4 :00—7 :00 播放。观众可以对感兴趣的话题进行讨论，也可以贴图、投票或者发表言论。

其四，接收终端高清化，甚至超高清化。数字高清电视将引领未来之路。20 世纪 60 年代日本开始着手研发高清电视，到 2009 年，其 NHK 电视台生产的高清电视达到了 3300 万像素，是现有普通高清电视像素的 16 倍。其实这已经是一种超高清电视（SHV），预计在 2025 年达到实用化。2009 年年底，全球高清数字电视用户数达到了 2600 多万。现在，数字高清电视以其逼真的画面、悦耳的音质正在受到越来越多的观众的热捧。宽带技术、数字压缩技术、卫星传输技术、有线与地面无线传输技术和 IPTV 技术的发展为数字高清电视节目的大批量传输提供了可能；高清电视内容的批量生产，以及高清电视节目接收设备价格的下降，为用户收看

---

① 《调查显示：英国年轻人热捧社交电视》，比特网，http: //telecom. chinabyte. com/423/11849423. shtml，2011 年 3 月 9 日。

② Andy Sennitt. TVNZ launches new online "social TV" channel，March 16，2011，http: //www. mediauk. com/tv/news/go/129015.

高清电视提供了可能。虽然美国的高清电视起步较晚（开播于 2000 年年初），但是到 2010 年，已是全球高清电视最大的市场，约有 57% 的家庭已经拥有具备接收高清电视节目功能的高清电视[①]（如图 1 所示）。欧洲的高清电视发展比较缓慢，大约从 2005 年开始。2009 年年底，英国拥有高清电视的家庭比例达到了 59%[②]。中国有线高清数字电视用户市场规模到 2010 年 12 月 31 日达到了 310 万户[③]。在中国，2010 年 9 月，国家广电总局下发文件《广电总局关于进一步促进和规范高清电视的通知》指出，自 2011 年起，各影视制作机构完成的影视剧必须有一半以上为高清技术拍摄；自 2012 年起，非高清技术拍摄制作的电视剧不得参评电视剧奖项。自 2010 年 9 月 28 日起，中国高清频道高清节目同播率和高清播出率必须高于 70%，同播的高清频道黄金时段（18:30—23:00）所有节目，包括影视剧、天气预报和广告等，必须全高清播出，并力争到 2011 年 9 月 28

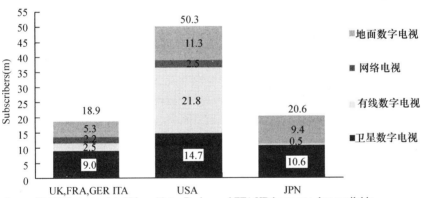

Source:IDATE/industry data/Ofcom.Notes:Paying and FTA HD homes;no data available for IPTV in Japan.
illustrates the distribution of HDTV homes by platform among the six major markets included in our analysis.In most-the UK,Germany, Italy and Japan-satellite television accounts for majority of HD homes.

图 1　2009 年底部分欧美国家数字电视用户规模

①　Ofcom，International Communications Market Report 2010，December 2，2010，p. 37.

②　Ibid.

③　络达咨询 2010 年年底，中国有线高清数字电视用户市场规模为 310 万户，《中国数字高清电视市场发展现状及竞争趋势研究报告（2011 年版）》，转引自 DVBCN 数字电视中文网，http：//www. dwrh. net/a/gdw/HDTV/2011/0308/11776. html。

日达到全高清播出的目标。①

其五，时移电视将是人们未来的主要收视方式。随着 VCD、DVD、DVR（数字视频录像机）及网络视频（包括电视）、手机等可持电子设备（如 iPod、iPhone 等）以及视频点播技术等的兴起，以及相关电子设备价格的持续降低，人们的收视行为不再受到电视台开播节目的限制。个人视频存储设备（PVRs；也通常指数字视频存储设备）和互联网都进一步使受众行为预测变得扑朔迷离②。原来人们在固定时间、固定地点收看电视的行为现在正在逐步被颠覆。通过这些设备，受众可以选择观看电视节目的时间大大增加了。另外，针对时移电视，受众还可以进行暂停、回放、快进、后退等功能的操作。

到 2009 年年底，英国约有 780 万用户拥有数字视频录像机（DVR），美国大约有 3470 万用户拥有数字视频录像机（DVR）。③ 2011年，英国 Sky Atlantic 电视频道的 1000 万用户中，已有一半采用视频录制技术收看时移电视④。在美国，有线电视运营商 Comcast 的调查显示，在 2010 年 8 月大约有 2/3 的美国用户采用视频点播、视频录播以及看网络电视等方式收看黄金频道的电视节目。受众收看位移电视的主要原因是个人的时间和电视节目正常播放的时间相冲突。2010 年第四季度，美国收看时移电视的用户每月平均花费的时间为 10 小时 27 分，这比 2009 年增加了 13%⑤。在德国，2011 年的调查显示，40% 的人认为他们更喜欢时移电视⑥。

---

① 据络达咨询，2010 年年底，中国有线高清数字电视用户市场规模为 310 万户，《中国数字高清电视市场发展现状及竞争趋势研究报告（2011 年版）》，转引自 DVBCN 数字电视中文网，http：//www.dwrh.net/a/gdw/HDTV/2011/0308/11776.html。

② Kirkham, Mike. Measuring the fragmenting television audience. Journal of the Market Research Society, 1996, 38（3）：219 - 226. 转引自［美］菲利普·M. 南波利《受众经济学》，陈积银译，清华大学出版社 2007 年版，第 37 页。

③ Ofcom, International Communications Market Report 2010, December 2, 2010, p. 9.

④ Stuart Miles. 50 percent Sky Atlantic customers time - shift TV shows, April 28, 2011. http：//www.pocket - lint.com/news/39769/sky - atlantic - time - shift - tv - shows.

⑤ Timeshifted TV Viewing Up 13% YOY in Q4 '10, March 11, 2011. http：//www.marketingcharts.com/television/timeshifted - tv - viewing - up - 13 - yoy - in - q4 - 10 - 16563/.

⑥ http：//hdlns.com/g1zf359za75141818/Over + 40%25 + of + Germans + favour + time - shifted + TV + - + survey.

第二节　电视运营趋势

电视科技革命的变化，导致了广播电视传媒行业的运营形态发生了重要变化，笔者认为主要有以下几个方面：

其一，节目制作方式的工业化时代到来，并且这种制作方式与思路的国际化风行。如果一档节目在美国火了，其模式很快被复制到全球各地。美国出了个好莱坞，印度马上搞了个宝莱坞；美国搞个达人秀，英国、澳大利亚、中国也搞达人秀；美国搞探索发现节目，中国也搞探索发现节目。这种方式和先前其他产品的工业化批量生产没有什么不同，只不过现在换了生产对象而已。另外，以前是生产汽车、衣服等生活资料，现在是生产媒介娱乐产品；以前是在某一个地方进行试验，然后在某一地区推广，现在是在一个地区试验，然后在一个国家播出，进而向全球推广。在此过程中就很难说是没有创意，或者说创意死了。因为不论怎样模仿，对于各地区的人们来说，人们观看到的节目形态无疑比先前多了，节目的选择性也多了。当然，在此过程中，媒介运营机构降低了运营风险（因为此节目模式或者叫模板已被其他国家证明是成功的），规模经济的效用也发挥出来了（因为同一个节目模式可以在全球范围内不停地被复制，有越来越多的人去使用和消费它），这对于节约创意成本来说也是一件好事。一句话，全球化媒介工业时代到来了！

其二，资本运作，规模化竞争是下一个阶段传媒行业的必然趋势。传媒企业要占稳市场，做大做强，技术革新只是一方面，资本运作过程中对于其他公司的兼并，然后剥离自己的弱势地带也是未来媒介集团的必须选择。无论是印度的 Zee TV、巴西的 TV Globo、德国的 Deutsche telekom（DE）集团，还是美国的 Version、AT&T、DirecTV，抑或默多克的新闻集团，无一不进行着兼并与重组，也唯有资本运作，使其能迅速崛起，完成全球扩张的使命。当然，在资本运作不当的过程中，也会出现危机，比如法国的维旺迪公司最后就破产了。但是，不论怎样，仅仅依靠传媒集团自力更生、自给自足的经营模式早已不适应当前时代的发展。

其三，广告与付费节目两种方式将依然并存。依赖广告生存依然是许多电视台发展的主要手段，而且在相当长的一段时间内也不会消失。以中国为例，数字电视刚开始起步时，曾宣传数字电视的优点之一是没有广告。然而后来的运营发现，没有广告的支持，如果仅靠收视费来维持电视台的运营，可能有许多电视台就要倒闭。这里面有几方面原因：第一，当前许多电视台的节目水准还没有达到观众非看不可的地步，也就是说，电视节目的消费还不是观众的必需品。第二，现在电视传媒消费的替代品太多，除了广播、报纸、杂志、书籍及电影院等大众媒介外，其他现代的手机、互联网等平台的出现，以及其他娱乐设施的出现，也是电视传媒产品的替代品与竞争者。第三，还有很多居民的收入不高，无力支付"高昂"的媒介消费费用。2010 年 11 月 18 日，据联合国报告称全球贫困人口超过 17 亿，他们的温饱等生存问题还没有解决，如何让他们再花钱去消费电视节目？第四，传媒的性质决定了他们不是扶贫办，没有义务不播广告且免费供老百姓观看。即便在欧洲盛行的公共广播电视体制，虽然他们主要是依赖免费 + 不播方式运营，但是每个收视的用户基本的电视执照费还是要缴纳的。在中国，广告收入占电视收入的 2/3 以上，如果没有广告，这些电视台的支出成本必然要转嫁到节目收看成本中，即变成昂贵的付费电视，这在资本发达的国家当前也做不到，更不要说在贫穷的发展中国家了。

　　然而，不容忽视的一个现象是，付费电视当前正在全球范围内异军突起。2010 年年底，美国付费电视的总收入全球最高，达到了 638 亿美元；英国位居第二，达到了 92 亿美元；日本位居第三，达到了 75 亿美元；加拿大位居第四，达到了 68 亿美元；法国、中国位居第五，均达到了 62 亿美元；印度和巴西分别位居第九和第十，分别为 40 亿美元和 29 亿美元。全球付费电视人数最多的国家是中国，为 1.9 亿；美国位居第二，为 1.03 亿；印度位居第三，为 1 亿；日本位居第四，为 2460 万；德国位居第五，为 2100 万；英国和加拿大分别位居第九和第十，依次为 1400 万和 1200 万。就付费电视的渗透率来说，北欧国家的付费电视率最高，全球排名前十位的国家中占据了 6 个。其中：荷兰位居第一，为 99%；比利时位居第二，为 96%；挪威位居第三，为 93%；瑞典位居第四，为 92%；丹麦位居第八，为 88.5%；瑞士位居第十，为 84%。位于北美洲的美国和加拿大分别位居第五和第九，依次为 90% 和 86%。[①] 在美国，

---

　　① Digital TV Research Ltd., Global pay TV revenues reached US $ 155 billion in 2010, http：//www. digitaltvnews. net/content/? p = 19413, June 13th, 2011.

付费电视比例占到了 80% 以上；在德国，先前的公共电视占主导地位的电视市场正在被公营与私营（付费）双轨制运营所代替。在英国，BBC 主导的公共广播电视体制也在逐步被商业电视台侵蚀，尤其是默多克旗下的天空集团。在中国，观看视频点播节目或者付费电视成为很多高收入者的主要收视方式。很明显，随着人们物质文化水平的提高，人们的文化消费需求也在逐步提高，看自己喜欢的电视，而且收视过程中不允许其他打搅（比如广告）也是越来越多的收视群体的必然选择。

所以，在全球来说，付费电视与免费电视（靠广告生存）并存是今后电视运营的基本模式。

其四，运营过程中，节目传输平台必须多样化。从传媒运营主体来看，同一产品利用不同的平台进行传输，可以产生范围经济的优势，降低成本。打造全媒体现在几乎是每个传媒机构都在积极探讨的新课题。平面媒体在数字化，广电传媒在不停地出书办刊，网络媒体则在不停地出版网络读物，并在发展其自身的视频媒介。与此同时，它们也都在积极地向移动接收方面转化，手机报、手机视频、iPod、iPhone 等移动接收终端功能越来越强大，界面越来越友好，内容越来越丰富，收视人群越来越多。此种现象在国内如此，在国外亦如此。另外，从受众来看，享受各部门提供的各种各样的平台服务也是需求使然。每个人都希望有一个终端解决所有的传媒需求，但是爱好/偏向不同，上亿个民众的需求聚集在一块儿就很难统一。虽然媒介融合是当前传媒行业最热门的话题，理想是希望用一个终端、一张网解决传媒内容的接收与传输问题，在理论上可以节省成本，节约社会资源，但毋庸置疑的是，由于资源的稀缺性，以及各相关利益群体的多样性、无穷性，人性的喜新厌旧性和贪婪性，竞争的存在（并将永远存在），电信与电视行业以及互联网并存的现状在当前相当长的一段时间内不会改变。这就犹如人们出行，可以选择步行，也可以选择自行车、电动车、摩托车、汽车、火车、轮船、飞机，甚至会飞的摩托车等一样，不代表一种科技的发明就会消灭掉另外一种。多样性在当前已成为时代发展的主题，电视传媒业也不例外。电视行业中，有线与无线、天上传输与地面或地下传输信号并存的局面是未来不可改变的事实。所以，传媒运营平台必须多样化，以满足受众的不同需求。

其五，传统的收视测量需要进一步革新。随着新科技的发展，人们的自主性越来越强，收看位移电视、时移电视、社交电视的频率越来越高。原有的电视台在播放节目时采用的电话收视率统计法，或者在样本家中电视机旁边安装的人员收视仪统计法，以及要求收视样本在节目播放当天填写的日志法显然已经不合时宜。新科技的发展要求有更新的收视率检测方法，即时代需要对时移电视和位移电视进行检测的仪器设备对观众的收视行为进行准确测量。美国阿比杜公司（Arbitron）生产了一种个人可携带式人员测量仪（Portable People Meter），试图解决这一难题。它的大小和形状就像一个寻呼机，便于人随身携带。测试过程中，参加者从他们每天早晨一起床到他们晚上睡觉前都要带着他们的个人可携式人员视听测量仪。这种设备发射并适时记录一种听不见的信号，这种信号存在于所有被测试者的音频无线电（如广播、电视和互联网广播）中。然而，此设备的价格要比任何测量互联网上视频和音频受众的软件系统都要昂贵，因而在市场上只能用很少的测量样本去推断出总体，这显然不是很精确的。还有目标电视（Target TV）测量法①等，但是都很难测量出真实的受众行为习惯②。所以，有人建议将收视调查仪植入媒介系统内部，如同现在互联网浏览器上的 Cookies 文件一样可以对网民在互联网上的所有行为进行监控。但是正如有人说的，"没有人知道你在电脑前面是一条狗"，除非对每个收视的观众用声波定位仪、红外线检测设备、面部识别系统和视网膜扫描系统进行检测，否则受众是没有办法进行精确检测的。其实，这种方法尼尔森公司早已经使用过了③，但是，这个项目的成本、现实可操作性，以及因红外线检测系统引发的隐私问题等都阻碍了这些系统的实践④。其实，在电视收视率的度量过程中，预计的受众、被测的受众和实际的受众永远存在差异（如图 2 所示），电视观众的测量永远存在着不确定性。

---

① 该系统通过数字有线电视机顶盒来收集数据。这个系统是 QVC 销售网和美国有线电视服务公司 Comcast 合资完成的，每 5 秒就可以获取频道选择数据；但是，这个系统明显在测量数字有线电视订户方面是很有限的，并且它在本质上没有能力获取人口特征统计数据。

② ［美］菲利普·M. 南波利：《受众经济学》，陈积银译，清华大学出版社 2007 年版。

③ Lu, Daozheng and David A. Kiewit, Passive people meters: A first step. Journal of Advertising Research, 1987, 27 (3): 9 – 14.

④ ［美］菲利普·M. 南波利：《受众经济学》，陈积银译，清华大学出版社 2007 年版，第 110 页。

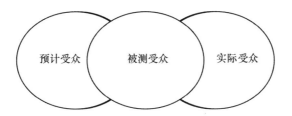

图 2　电视收视率测量中预计的受众、被测的受众和实际的受众永远存在差异图示

　　所以，当前电视运营机构要想精确判断受众的收视行为模式，只能在预计受众、被测受众和实际受众数据调研方面作出更大的努力。

　　其六，本土化经营与全球化运营必须相辅相成。电视节目运营的全球化已是世界浪潮，国外生产的节目内容是人类优秀文化中的一部分。当前，无论是亚洲的印度、日本，还是欧洲的英国、法国、德国、卢森堡、瑞典，以及美洲的美国、巴西等，它们的老百姓都可以自由地看到全球的电视节目。比如，印度民众既可以看到俄罗斯电视台，也可以看到英国BBC 等电视台，还可以看到日本 NHK 等电视台，以及美国很多电视台的节目。然而在中国只有在三星级以上的宾馆才可以看到国外 33 个频道的节目。与此同时，各发达国家与新兴国家的传媒与国外其他媒体合作进行跨国界运营也已是普遍现象。不论是巴西的 TV Globo，还是印度的 Zee TV、德国的 Sky Deutschland、瑞典的 ASTRA、英国的 BskyB 等，它们都在和国外展开合作，进行运营。而且在这些国家中，外国传媒公司在本国也可以合法地开展节目运营，当然或多或少有一些政策限制，比如外资投资比例不能超过一定比例，等等。

　　在电视运营全球化的过程中，节目制作的本土化也是不可回避的一个现实。许多国家在不断地借鉴国外电视节目的运营形式，然后在本土上打造本土化的国外电视节目。比如在中国，将国外的《Tonight Show》改编成《东方夜谈》，然后再复制成多地的《××夜谈》；将国外的《Survivor》改编成《走入香格里拉》；将《Britsh Got Talents》或者《America Got Talents》改编成《中国达人秀》；将《American Idol》改编成《超级女声》；等等。而且，这些节目经本土化之后，都获得了巨大成功。另外，越来越多的网络观众通过视频网站收看电视节目，包括个别国外比较成功的影视节目。在中国，酷六网和优酷网已经形成领导中国视频网站的潮流。在国外，Youtube 网站已经成为全球最大的"电视台"，越来越多的年轻人通过这个窗口享受着国外的视频节目。

所以，一方面传媒经营面临着受众碎片化的倾向，但是另一方面也面临着聚合化的倾向（即有共同兴趣的人通过搜索引擎窗口在网络上收看某一节目，或者按节目收视指南在电视机前观看该节目）。而且这种聚合化的倾向是在全球范围内，而不是局限于某一地方或者某一组织内。这正如音乐、体育无国界一样，电视节目也超越了国界。当然，这主要归功于互联网的全球发展（主要是搜索功能），同时英语作为国际语言在全球范围内应用，使得人们能够发现各国优秀的或者说影响力大的视频节目。当然，这种国际化的运营方式，无疑降低了创意成本，提高了收视率，实现了规模经济。

其七，创作主体的碎片化。以前电视节目的创作主体只能是电视运营机构，但是随着视频拍摄设备（当前普通消费者也可以买得起中低档的视频拍摄设备 DV）、编辑设备（个人电脑就可以当作视频编辑机）的逐步降价，编辑软件的人性化或者"傻瓜化"，电视制作去掉了其多年神秘的面纱，一些有视频拍摄、编辑爱好的普通消费者只要有想法，就可以担任独立制片人。而且随着互联网的发展，网民自己拍摄的视频也具有了播出平台，一部好的视频不仅可以在国内网站看到，而且还可以被国际网民看到。然而这并没有结束，优秀的视频节目传到网上播出以后，被他人看到，人们除了点击和评价之外，还有可能进行第二次、第三次改编（当然也有可能被"恶搞"）。对此现象，有人称为自媒体时代，或者我媒体时代到来。这无疑对原有的影视创作机构提出了严峻挑战，当然也提供了节目创新的机遇。

第五章　大数据时代的文化传播模式研究
——以今日头条为例

第一节　引言

习近平的"8·18"讲话以后，国家出台了《关于推动传统媒体和新兴媒体融合发展的指导意见》（中办发〔2014〕48 号）、《国务院关于积极推进"互联网＋"行动的指导意见》（国发〔2015〕40 号）、《关于促进大数据发展的行动纲要》（国发〔2015〕50 号）等文件来推动传统媒体向新兴媒体转型。在此过程中，许多传统媒体跃跃欲试，但是当前除个别传统媒体还在表现出一些希望外，大多数传统媒体都收效甚微。2014年，南方报系离职人员达 202 人；2015 年，央视高职人员离职也成常态。2014 年，杂志广告整体收入下降 10.2%，报纸广告整体收入下降 18.3%，电视广告下降 0.5%①。

与此同时，2012 年开始创业的今日头条运营得却非常成功。从创业初的 20 余人到现在的 600 余人团队，其 2014 年市值超过 5 亿；其头条号上的创作者超过 35000 人，每天创作出 3.2 万篇文章，而这 3.2 万篇的文章占今日头条的整个阅读量的 73%。其自媒体账号已达到 26000个。日均点击量接近 5 亿（视频超过 1 亿），用户平均使用时长为 47 分钟。鉴于其优秀业绩，有必要对其内容传播战略做一研究。

---

① 中广协报刊分会：《中国报纸广告市场 2014 年度报告》，http：//news. cnad. com/html/Article/2015/0206/20150206093339477. shtml。

第二节　今日头条的内容传播机制

1. 市场机制，重金聚贤

今日头条喜欢利用高薪去聘请精英人才。它"基本不招年薪 20 万以下的工程师"，近期在用 10 万—100 万美元招顶级机器学习人才。其人才队伍中工程师的比例占到了一半以上。据其 CEO 张一鸣公开介绍，所有的核心团队的人员都是他亲自了解、招聘，而他一半的时间也花在了招聘上。

2. 借船出海，利益均沾

与传媒机构、企业、政府合作签约，低价获取别人的知识产权，然后共同经营平台，分配广告利润。今日头条当前和 9000 多家机构签约，解决了其知识产权纠纷的问题。通过与传统媒体合作，购买版权，提供受众分析数据、共建广告平台，共同打造电商服务，今日头条获得了巨额数量的产品，以及市场数据。

3. "画饼充饥"，"捆绑"潜力股

今日头条推出"新媒体孵化器计划"项目，让潜在的社会精英团队加盟。它以提供孵化服务的孵化器名义把许多有意公司化、商业化的自媒体中小团队收编。在此过程中，"诱饵"便是今日头条可以引入各类国际知名风投、降低创业者在发展早期的额外成本以及帮团队提供法律、财务和版权保护等资源支持，提供低价高质的办公场所。这样，许多有发展潜力的中小企业便被"捆绑"在今日头条周围。

4. 釜底抽薪，全民皆兵

今日头条当前实施的是"千人万元、百群万元"计划，即一年内重点扶持至少 1000 个头条号创作者，单月至少获 1 万元的保底收入；一年内重点扶持至少 100 个"群媒体"，单月将至少获得 2 万元的保底收入。这种以打破时空界限，充分竞争，高薪挖墙脚的方式，使全社会的精英迅速凝聚到今日头条，这对于写作者来说应是一件好事，但是对其他传媒机构来说完全是釜底抽薪。"作者关注的才是头条"这种口号，以及利润捆绑机制让头条号上的作者玩命地推送其内容到自己的朋友圈。想想看，如果这些业余作者都在琢磨为今日头条写作和推送的时候，谁还有心思去重视自己所在公司的发展？

5. 以人为本，推荐制胜

今日头条虽然是一个 APP，但本质上是一个个性化的信息推荐引擎。其聚合内容生产者（商）＋系统计算分类＋兴趣定制＋搜索＋分发＋推荐的内容生产模式已经相当成熟。其口号"个性化推荐、千人千面；你关注的才是头条"已经深入公司和用户的心里。与此同时，今日头条还在持续投入大量人力、物力研发——如何让程序更加精确、更加了解用户需求、更加快捷地向有需求的用户推送他们想要的信息。其目标为强迫读者接受自己喜欢的东西，做到今日头条比读者更懂读者。

6. 技术为先，平台制胜

今日头条的 CEO 张一鸣是技术男出身，其招聘的一半以上的员工都是技术出身。利用这些技术员工追踪国际前沿算法、技术，分析现有技术弊端，改良现有算法、技术，然后变机器为员工，打造一个巨型的用户和作品大数据信息收集、标签、推送云平台。有了此平台，就等于掌握和制定了市场游戏规则。然后，今日头条采用的便是使用利益捆绑机制把所有的社会相关人士聚焦在此平台上，让他们变成其内容提供商，甚至内容消费者。

7. 国际眼光，国际格局

今日头条从国际先进企业亚马逊学习搜索引擎技术、运作模式，然后对之改造升华，在一个新的弱势领域发展壮大。羽翼丰满后，然后携带大部队再回到原来行业领域在中国版图竞争，这便是今日头条的又一战略。当前，今日头条已经在做头条特卖，目前已经与天猫、京东、唯品会、1 号店等电商平台合作，从事跨领域运营。今日头条 2015 年的月广告收入就已经过千万，其广告信息直接可以并入电商购物页面。

8. 明修栈道，暗度陈仓

今日头条以一个应用 APP 技术公司姿态，而不是传媒公司的面目出现在众人面前，没有引起太多关注。并且，其一直声称不做内容，只做平台。其之前的口号是"与其造船出海，不如借船出海"，想想看，现在哪一个与今日头条合作的企业做到"借船出海"了？倒是在此过程中，今日头条本身借船快要出海了。其登陆美国的战略已经制定。与此同时，今日头条待成长壮大以后，又制定了内容生产集成商战略，推出了原创内容生产运营模式——"千人万元、百群万元"计划。很明显，这其实是一种避开竞争锋芒，利用新技术迂回进入传媒产业的运作模式。

今日头条的具体运作模式如图 1 所示。

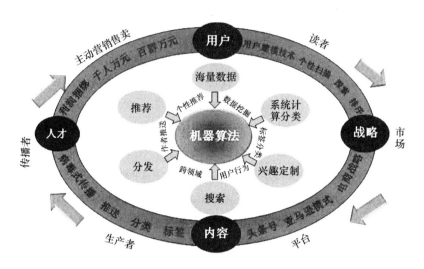

图 1　今日头条的运作模式

第三节　新兴媒体与传统媒体内容
传播战略的异同

由于传统媒体在内容传播方面的论述较多，本文不再赘述。但是，通过对今日头条的分析可以看出，今日头条这类新兴媒体与传统媒体在内容传播方面存在很大不同。

1. 创作主体

传统媒体靠招聘优秀员工，然后由这些员工自己去做优秀产品来吸引人。新兴媒体靠做平台凝聚创作主体，然后由这些聚集的创作主体再去做内容。这其中最重要的一点是，聚集的这些创作主体数量不计其数，界限无边无际，不用固定时间、固定地点去今日头条上班。这种"草根皆兵"的人才战略，充分利用移动互联网的精神，把自媒体的概念用到极致，让读者、传播者、生产者一体化，所有的作者都有可能成为其内容创作主体，其中也包括许多本身就是传统媒体的精英。

2. 内容决策

传统媒体有编前会，有头脑风暴小组，由领导审批，然后再去生产；

传统媒体的内容信息反馈机制也会对其内容决策产生影响。这些内容反馈机制包括读者来信、来电、来邮、微信、微博留言、听众接待室、机构自身的各种调研数据等。新兴媒体的内容决策是基于用户行为的。其内容生产事前没人管理，采用事后审查机制，以防止非法内容传播。其采用全民大生产的方式，先把内容集成在平台上。然后，用计算机程序语言对之进行标签、分类、排序，机器再根据其用户的信息消费行为有针对性地向用户推送。当然，在此过程中，新兴媒体也会设置栏目，精确海选出优秀的作者、群体，由其来决定生产各种各样的内容。

3. 内容来源

传统媒体关注各频道、各栏目自身的信息范围；新兴媒体的内容原创来自于全国乃至全世界，因为其创作主体就是全国乃至全世界的精英。内容创作环境方面，传统媒体正在花巨资修建机房、场房、办公室，而且许多还在向"中央厨房"迈进，以便用"中央厨房"模式去做新闻大餐，呈现给客户。新兴媒体则认为任何地方、任何空间的信息都是"厨房"中可以加工的美味。个体工作的地方根据自己的情况来实现，不用去公司坐班，在家、在路上、在咖啡馆，甚至在厕所也可以完成工作。时空界限对于新兴媒体来说根本不是问题，许多创作者从来没有去过公司，但照样是该公司的优秀员工，照样可以领工资。相应的内容来源也是更加多样化与丰富化。当然，为了保证更丰富的内容，新兴媒体公司也积极和传统媒体合作，寻找内容来源。

4. 传播方式

传统媒体主要依靠自己的播出平台（原来平台＋两微一端）来传送内容，但是"僵尸"两微一端居多。新兴媒体主要依靠自己的平台来推送信息。但是，这种平台采用机器数据挖掘用户兴趣，然后可精确地向用户推送信息；另外，新兴媒体通过竞争机制，量化考核，以及利益捆绑机制，倒团作者主动向圈子分享，传播可以产生病毒式传播反应。所以，传统媒体是其本身员工在传播，新兴媒体是采用机器的主动精确推送和"草根皆兵"的"麻雀战"。

5. 核心技术

传统媒体采用原有的采、写、编、评技术居多。较少的传统媒体也采用了大数据挖掘与信息处理技术，但是由于集团内部门之间条块分割，利益分配机制不完善，此方面人才稀少等原因，这些技术只有较少的部门在使用，或者间歇性地出来表现一下，不能做到这些新技术所有部门共享化，随时、随地享用。新兴媒体则完全采用大数据挖掘与信息处理技术，而且在此方面投入巨大，不断升级，并且这种投入产生的成果整个集团的各个子环节都可以共用。因为一开始，它就是一个整体在发展，而且各部门之间与核心技术部门的利益分配机制明确，可量化且利益捆绑。

6. 销售模式

传统媒体采用免费内容 + 广告，或部分内容收费 + 广告（受众经常不能精确定位）。当然，也有一些传统媒体已经开始向电商转型，其广告收入占整个集团收入的较小份额。但是大多数此类转型的电商还是把传统的开店模式搬到了网上，是一种被动式的销售模式；另外，其目前主要的业务范围还是局限于某省或某个地区的"最后一公里"市场。新兴媒体提供巨量免费内容 + 广告（精确定位） + 电商（精确定位）一条龙服务。新兴媒体的电商模式优势在于其核心技术推荐信息引擎，以及这个平台上凝聚的海量作者和消费者，其精确的信息分发模式对于广告主体和电商来说，都有着很大的吸引力，它是一种主动营销售卖的模式。而且，其经营覆盖的范围已经面向全国，甚至在向全球扩张。当前，全国、乃至全球性的中国传统媒体向电商转型的机构还没有出现。

7. 激励机制

传统媒体大多采用大锅饭，行政级别明显，编内人员与编外人员收入差别较大，也有部分机构采用了绩效考核，但股份制改革还未开始（一年前，澎湃新闻本计划要实行股份制，但最后计划夭折），薪水较低，许多机构给做得好的员工发各种奖状；虽然实施了感情留人、事业留人、待遇留人，但是对于一些精英人员，他们的需求与上升空间在传统的传媒机构依然得不到满足。新兴媒体完全采用市场化的运作机制、扁平化的管理层级、人性化的激励机制。个体的工作业绩完全机器量化考核，多劳多得，少劳少得。高薪、股份、绩效考核等一切可以使用的激励机制都在使用，其激励机制让传统媒体的优秀人才源源不断地流入。

新兴媒体与传统媒体内容传播的不同之处如表1所示。

表1　　　　　　　　　　　　新兴媒体与传统媒体内容传播的比较

指标	传统媒体	新兴媒体
创作主体	招聘优秀员工做优秀产品	体靠做平台凝聚海量创作主体来做内容
内容决策	1. 编前会、头脑风暴小组、领导审批，然后再生产 2. 传统媒体的内容信息反馈机制影响内容决策	基于用户行为
内容来源	关注各频道、各栏目自身的信息范围	内容原创或与其他媒体合作，来自于全国乃至全世界
传播方式	依靠自己的播出平台（原来平台＋两微一端）来传送	依靠自己的平台来推送
核心支撑	原有的采、写、编、评技术居多，大数据挖掘与信息处理技术采用较少	完全采用大数据挖掘与信息处理技术
销售模式	免费内容＋广告，或部分内容收费＋广告	巨量免费内容＋广告（精确定位）＋电商（精确定位）一条龙服务
激励机制	1. 采用大锅饭，编内人员与编外人员收入差别大 2. 部分机构采用了绩效考核，股份制改革还未开始，薪水较低	完全采用市场化的运作机制：高薪、股份、绩效考核等

结　　语

综上所述，传统媒体与新兴媒体在内容传播方面思路与战略有很大不同。面对不断流失的市场份额、僵化的管理体制、新媒体的截杀，传统媒体要想成功传播，就得尊重互联网时代的信息传播特点，学会、实践并超越在新兴媒体行业中运用的战略，否则只有死路一条。在此过程中，全球化的时空思维观，基于互联网技术的全民生产、消费机制，大数据云计算所带来的智能定位技术、生产消费一体化的移动社交自我表达机制、碎片化的媒介消费观、市场化的生产消费者利益最大化诉求以及共享机制是应予以特别关注的指导思想。

现　状　篇

第六章　文化产业在"丝绸之路经济带"建设中的主导作用

第一节　文化发展与"一带一路"经济建设

2013 年 9 月，习近平主席出访中亚四国时提出了建设"丝绸之路经济带"的战略构想，横贯东西、连接欧亚的千年古道——丝绸之路，即包括大漠孤烟、长河落日、驼铃声声、驼队蜿蜒的北方丝绸之路。古丝绸之路不仅是北方的丝绸之路，也包括茫茫的海域、云帆高挂、昼夜星驰的海上丝绸之路，之后习总书记又在印度尼西亚巴厘岛提出了"21 世纪丝绸之路"建设的构想，现在所提到的"一带一路"就是习总书记相继提出的"丝绸之路经济带"与"21 世纪海上丝绸之路"。"一带一路"建设的构想受到了各界的普遍赞赏，认为其承接了古今，连接了中外，赋予了古老丝绸之路崭新的时代内涵，是一项造福于沿途各国人民的伟大事业，将成为引领欧亚合作发展的一面旗帜，为建设共同发展、共同繁荣的美好世界提供了新思路、新路径。

11 月 4 日，习近平总书记组织召开中央财经领导小组会议，专题研究加快"丝绸之路经济带"与"21 世纪海上丝绸之路"的问题，并且提出要建立亚洲基础设施投资银行和丝路基金。习主席发表重要讲话："丝绸之路经济带"与"21 世纪海上丝绸之路"这个创意顺应了时代的要求和各国加快发展的愿望，提供了一个包容性巨大的发展平台，具有深厚的历史渊源和人文基础。11 月 8 日，习主席在北京组织召开的加强互联互通伙伴关系对话会上，根据中央财经领导小组讨论的结果，宣布了中国将出资 400 亿元成立丝路基金，这为"一带一路"项目建设提供了投资融资的支持。这一次正在北京召开的 APEC 会议引起了巨大的反响，21 个国家的首脑前来参加 APEC 会议，因此，"一带一路"的建设对促进亚洲地区乃至世界地区的繁荣与稳定有重大的历史意义。

文化产业是精神生产的现代形态，具有丰富的内涵和广阔的外延，凸显深厚的历史继承性和时代创新性，是人类精神想象力、文化创造力，人的价值力和市场拓展力的有机统一，犹如一轮朝阳磅礴于整个世界。它是人类社会发展的历史长河中产生于现代的崭新事物，是人类未来的希望所在，具有无限广阔的发展前景。

历史和现实表明，文化是经济社会发展的重要支撑。从传统来说，没有产业依托的文化是根基不牢的文化；就现代而言，没有产业内容作为支撑的符号文化乃至数字文化，是摇摇欲坠的空中楼阁，也是不可持续的文化，况且理想信念、思想理论和精神家园也因失去了依托而显得不坚实、不牢固。无论是经济建设、政治建设，抑或是文化建设、社会建设，还是生态文明建设，都离不开产业的支撑。长期以来我们对文化更多的是强调意识形态属性，强调文化安全，尤其是执政党对意识形态、文化形态要求特别强烈。而离开实体经济的依托，虚拟经济迟早要崩塌。历史上发达国家多次发生的经济泡沫破裂危机，尤其是 2008 年以来席卷全球的金融风暴更是明证。而文化则是产业的灵魂，没有文化内涵的产业是毫无生机的产业，也是没有前途的产业。古往今来，中外寰宇，创新造就了人文家园，创新构筑了产业脊梁。而创新是文化及其产业发展的源泉，原本被认为是弱产业甚至没有产业内涵的文化建设，回归到其本原精神生产范畴上来，并被赋予了支持其他行业可持续发展的新内容和新使命。因此，科学地发展文化产业，确立其作为经济社会发展的支柱产业和重要组成部分，对于丝绸之路的建设具有重要的理论意义和实践意义。

人类文化正在发生深刻而重大的历史变革。文化与经济相互依存、相互推动、相互交融，成为人类社会发展的最强大的动力和最坚实的基础。首先，物质生产和精神生产日益趋同。把生产看作人的自由自觉性目的的实现，这是马克思主义文化概念得以确立的基点。当代的社会生产，文化因素已成为推动社会生产的主导性力量，以至在生产形态上已经很难分辨哪些是纯粹的物质生产，哪些是纯粹的精神生产，它们互为依托、互为融合。"人文企业"将成为 21 世纪的发展趋势。其次，文化力与经济力催生新的生产方式。文化力和经济力的融合正在孕育和产生人类新的生产方式。文化力与经济力结合而成的文化产业，以其崭新的生产形态和市场优势，已经成为新的经济增长点，2020 年文化产业将成为国民经济的支柱产业。最后，物质消费与文化消费趋向统一。在当代，随着精神生产产品所创价值逐步超过物质生产产品所创价值，人们的文化消费与物质消费亦渐趋平衡且前者愈来愈呈递增态势。同时，物质资源与文化资源构成综合竞争力。当今的竞争是一种综合的、全面的竞争，凸显了文化竞争的主导地位。只有充分发挥物质资源和文化资源合力的综合优势，特别是发挥文化资源的软性力量，才能真正形成综合竞争力的强势。在丝绸之路经济带建设中，要把握文化经济互动的发展规律，大力发展文化产业，构筑和形成这种综合竞争力。

为了迅速融入世界范围内的产业革命大潮中，党领导人民以昂扬的雄姿，正在进行经济社会的深化改革和产业结构的战略性调整，并取得了巨大成就。

第二节　甘肃文化产业发展的战略构想

古丝绸之路在甘肃境内横贯东西 1600 多公里，自古就是丝绸之路的黄金段，历来是我国向西开放的咽喉要道和商埠重地，历史灿烂辉煌，文化厚重多样，有敦煌文化、丝路文化、地域民族文化等特色，文化资源优势非常突出。如何以其精神生产的创新方式，促进甘肃文化品牌推进、甘肃特色文化产业发展，应从以下几个方面来努力。

一　解放思想，勇于创新，实现甘肃特色文化生产力的大解放、大发展

甘肃是欠发达省份，文化产业要在丝绸之路经济带建设中发挥重要作用，首先要进一步解放思想，勇于创新。要把文化产业的跨越式发展作为思想解放和特色文化生产力发展的目标。所谓跨越式发展，就是指在一定的历史条件下后发者对先行者某个发展阶段的超常规赶超行为，它是与渐进式发展方式相比较而存在的一种特殊发展方式。不能亦步亦趋地重走人家的发展路子，不能按部就班地循序渐进，而是要充分利用当今科技经济文化所提供的有利条件，特别是利用丝绸之路经济带建设这一千载难逢的历史机遇，学习与借鉴经济发达国家和国内发达省份的成功经验，对自身的自然环境、经济资源、文化资源、区位优势和发展条件等进行重新认识与定位，特别是要最大限度地发挥华夏文明传承创新区、国家生态安全屏

障综合试验区的作用，突出特色文化资源，抢占文化产业制高点，着力打造甘肃文化品牌，促进全省特色文化产业跨越式发展。考虑到甘肃文化资源丰富但是相应的文化产业相对滞后，好的文化资源没有充分利用起来，一些民营文化企业做得有声有色，但是由于资金有限遇到了发展的瓶颈，因此 2013 年甘肃省委、省政府决定大力发展文化产业，成立了文化产业发展集团有限公司，省财政注入 3.7 亿元资本金，并且把每年扶持文化产业发展基金的 70% 注入其中。2013 年文化产业发展集团 6 月 25 日挂牌成立，运行一年之后，相应成立了担保公司、文化基金、文化交易所、文化研究院。实际上文化产业发展集团有限公司是一个针对甘肃省文化企业，特别是小微文化企业的投融资平台，对于盘活市场具有重要意义。

二 建立独立的统计指标体系，推动文化产业的建制化发展

发展文化产业，首先必须将其纳入国民经济与社会发展规划。因此，其首要的政策扶持，就是建立独立的文化产业统计指标体系，并把它纳入国民经济和社会发展统计指标体系之中。这样政府和社会各界就能全面准确地了解文化产业发展的现状、趋势和存在的问题等。没有精确的数据，制定合理的竞争性产业政策也就无从谈起。在此基础上，才能制定合理的竞争性产业政策并纳入经济社会发展规划之中。

三 科学规划和建设中国特色的文化支柱产业体系

1. 建设文化产业系统的基础性产业——教育产业

要把教育作为丝绸之路经济带甘肃黄金段建设的基础性、前瞻性和战略性产业放在优先发展的地位，给予重点扶持；建立多元化投资、多元化经营、多元化受益的教育产业动力机制。在丝绸之路经济带建设当中，抓住机遇，建立丝绸之路沿线各国学习汉语和中华传统文化的教育产业。

2. 建设文化产业系统的动力性产业——科技产业

甘肃是欠发达省份，但是科研水平、科技力量在全国排名靠前，中科院兰州分院、兰州大学、西北师范大学等高等院校科研能力较强，有些基础应用性研究在世界排名前列。着力培养具有创新特色的“实验室经济”，大力提升科研成果水平和转化率；建设现有的高新技术开发区，形成具有高新技术品格的国家级的高新技术产业基地。在丝绸之路经济带建设当中，把甘肃现有的比较优势——科研水平、科技力量，特别是科研成果的转化——动力型产业发展起来。

3. 建设文化产业的标志性产业——城市景观产业

城市景观产业具有实用功能、鉴赏功能和教育功能。国内外许多先进城市极为重视造型艺术和城市景观的价值功能,全力推动其产业化发展。甘肃是丝绸之路的黄金段,在这一段丝绸之路上的节点城市最为密集,兰州、武威、张掖、酒泉、嘉峪关、敦煌等,有着十分重要的历史地位和代表性。在丝绸之路经济带甘肃黄金段建设当中,要结合文明城市群建设,深入挖掘每个城市的历史文化内涵,彰显灿烂夺目的个性化文化元素,使城市景观的保护、建设与经济建设、文化建设、社会建设和生态建设相适应,与人民群众的物质文化生活相互支持。

4. 建设文化产业系统的设计性产业——创意产业

创意产业包括许多门类,其实质是设计、创造和创新。文化生产具有与物质生产环节相一致的特征,但它是特殊的生产形式——精神生产,与其他的物质生产不尽相同。生产方式的特殊性,即产品内容的无形化和表现形式的有形化,决定了寄寓其中的思想、精神要素或文化含量成为其质量、效益和能量的最重要保证,生产(制作)、流通、分配和消费成为其外在表现的载体和传播应用的媒介。可以说,精神生产比物质生产更具创新特征,更能反映人类生活的动力、活力,以及个性化需求。精神生产链环的这一特性,凸显了其微笑曲线两端的功能作用。首端的创造创作(包括发端策划、研发设计、主题确定、题材构思,以及与生产制作衔接等)和末端的营销和消费,构成了精神生产链条微笑曲线的两个高端;首端决定或主导末端,而末端则反作用于并影响首端。所以说,文化产品要考虑其和物质产品不同的地方。在现实实践中,两端的作用反作用、主导反主导的位置是可以互换的。在一定条件下,营销与消费决定和制约产品的创造创作。因此,甘肃省要以改革创新精神把创意产业放在优先发展的位置,逐步建立全省文化产业强大而完整的体系,推动文化产业的大发展。

5. 建设文化产业系统的导向性产业——信息传媒产业

信息传媒产业是文化产业的重要组成部分,在文化体制改革中,甘肃省已经建立起了甘肃日报报业集团、甘肃省广播电影电视总台集团、读者出版集团、飞天出版传媒集团、甘肃文化出版社。这是甘肃省文化产业的核心航母,应该进一步深化改革,更好地发挥各自的优势,加快传统媒体与新媒体的融合和转型，在丝绸之路经济带甘肃黄金段的建设当中，更好地反映党领导人民实现中华民族伟大复兴和建设美丽新甘肃、创造新生活的巨大力量和澎湃激情，更充分地满足甘肃全省老百姓了解国内外新闻动态、经济文化社会资讯和文化娱乐方面的需求。

6. 建设文化产业系统的怡情性产业——休闲产业

休闲产业的发展方向和路径应以旅游业为龙头，以体育健身业为基础，以时尚高雅参观业为中心，以娱乐业为动力，突出重点，加大投资力度，加快发展。甘肃休闲旅游的资源各具特色，极其丰富。全省各地依托各自的自然风光、民俗风情、历史遗产、宗教文化等，大力发展新兴文化、旅游休闲产业，着力培育文化旅游休闲的龙头、骨干企业，精心策划和重点开发一批具有代表性的休闲旅游精品项目，加大投入力度，着力推进文化旅游园区的建设，形成门类齐全、设施完备、软硬件配套，具有鲜明特色和强大吸引力的休闲产业体系，使甘肃人民充分享受到改革开放和现代化建设的丰硕成果。

对于文化产业发展历程当中的文化产业系统，文化产业确实是一个新的课题、新的项目、新的任务，还需不断地进行完善。总而言之，借助丝绸之路经济带建设来促进文化产业的发展，在国家层面提升至一定的高度。

第七章　陇东南华夏文明产业区建设

甘肃作为华夏文明起源和繁荣的重要发祥地，陇东南四市文化产业的发展则是全国华夏文明生态的缩影。《关中—天水经济区发展规划》中天水被列为"次核心城市"，在其辐射区域中，向南则可带动陕南汉中、安康和甘肃陇南等地区发展，陇东南四市则成为极具发展潜力的华夏文明传承区[①]。

陇东南位于甘肃省东南部，包括庆阳、平凉、天水、陇南四市及其所属的31个县区，总面积80759平方公里，占全省（39万平方公里）的20.71%，总人口1115.04万，占全省（2628万）的42.43%[②]。由于远离经济发达地区和重点开发区域，且基础设施落后，自然环境封闭，陇东南地区的工业基础较差，经济发展较为缓慢，属于甘肃省内的经济欠发达地区。然而，不可忽视的是，陇东南地区拥有丰富的文化产业资源。这里不仅仅拥有数千年的历史文化沉淀，还具有别具特色的民俗文化。同时，作为陕甘革命老区，这里还拥有着丰富的红色文化资源。庆阳的香包、环县的道情皮影、麦积山石窟文化等一系列既具有甘肃特色又具有极高艺术价值的文化资源，对于陇东南来说，不仅仅是历史的痕迹，同样是现阶段实现跨越式发展的最好跳板。

陇东南地区的四个城市具有不同的历史发展阶段和经济发展状况，而不同的情况下每个城市需要的发展策略也是不尽相同的。然而，不能忽视的是，这些不同类型的文化，都包含了一个中心思想，那就是加快文化产业链的建设。四个地区发展现状的不均衡，也决定了整个陇东南地区从整

---

① 国家发展和改革委员会：《关中—天水经济区发展规划》，2009年6月。
② 高春明：《陇东南区域产业发展战略研究》，中国甘肃网，http://gansu.gscn.com.cn/system/2012/03/20/010020946.shtml，2012年3月20日。

体上的发展战略应当以中心文化内容带动其他文化产品，以发展先进地区带动发展落后地区，突出区域合作，通过区域文化互补实现多方位文化产业的融合和相互促进，推动文化产业的多方面发展。在发展模式上，则突出文化旅游业的巨大载体作用，以旅游业带动多方面文化产业的发展，进而形成具有连锁效应的文化产业品牌，最终共同推动陇东南四市的融合发展。具体到城市上，即是以天水为中心，以伏羲文化为重点，以农耕文化为核心，带动庆阳、平凉、陇南等市民俗文化、宗教文化共同发展。在外延上，注重新媒体的宣传、新文化产品的开发，在突出历史的基础之上继续开发适合市场、适合现实的文化产品。

此外，外界条件的重大作用也是十分明显的。陇东南地区的文化产业发展，应当借助邻省、市的知名度，打造具有相互关联性的文化产业。相应地，文化产业的发展应当注重借鉴同一经济区内的重要经验。

陇东南地区具有良好的文化产业资源，这些资源的开发，不仅对当地的经济发展和社会进步有重大的作用，同时对于追溯中华民族文化历史，保护我国重点文化资源有极其重要的意义。因此，开发陇东南地区是具有十分重要的意义的。

第一节　庆阳的文化发展战略

一　历史文化

1. 农耕文化的开始——庆阳周文化

从夏朝孔甲年间算起，至商代康丁年间古公亶父南迁岐山，周祖在庆阳共传承 12 代，达 400 余年之久。周人在庆阳教民稼穑，开创了先周农耕文化的先河，使庆阳由以牧业为主的游牧区变为以农业为主的半农半牧区，对后来庆阳经济文化的发展产生了巨大影响。

此外，历史上周文化对于庆阳地区的冲击和影响，对于历史上庆阳地区生产生活的方方面面都产生了深刻的影响。周人从关中和中原带来了先进文化，彻底地改变了古时庆阳地区的发展状况。庆阳地区出土的大量灰陶器物，与周文化中由于窑温过高而使得土中氧化铁还原所产生的灰色器物极为类似，证明庆阳地区的制陶业受到了周文化的直接冲击；住宿条件上，受周文化的影响古陇东人从地穴式、半地穴式、类窑洞式的居室转移到了地面上的窑洞居住；水利上，传说故事中的"周老王斩龙脉"，剥离风水色彩，事实上反映了周人对庆阳地区水道的治理工作。此外，周人将打井技术也带入了陇东。[①]

由于历史过于久远，现阶段周文化在庆阳地区的遗存，除了众多的民间神话故事之外，所剩无几。其中比较著名的有在庆城县城东山顶的不窋墓（现经县政府整修命名为"周祖陵森林公园"）、县城南街现存明代修建的"周旧邦"木牌坊（省级文物保护单位）、历史上周天子在庆城县举行"禘"祭时所居住的临时宫室，以及周祖陵内挖掘出的部分周代文物。在日常生活中，同样有点滴的周文化遗存。例如，流行于陇东地区的燎疳，即可追溯到周始祖燔柴祭天这一源头[②]。

2. 革命的坚实后方——庆阳红色文化

庆阳地区在近现代历史上同样占据十分重要的地位。它在中华人民共和国的建国史上具有十分重要的地位。庆阳是中国共产党在甘肃最早活动的区域之一。1927 年，共产党人王孝锡、任鼎昌等人即在此地建立了中共支部，撒下了最早的革命火种。1929 年，刘志丹等人在陕甘边界地区建立了革命根据地，不断扩大革命发展势头。在陕甘边区进行了一系列的革命，包括打土豪、分田地、建立苏维埃政权等。1933 年，陕甘边区决定恢复红二十六军，组建四十二师。1934 年，建立陕甘边区苏维埃政府，习仲勋任主席，通过了关于政治、土地、军事、财政等一系列决议案，建立了广大的苏维埃政权和群众组织，土地革命蓬勃兴起。1935 年 10 月，陕甘边区政府与毛泽东率领的红军长征主力胜利会师。可以说，中国革命之所以能在西部地区星火燎原地开展起来，是和陕甘边区的人民群众的大力支持分不开的。

二 民俗文化

1. 寓意和技巧的完美结合——庆阳香包文化

香包是端午节过后，人们用来驱蚊防虫的布袋。经过一代又一代人的不断发展，香包已经脱离了简单的功能效用，发展成为了千姿百态的艺术珍品。它以刺绣为主，集绘画、裁剪、粘贴、刺绣、装裱于一体，种类繁

---

① 于俊德、于祖培：《先周历史文化新探》，甘肃人民出版社 2005 年版，第 60 页。

② 彭金山：《陇东民俗中的农本意识》，《西北师范大学学报》（社会科学版）1997 年第 1 期。

多，琳琅满目。这其中，庆阳地区的香包更是独具特色。不同于苏绣、湘绣、川绣的细腻、华丽、温柔，庆阳地区的香包粗犷、原始，具有黄土高原雄浑厚重的风格，而香包在庆阳地区的地位也是十分重要的。娶妻嫁女、生日满月等活动往往都和香包紧密地联系在一起。陇东更有民歌唱道："八岁学针线，十三进绣房。进入绣房绣鸳鸯，百样故事都绣了。"[①]可以看出，香包对于当地女性的重要性。

大体上，庆阳香包可以分为佩饰、装饰、喜庆、民用四大系列 200 多个品种。同时，庆阳香包具有深刻的文化和传统内涵。如绣的龙、蛇、青蛙、螃蟹、麒麟、金鱼、龟、大象、娃娃鱼、老虎、狮子、蜈蚣、蝎子等，体现了古文化的遗存，是一种原始图腾的再现。很多绣品图案，寄托着某种特定的思想感情和生活情趣。例如：绣帕上的牡丹象征着荣华富贵、和平美满；绣枕上的喜鹊登梅、鸳鸯荷花比喻婚姻美满、喜庆吉祥；绣巾上的龙凤合欢图又寄托着夫妻幸福和睦的美好愿望。总之，人们通过香包刺绣表达了自己丰富的想象和对美好生活的追求。

2. "声茂并全"——庆阳皮影戏文化

皮影戏是庆阳地区第二个重要的民俗文化。皮影，又称"灯影戏"或"影戏"，是我国古老的艺术形式之一。与其他地方不同，庆阳地区的皮影戏以道情皮影最为突出，而这也是庆阳环县皮影戏最与众不同的地方。所谓道情，即是"道教在布道时所唱的新经韵道歌"[②]。环县道情皮影距今已有 300 多年的历史，民间也称"牛皮灯影子"或者"小戏"，具有较高的艺术价值。

通常情况下，陇东皮影均为皮影伴唱。以道情曲调为基础，模仿阴阳、法师超度诵经和祭祀亡灵的部分动作和主要表演工具——皮影相结合。皮影是环县道情皮影戏的主要表演道具，俗称"线子"，用牛皮刻制，有人物、动物、神怪、大小场景等。环县道情皮影还具有独特的造型语言。不仅雕刻皮影的刀法古朴，镂空度大，线条虽较为简单但整体繁复；同时还积极吸收民间剪纸中的艺术纹样。演唱和伴奏的音乐源于道教文化的俗曲道情，为徵调式，有"伤音"和"花音"、"慢板"和"飞

① 夏雨茵：《幽微世界的精致之美——中国西部民俗艺术品》，《成都日报》2009 年 11 月 9 日。

② 许林：《甘肃皮影发展历程》，《兰州大学学报》（社会科学版）2007 年第 5 期。

板"之分，曲牌体和板腔体并存，清唱伴奏相间，其音调高亢悠扬、婉转流畅，旋律优美，节奏明快。伴奏的乐器主要有渔鼓、简板、四弦、笛子、笛呐、唢呐、甩梆、铜锣、干鼓等，多为艺人自制，音色独特。

由于皮影戏表演简单，内容丰富，贴切生活却又富有想象，因此环县道情皮影受到了广大群众的欢迎，而其所具有的艺术内涵更是值得我们大力挖掘。

3. 生活中的艺术——庆阳剪纸文化

庆阳地区第三个重要的民俗文化即为剪纸文化。和香包文化一样，庆阳剪纸文化同样脱胎于生活。在庆阳民间，不同的事总有不同的剪纸与其相对应。从喜庆剪纸、礼仪剪纸、祛病剪纸到丧葬剪纸、现代生产劳动剪纸等，涉及了生活的方方面面。

庆阳剪纸颜色以红、绿为主，有单色、套色、染色等。剪法上有阳剪，即留下勾画形象的线条；阴剪，即剪去线条留下平面；二者结合的阴阳剪；折叠纸而剪的对称剪、阴影剪、图案剪等。为了线条丰富多变、多姿多态，艺人们还创造运用了梅花纹、云勾纹、锯齿纹、田禾纹、月牙纹、点纹、水纹、花纹等剪法。而剪纸的技巧和手法灵活，历史悠久。不仅技巧娴熟，同时创作大胆、灵活，具有想象力。很多剪纸作品不求真实，善于夸张；不合透视，形体变形；不求物件形态毕肖，只讲简练传神；不求四肢齐全，讲究随心达意，因而具有了独特的艺术特征。

庆阳剪纸所具有的艺术价值，不仅仅因为它是对劳动人民生活的反映，由劳动人民自身所创造，同时庆阳剪纸中的内涵，不仅反映了历史的痕迹，同样也在全国独树一帜。庆阳剪纸中保留了大量的原始图腾文化遗存，作为生命象征的以龙为图腾的龙文化，以鹿为图腾的鹿文化，在国内其他地方近乎绝迹，但在庆阳剪纸中一直延续并保留了下来。同时，它还体现了中国古典哲学中的阴阳观。例如，以男为阳、女为阴，南为阳、北为阴，左为阳、右为阴等朴素的哲学观念，在庆阳剪纸中同样大量保存。

三　庆阳的文化发展现状及问题

由于经济条件和社会观念的限制，相对于东南沿海地区及发达地区，庆阳的文化发展仍旧较为落后。虽然近年来对于庆阳部分民俗文化，当地政府进行了较好的开发。以民俗文化中香包产业为例，目前庆阳市香包产业已初具规模。目前，全市有规模香包民俗文化产业公司203家，其中独立注册使用商标的公司就有 14 家。全市以香包刺绣为主的民俗文化产品达 20 多个大类 5000 多个品种，年生产产品 900 多万件，远销全国 56 个大中城市及日本、欧盟、东南亚、港澳台等 20 多个国家和地区。2013 年，全市文化产业增加值达到 8.6 亿元，文化产业的产值比上年增长 53%。其中在第十一届香包节期间，全市共有 141 家公司参展，销售产品 162 万件，吸引参观人员达 10 万多人次，销售额 1063 万元。[①] 并且，政府在政策上、资金上、社会影响上都加以重视，出台了一系列支持性政策，并且增加专业人才培育经费，通过举办文化节的形式进行广告，但是目前庆阳文化发展仍旧处于较为落后的阶段。其主要问题有如下几个：

1. 产业发展不平衡

一是区域发展不平衡。二是门类发展不平衡。区域发展不平衡，主要指全市文化产业发展过于集中，分布不均匀，进而导致发展不平衡。门类发展不平衡，主要指民俗文化发展方向过于集中，但其他类别少，发展相对滞后。虽然有特色，但是发展路径窄，品种单一。在经营规模上，集约化程度低，大多数为中小经营户，自我发展能力薄弱，低水平无序竞争现象仍然存在。市场竞争仍建立在小作坊生产能力之上，没有形成合理的市场结构。此外，发展过程中自主创新能力不足，应用现代科技改造和抢救传统的民族文化资源还不充分。在市场上，品牌引领和市场带动能力弱，没有形成真正具有核心竞争力的品牌。

2. 文化资源未得到充分发掘和有效利用

市场开发过于集中。过于强调部分优势产业的发展，而忽视了庆阳市本身所拥有的极其丰富的文化资源，未展现出文化产业的多样性。庆阳市历史悠久，资源丰富，文化底蕴深厚，许多文化资源本体在国内外享有很高的声誉，但是由于未能很好地发掘和利用，至今未能打开市场，形成效益，而仅仅对民俗文化之一的香包文化进行了大量的挖掘和全方位的拓展。这种忽视其他文化的做法，一方面是由于香包文化具有较强的认知性和独特性，易于发展；另一方面却是和思维惯性分不开的。由于香包文化在政策的支持下展现出了良好的发展势头，因而焦点都集中于现阶段发展香包文化之上，试图在发展的大势之中获取最大的利益。然而，过度集中

① 《庆阳市香包民俗文化产业发展纪实》，每日甘肃网，http：//gsrb. gansudaily. com. cn/system/2014/05/29/015031567. shtml，2014 年 5 月 29 日。

的发展策略，不仅会使得庆阳市其他的优秀文化陷入"光环效应"，即被一个文化的成功开发所笼罩，进而失去其发展机会和认同，也使得单个的文化资源有可能出现无法承受开发力度而出现文化资源枯竭的现象。对于整体的发展来说，这种情况是严峻的。尤其是当文化产业完全依赖于一种文化资源之时，这种文化资源枯竭的现象更是会对当地产生极大的影响。

3. 文化产业发展相互之间较为隔离

没有形成有效的联动效应。从上文可以看出，事实上庆阳地区的民俗文化是紧紧和历史文化相连接的。对于民俗文化的大力开发，理论上应该能够带动历史文化的快速发展，进而拉动整体文化产业的进步。然而，目前庆阳市在发展过程中不仅没有形成纵向的联动效应，就连民俗文化之间的横向联动效应也未形成。从而造成了各个民俗文化"单打独斗"，历史文化"默默无闻"的局面。对于外界来说，庆阳的形象容易被某一种过分强调的民俗文化所固定，进而忽视了其他文化的发展。

4. 政策的落实不到位，致使众多政策落空

近几年来，庆阳市政府从宏观的角度统筹文化产业发展，针对各个不同的文化资源的发展提出了切实的意见和发展规划，并在税收、资金投入等诸多方面给予了优惠。在政策的大力支持下，"庆阳香包绣制"、"环县道情皮影戏"、"庆阳剪纸"、"窑洞营造技艺" 5 项传统文化列入了国家级非物质文化遗产名录。目前，全市荣获国家级、省级、市级以上艺术大师称号的已达 769 人，其中，国家级 125 人，省级 368 人，市级 276 人，为促进文化产业发展提供了重要的人才保障。[①]

然而，虽然政策的制定和规划显示出了良好的发展势头，在实际施行的过程中，却因为诸多的原因，使得文化产业发展的有利政策在现实中无法得到切实的落实。财政困难使得对文化设施项目的资金投入跟不上文化产业发展的需要；规定企业在税收、财政、土地上享受的优惠政策也未完全实现；规划的发展道路出现偏离；这种结果，一方面是现实条件的束缚，另一方面与部分基层组织和干部对于文化产业的发展的认识不足是有极大关系的。如果不认识到文化产业的发展是庆阳市经济发展的重要组成部分，是有利于子孙后代长远发展、促进社会整体进步的重要手段的话，

---

① 《庆阳市推进经济社会转型跨越发展扫描》，甘肃经济网，http://www.gsjb.com/news/2/22/2013/10/21/8037011880683615272.html，2013 年 10 月 21 日。

那么政策的落实就会出现偏差。

5. 专业人才缺失，未建立有效的人才培养和引进的机制

对于相对落后的地区而言，缺乏人才是其发展过程中最为重要的障碍之一。在文化艺术产业的发展过程中，这种状况尤为明显。而人才的缺失对于整个文化产业的发展来说，是有极大的阻碍作用的。

在庆阳市，长久以来从事文化产业的是个体经营者，其具有特色的民俗文化主要传承者是广大的劳动群众，在经营者和创作者之间起到联系作用的重要人才长久缺失。这一方面导致产品开发水平的低下，庆阳市的香包产业长期以来依赖家庭手工作坊的生产模式就是其最好的例子；另一方面也导致了发展策略在制定过程中的缺失和遗漏，没有明确的发展目标，对于发展各个阶段的估计和规划与现实情况差别较大。这些人才的缺失，对于庆阳市进一步发展文化产业有着巨大的负面影响。

而在人才培养和引进的机制上的缺失，不仅影响到了现在文化产业的发展，对于未来庆阳市实现文化产业带动经济发展的目标也有重大影响。如何将非物质文化遗产和经济发展有机结合起来？如何将民俗文化与市场经济统一发展？这些具有难度的课题都需要专业人员在实地调研的基础之上，利用其所掌握的专业知识，再结合发达地区的有益经验才能解决。因而，只有加强人才建设，才能更好地促进庆阳市文化产业的发展。

四　如何解决庆阳文化发展过程中的问题

1. 建立科学的战略性发展方针，确立核心发展产业，以核心带动周边，实现共同发展

对于庆阳文化产业的发展来说，发展不均衡是现阶段面临的重要问题。部分产业发展较快，而其他产业发展则较为缓慢。因而，实现庆阳文化产业的迅速发展，首先应当确定发展的战略性方针。对于庆阳来说，由于其香包文化已经获得了较好的市场反响和知名度，这使其具备重要优势。因而，应当在此基础上，以民俗文化为核心，联动历史文化和红色文化，确立以文化产业园为基础，旅游和观光为重要手段，多文化协同发展的战略。

以民俗文化为核心，是整个发展战略中的重要环节。这首先要求积极发展已有的优势，扩大香包、剪纸等文化产品在社会上的知名度和市场占有率，推进民俗文化产业多方面快速发展。其次以民俗文化为核心，要求

在建设过程中加强民俗文化的符号性。符号性具有强烈的记忆认知和传播功能，对于拓展文化产业的发展有极其重要的作用。这对于提高庆阳在全国的知名度有重要的意义。

联动红色文化和历史文化，是该战略发展过程中的重要外延。联动相关历史文化，不仅对于处于核心地位的民俗文化有重大的促进作用，对于整体推动庆阳市的文化产业更是极为重要。红色文化和历史文化的大力开发，使得庆阳摆脱了过分依赖于非物质文化遗产发展的状况，本地优秀的历史文化、旅游资源将得到更好的开发。而联动这一特别的要求，也确定了在发展过程中，必须将民俗文化融入历史文化和红色文化中。利用民俗文化进行开拓，利用当地历史文化和红色文化实现发展。

确立以文化产业园为基础，以旅游和观光为重要手段，是庆阳市在发展过程中重要的具体目标之一。当前庆阳市旅游和文化产业基础设施建设较为落后，这对于庆阳市的发展是十分不利的。确立以旅游、观光、文化产业园建设为发展方向，一方面，能够改善当地基础设施建设落后的现状；另一方面，对于庆阳市来说也是实现其他文化资源外输化的重要手段，是实现经济发展与文化产业合理对接的有效途径。在本市旅游业的发展过程中，应当争取政府的政策支持，加大旅游资源之间的相互联系，突出具有特色的陇东民俗博物馆、秦长城、秦直道、南梁革命政府旧址等一系列旅游资源。突出本地旅游专业人才的培养，对于本地旅游资源进行有目标、有计划的发展规划，提高旅游服务水平。最后，应使得旅游业和庆阳具有优势的民俗文化产业相互连接、相互促进，共同走向繁荣。

2. 在文化资源内部实现相互关联、相互带动，共同促进、共同发展的战略

民俗文化内部的相互联动和带动也是十分必要的。打造民俗文化内部的文化群，使不太为人所知的民俗文化与知名的民俗文化相互交流，通过多种手段，促进较为发达的民俗文化带动不发达的民俗文化。

要实现上述目标，对于发展较快的文化资源来说，应当在保持原产品、原生态的基础上，深入挖掘特色文化产品的内涵，进行艺术创新。在产品内涵上和形式上加大拓展和开发力度，制定多方位的发展策略。将文化产业发展与地域文化深度挖掘相融合，发挥优势，建立统一开放、竞争有序的文化市场体系，走出一条"以文化打造产业，以产业复兴文化"

的全新发展道路①。

3. 积极引进专业人才，开展本地专业人才的培养工作

专业人才的引进和培养，也是十分重要的。对传统文化、非物质文化遗产进行继承的技术性人才培训，可以由政府组织联合省内外艺人进行专业传授与研究。培养一批创意好、执行力强、市场反应灵敏的大学生。这既可以解决一部分大学生就业难的问题，也可以促进庆阳当地文化产业的发展。要将人才和文化产业实际相结合，确保人才与庆阳当地环境不脱节、与现代市场不脱节、与国际舞台不脱节。在引进方面，不仅在实质待遇上、社会地位上给予专业人才特殊的对待，同时打造好整体的文化环境，给予专业人才良好的发展前景。

4. 加大宣传力度，立足于新媒体，借助优势产业进行全方位宣传

庆阳地处祖国内陆，和经济较发达的东部、南部地区相隔较远。这决定了庆阳必须在发挥自身优势的基础上加大宣传，使所打造的历史文化产业和民俗文化产业能够为更多人所知，进而扩大文化产业的发展路径。

而另外一点值得注意的是，仅仅依靠传统的宣传方式和老式的宣传手法是远远不够的。当今新媒体的快速发展以及信息量的爆炸式增长，要求庆阳在宣传过程中必须立足于新媒体，借助网络、音像制品等多方位的宣传措施，才能够使对庆阳的宣传得到落实。在宣传对象方面，既要向省内外宣传，又要向国内外宣传。在宣传过程中，确定庆阳的核心优势，并以此为基础打造全方位的宣传策略，是庆阳在目前的基础之上必须要采取的宣传策略。具体地说，即应当以现有的民俗文化发展优势，借助其广泛传播性对文化产业的其他产品进行宣传。

5. 将政府的带头作用和市场的扩展作用有机结合

政府和市场的关系是经济发展过程中必须考虑的重点。而对于文化产业发展来说，两者的结合也是十分重要的。对于庆阳来说，如果过分依赖市场，在目前的状况下势必无法在百花齐放的国内文化市场上突出重围；而如果过分依赖政府，其发展过程易与市场脱节，无法很好地适应环境。只有两者的有机结合，才能推进庆阳文化产业的全方位发展。

---

① 庆阳市政协调研组：《关于全市文化产业开发情况的调查》，http：//www.qysw.gov.cn/2012/12/05/23233.html，2012 年 12 月 5 日。

从政府角度来讲，其发展带头作用是十分重要的。加大在政策方面的倾斜，以政府的宣传优势为庆阳文化产业的发展打开局面，是文化产业发展的第一步。而对于庆阳来说，经济发展的较为落后必然要求政府在发展过程中加强其领军的作用。从市场的角度来讲，发展社会主义的市场经济，以市场来推进文化产业的竞争力，通过市场优胜劣汰，才能实现文化产业的进一步扩张。通过两者有机结合，来实现文化产业的繁荣发展。

6. 重视红色旅游资源的开发

联手陕西，合作开发红色旅游专线。由于庆阳距离省会兰州较远，因而兰州地区开展的爱国主义教育活动主要就近在会宁等地开展了，所以庆阳地区得不到发展。相反，庆阳距离陕西较近，只有两个多小时的车程。陕西地区的红色教育和旅游文化资源特别多，但是许多红色旅游业务陕西省直接划拨到了延安（其实西安与庆阳的距离要近于延安），若庆阳与陕西政府搞好关系，联合开发其旅游资源，必定对于发展庆阳红色旅游业具有重大贡献。在此基础上，加强陕甘边南梁苏维埃政府旧址、抗大七分校旧址、列宁小学等革命遗址的红色文化景点的建设，对习仲勋等优秀革命家加以研究，拍摄红色革命纪录片《习仲勋传》等，对之加以宣传。

第二节　天水的文化发展战略

一　新石器时代的遗迹——天水大地湾文化

大地湾遗址位于天水市秦安县东北五营乡邵店村，距天水市 102 公里。坐落在陇山西侧的葫芦河支流五营河与阎家沟小溪交汇处的第一、第二、第三级冲积台地上。整个遗址分为居住区、制陶区和墓葬区三个部分。[1]1978 年、1982 年、1995 年甘肃省文物考古研究所对大地湾进行了三次大规模发掘。这几次挖掘共清理发掘面积 14752 平方米，出土陶、石、玉、骨、角、蚌器等文物近万件，发掘 240 余座房屋遗址、357 个灰坑和窖穴、79 座墓葬、38 座窑址、106 座灶台、8 条防护和排水用的壕沟。[2]

---

① 文秋：《新石器考古的空前发现——大地湾遗址》，《兰州学刊》1986 年第 4 期。
② 《大地湾，探索中国文明起源》，每日甘肃网，http://gsrb.gansudaily.com.cn/system/2013/07/23/014534072.shtml，2013 年 7 月 23 日。

据勘测，大地湾遗址最早的距今 7800 年，最晚的距今 4800 年，有 3000 年文化的延续，其规模之大、内涵之丰富，在我国考古史上亦属罕见。除出土了大量珍贵的陶器、骨角器、石器、蚌器、原始雕塑等艺术珍品外，大地湾的房屋建筑遗址更是引人注目。它不仅规模宏伟，而且形制复杂，部分建筑遗址更是全国罕见，为我国考古学和历史学的进步作出了巨大的贡献。

大地湾文化对于我国文化来说，拥有极其重要的价值，这首先体现在其多个"第一"之上。最早的彩陶、最早的农业耕种痕迹等重要的文化遗产，不仅考古上证明了我国所拥有的悠久而灿烂的历史文化，给予了我们丰富的物质文化遗产，其发展出来的影响深远的非物质文化遗产，对于我国现在的文化传统、历史风俗等都有重大的影响。其次，大地湾位于黄河流域，是我国目前所知的最古老的黄河流域文化源头之一。作为中华民族的母亲河，黄河对于华夏民族的形成以及发展，有不可磨灭的历史贡献。对大地湾遗迹的研究，是对我国整个文化起源的研究，也是对黄河流域的文化变迁与发展的重要研究。最后，相较于东部、南部的文化遗迹，大地湾遗址不仅在历史文化上具有更重要的影响，同时由于其年代的久远和地理位置的偏僻，使其更具有了神秘的色彩。

由于大地湾遗址所具有的巨大的历史价值和文化价值，被学者评为我国 20 世纪百项考古发现之一。对于我们了解中华文明史前史，探索中华文明发展和形成的过程有巨大的意义。不仅如此，大地湾遗址中出土的大量精美彩陶、地画、建筑设计等，都具有极高的美学价值，这些都值得我们进行深入的挖掘和研究。

二　易学开端——天水伏羲文化

伏羲文化在中国同样具有十分强大的影响力。追溯中华文明，几乎无一例外地都要谈到伏羲。作为中华民族的始祖，伏羲对每一个中国人来说都具有极强的认同感。历朝历代的祭典中，伏羲不是被称为"人祖"，就是被称为"人宗"。[①]

伏羲作为中华文明的开创者，在物质方面，伏羲发明结绳网、狩猎、捕鱼、钻木取火、教授先民农业生产技巧、制作彩陶，等等；在精神方

---

① 范三畏：《旷古逸史——陇右神话与古史传说》，甘肃教育出版社 1999 年版，第 68 页。

面，伏羲始创八卦、创造部落管理制度、制定历度、推行家庭婚姻制度，还创作歌曲，等等。这些都对中华文化产生了重大的影响。① 而在史书中提到的伏羲降生的成纪，就是今天的天水秦安。因此，天水也得到了"羲皇故里"的美誉。

而大地湾遗址的发掘，更是直接验证了伏羲文化。由于伏羲生活在新石器时代，距今年代已经过于久远，其事迹更多的是通过神话和传说的形式流传下来。大地湾出土的彩陶中，丰富而变化多样的彩陶图案，不仅起到了装饰作用，还反映了当时的文化。传说中伏羲首创的八卦图，在大地湾彩陶纹饰中有多种多样的变形、异体，但都反映了当时人们对于阴阳的认识。天水丰富的大地湾伏羲文化，是值得我们深入研究和探索的。而对两者关系的研究，更是能弥补相关研究的空白。目前，天水专门举办伏羲祭祀仪式，来纪念伏羲作出的巨大贡献。

三　战略要地——天水三国文化

天水独特的地理区位决定了它在历史上的战略军事地位。而在这里，最为著名的就是三国文化。其中，街亭遗址、姜维墓都是重要的文化遗迹。

街亭，对于中国人来说应该是耳熟能详的地方。《三国演义》中，诸葛亮挥泪斩马谡，就是因为其不听劝导，战败街亭，致使蜀汉最为重要的关口失守，直接导致了诸葛亮全线战败。史书中对此事件有大量记载，《三国志·张郃传》中写道："诸葛亮出祁山，加郃位特进，遣督诸军，拒亮将马谡于街亭。谡依阻南山，不下据城。郃绝其汲道，击，大破之。南安、天水、安定三郡反应亮，郃皆破之。"《三国志·诸葛亮传》中记载："（建兴）六年春，扬声由斜谷道取眉，使赵云、邓芝为疑军，据箕谷，魏大将军曹真举众拒之。亮身率诸军攻祁山，戎陈整齐，赏罚肃而号令长明，南安、天水、永安三郡叛魏应亮，关中响震。魏明帝西镇长安，命张郃拒亮，亮使马谡督诸军在前，与郃战于街亭。谡违亮节度，举动失宜，大为张郃所破。亮拔西县千余家，还于汉中，戮谡以谢众。"《三国志·马良马谡传》云："建兴六年，亮出军向祁山，时有宿将魏延、吴壹等，论者皆言以为宜令为先锋，而亮违众拔谡，统大众在前，与魏将张郃

① 霍志军、吴云霞：《伏羲文化源流探析》，《天水行政学院学报》2011年第1期。

战于街亭，为郃所破，士卒离散。亮进无所据，退军还汉中。谡下狱物故，亮为之流涕。"此外，依学者考据，在之后东汉的统一过程中，刘秀与隗嚣在公元 32 年进行的重要的略阳之战，其略阳城也应当为街亭。[①]可以看出其历史地位的重要性。而街亭所处位置，即为当今天水秦安陇城镇。

姜维墓是天水另外一个重要的三国文化遗迹。姜维，字伯约，三国时天水冀（今甘谷县）人。据《三国志·蜀书》《剑阁县续志》等有关史料记载，维少孤、随母居，自幼博览群书，酷爱孙武之学，有胆义，才智超人，心存汉室，志图统一中原，原为魏中郎将，建兴七年（229 年）冬，属相诸葛亮取天水关时，维归蜀，亮特器重之。建兴十二年（234 年），亮病故，维为右监军辅汉将军，封平襄侯。延熙十九年（256 年）春晋升汉大将军。续继亮志，竭忠尽力，欲恢复中原，再兴汉室。后因为姜维假降，蓄谋撺掇钟会反魏而被杀。

虽然姜维死后埋葬在四川，然而天水作为其故乡，为了纪念这位大将军，在距县城东 5 公里的姜家庄的将军岭上，修建了占地近 6000 平方米的姜维衣冠冢和姜维纪念馆。每年清明节，人们都要举行隆重的祭祀活动，来纪念这位"但有远志，不在当归"的大将军。

四 佛教的艺术——天水石窟文化

天水另外一个重要的文化资源是石窟文化。其中最为著名的，是和龙门石窟、云冈石窟、敦煌莫高窟三者并称为"中国四大石窟"的麦积山石窟。

麦积山位于天水市东南约 35 公里处，是一座孤峰山，属于秦岭山脉西段小陇山。海拔 1742 米，但山高离地面仅 142 米。[②]《太平广记》中记载道："麦积山者，北跨清渭，南渐两当，五百里岗峦，麦积处其半，崛起一石，高百万寻，望之团团，如农家积麦之状，故有此名。"

而麦积山独具特色的石窟，就是开凿在这样的一座独特的山峰之上。大量的石窟建筑在 20—80 米的悬崖之上，由凌空栈道相连接，十分惊险。石窟始建于十六国后秦（384—417 年），距今已有 1600 多年的历史。北

---

① 徐日辉：《街亭考》，《兰州大学学报》（社会科学版）1983 年第 3 期。

② 熊顺保：《雕塑艺术明珠——麦积山石窟》，《甘肃税务》1999 年第 8 期。

魏时期，麦积山是著名的佛教圣地，之后各朝代对其屡有扩建。目前，麦积山石窟有 194 个，保存着我国从 4 世纪末叶到 19 世纪以来的历代泥塑、石胎泥塑、石雕 7200 余件，壁画 1300 多平方米，大部分为隋唐以前的原作。由于麦积山石窟艺术具有浓郁的民族风格、独特的艺术价值，1982 年被国务院批准为 44 处国家重点风景名胜区之一。为研究我国雕塑、绘画、建筑、宗教等发展变迁的历史，提供了具体而翔实的资料。

麦积山石窟是中国诸多石窟寺庙中风景最为秀丽的一座，以七佛阁、万佛洞、牛儿堂、寂陵等最为著名。泥塑以形传神，神形兼备，反映的内容具有浓厚的生活情趣。塑绘手法是上彩不重彩，特色鲜明。而总面积达 215 平方公里的麦积山风景名胜区，包括麦积山、仙人崖、石门、曲溪四大主要景区，不仅带给了游客美的享受，同时将自然风光、休闲娱乐和宗教艺术完美地结合在一起，成为天水发展旅游业的典范。

五　天水文化产业发展中遇到的问题和困难

作为历史文化名城，天水在发展其文化产业的过程中，取得了较大的成就，但是同样面临着较大的问题。除去基础建设、社会认知，以及文化产业链的缺失这些在西部欠发达地区经常出现的问题之外，天水还具有一些独特的问题。这些问题主要包括以下几点：

1. 小范围的区位优势，大范围的区位劣势

天水地理位置优势较为突出，是连接南北、贯通东西的重要城市。然而，这种区位优势事实上是小范围内的区位优势。也就是说，对于陕、甘、川地区，天水既是三者的会通点，也是文化集聚处，具有较好的优势。然而从全国范围来说，天水地处中国大陆腹地，远离东部发达地区。这使得天水独特的人文文化资源无法快速地开发。①

以文化资源中的旅游资源为例，由于远离发达客源地，游客到天水旅游需要支付较高的成本。而天水的旅游资源开发程度是否能吸引游客选择去克服成本劣势而前来旅游，仍是一个值得质疑的问题。同样，由于远离经济中心，天水丰富而多样的文化优势无法形成有效而快速的传播效应。再加上天水市本身采取的宣传措施较为陈旧，利用新资源、新媒体来尽可能地实现跨区域的深度传播的措施较少，成效不明显，致使天水无法将自

---

① 林双成、于志远：《天水旅游开发的 SWOT 分析》，《特区经济》2006 年第 5 期。

身的优势快速发展起来。综上而言，如果仅仅因为小区域内区域的优势而定位，势必会忽视大范围情况下天水区位劣势的特征。

2. 无形文化资源和有形文化资源相互连接的欠缺

文化资源从整体上来说，可以分为无形文化资源和有形文化资源。前者以传说、神话、民俗等为代表，也可以称为非物质文化遗产。而有形文化资源则多强调文化遗迹、文化遗存等，多为物质文化遗产。

天水著名的历史文化资源距今均已有较长的时间，这一方面反映了天水历史文化的悠久；另一方面也带来了其明显的个性特征，那就是现存的物质文化遗产远远少于非物质文化遗产。以伏羲文化为例，除了较为著名的伏羲庙之外，很少有更为著名的物质文化遗产。而其丰富的文化遗存则多表现在非物质文化遗产之上，如传说、神话等。而单纯地发展非物质文化遗产或单纯地发展物质文化遗产，对于一个地区来说，都不是发展的最佳选择。因此，非物质文化遗产和物质文化遗产的有机结合，对于发展文化艺术产业，是十分重要的。

然而，现阶段在天水历史文化资源发展过程中，对其重视的程度仍旧较低。非物质文化遗产和物质文化遗产单打独斗的场景较多。虽然天水市在这方面做出了较大的努力，如在对伏羲文化上，天水从 1988 年开始恢复伏羲公祭，现已发展成为伏羲文化旅游节。[1] 试图将延续千年的传统和伏羲文化发祥地这一概念结合起来，实现物质文化遗产和非物质文化遗产的统一发展。然而，其旅游附加品的单一和粗糙，部分仪式过于强调内涵而忽视外延，天水的伏羲文化旅游产业发展还处于初级阶段。甚至有人说，"伏羲文化传说所构成的文化消费品至少连萌芽期都没有出现"[2]。这些都制约了天水的文化产业发展，使得伏羲文化旅游节的扩散效应大大削弱。

3. 文化资源相互影响较大，特色重点不突出

由于天水拥有众多的文化资源，且文化资源历史时间跨度极大，相互之间的联系不太明显，因而势必会有文化资源在内部形成竞争的局面产生。而天水在发展的过程中，虽然也试图齐头并进，多线发展，在对

---

[1] 杜婷：《天水伏羲祭祀仪式的文化内涵及其旅游策划》，硕士学位论文，西北师范大学，2007 年。

[2] 同上。

外宣传中，一会儿突出以"寻根祭祖"为核心的伏羲文化；一会儿又突出"东方雕塑馆——麦积山石窟"的石窟文化。[①] 然而，在实际情况中这种效果并不理想，甚至由于两者形成了竞争的关系而出现了形象遮蔽问题。

所谓形象遮蔽问题，引申自旅游业的概念，即指"一定区域内分布着若干旅游地，其中旅游资源级别高，具有鲜明特色、产品品牌效应较大或者市场竞争力较强的一个旅游地，旅游形象更为突出，对其他旅游地的形象产生遮蔽效应"[②]。以伏羲文化和麦积山石窟为例，由于麦积山石窟开发较早，形成了较为完善的文化、旅游、学术、社会影响。且作为中国四大石窟之一，知名度较高，物质文化遗产丰富，研究成果、传播效果积淀丰厚。如果简单地按照"齐头并进"的想法设计发展思路，必然会出现伏羲文化被麦积山石窟所遮蔽的严重后果。而在现实情况中，这种情况已经有所发生。

产生上述现象的重要原因之一，即是两个文化资源的特色不突出。由于两者没有形成完整的文化产业链条，产业发展的方向较为单一，开拓市场的力度大大不够，因而没有形成属于自己的文化特色重点。虽然文化内涵的实质不同，但是外延却差别不大，因而造成了社会辨别度不明显。两者之间进而形成了竞争，而不是共赢的关系。

4. 文化遗产开发过程中的问题

除了上述所说的问题之外，另一个需要注意的就是文化遗产开发过程中的问题。具体地说，即是文化遗产开发和居民生活之间的矛盾。这其中，以大地湾遗址开发过程中的问题最为严重。由于历史久远，且现今大地湾遗址内人口密度较大，对于目前的遗址开发来说有较大的难度。开发大地湾遗址，不仅需要详细的开发方案，对于所在范围内的居民，以及开发过程中的安置问题等诸多民生问题，同样需要进行细致的考虑。这些相关联的问题，在处理和应对上都需要详细的规划、整体的考虑以及多方面的支持，其工作量是巨大的。

而另外一个方面，由于目前大地湾遗址内人口密度较大、农业活动较

---

①　文云：《天水市旅游形象的 SWOT 分析及 CIS 策划》，《甘肃科技》2012 年第 4 期。

②　丁南：《天水伏羲庙历史文化旅游资源营销"短板"研究》，《理论纵横》2011 年第 12 期。

为频繁，这也相对地对大地湾遗址造成了破坏。村民们在日常的生产生活中的劳作、建设等，对于在地表之下较浅的文化遗址来说，随时可能产生破坏。1997 年年底至 1998 年年初，遗址所在地秦安县为改善当地农业产业结构，增加农民收入，号召当地居民种植苹果树等经济林木。由于种植果树需要挖深坑，而大地湾遗址最浅处在 30—40 厘米下就有文化层，因此果树种植很可能对遗址造成破坏。虽然最终当地没有大面积种植果树，但类似的矛盾仍然存在。①

这种多方面的因素，导致具有巨大文化特色和发展潜力的大地湾遗迹长久以来不为人所知。以旅游业为例，大地湾遗迹长久以来不仅在游览人数上远远少于国内的同类文化遗迹，同时也低于同城的麦积山石窟。同样，在知名度上，在国内也处于较低的水平。整体上并没有形成很好的文化产业发展模式。

六　对于天水文化产业发展中问题的思考和策略

在拥有了众多的优势之后，如何将这种优势转化为动力，解决上述问题，促进天水文化产业的快速发展，笔者认为，主要有以下几个策略：

1. 发挥地域优势，携手陕西、四川，开发完整文化产业链条

天水不仅在地理上临近陕西、四川，在历史文化上同样和上述两者有重大的联系。陕西拥有大量的始祖文化、新石器时代文化、周秦文化、佛教文化等。在离天水仅一个半小时车程的宝鸡，不仅拥有中华民族先祖炎帝的寝陵，还有周公庙、仰韶文化遗址北首领遗址，唐代皇家寺庙"法门寺"等，而四川则拥有深厚的三国文化历史。这些优越的条件使得天水能够充分地和其他两省共同合作，构造完整的历史链条，进而增强自己的竞争力。

而这其中，关中—天水合作区不仅具有历史文化上的优势，同样在经济上具有很大竞争力。2009 年 6 月，经国务院批准，国家发改委制定《关中—天水经济区发展规划》（以下简称《规划》），使得关中及天水地区的经济、社会发展"上升到了国家战略层面"②。这不仅标志着关中—

---

①　宋常青：《保护大地湾遗址》，《瞭望新闻周刊》2003 年第 32 期。

②　赵建昌：《关中—天水经济区旅游空间一体化及联合开发战略研究》，《特区经济》2011 年第 5 期。

天水的经济合作进入了新的阶段，同时也标志着关中—天水的其他产业合作将获得极大的助力。在此基础之上，天水和关中地区的文化产业必然会得到一个前所未有的发展机会。借助政策的优势，构造完整的历史文化链条，并以此共建文化产业区，推动包括旅游、文化艺术产业、文化出版产业等多种产业的快速发展。而这种有益的经验，对于天水和四川的合作也是大有裨益的。通过关中—天水文化区的先期试验，天水可以有计划、有步骤地开展和四川三国文化的共同构建。

除此之外，构建文化产业链条，对于天水自身来说也是十分有优势的。陕西和四川均是我国的旅游大省，在国内外享有盛名。利用好陕西和四川带来的优势效应，积极向先进城市和地区学习发展经验和发展策略，并借此打开市场，扩大天水的知名度，进而推进天水从区域走向全国，对于天水来说，是发展文化产业的绝好机会。

2. 打造完整文化产业链，推进自身实力建设

除了借助先进地区的优势、经验之外，天水自身实力的发展也是十分重要的。天水应当在确立文化核心的基础上，打造分属于不同文化的全方位文化产业链。这条产业链，必须做到多方面齐头并进，共同发展。打破原有的过分强调旅游游客的这一传统想法，全面推进文化产业在各个角度的发展。

天水打造自身文化产业链，必须从基础建设这一根本点出发，进而全方位扩张；必须积极借鉴和吸取邻近省份的成功经验和历史教训，在发展的过程中避免走弯路。此外，突出文化核心这一要素也是十分重要的。以旅游业的发展为例，长久以来天水发展人文旅游的策略过于突出吸引游客，过于强调通过人次的多少所带来的硬性收入的增长（如住宿、门票等），对于潜在需求则较为忽视。因而，不仅在旅游业发展中忽视了旅游硬件的建设，同时也忽视了如旅游纪念品等相关文化产业外延产品的开发，导致了天水旅游缺乏有特色的旅游纪念品。[①] 这种情况对于天水市进一步发展相关产业是十分不利的。因而，必须在突出每个文化资源的特色基础上，针对每一个文化产业资源开发独特的文化产业外延。这种外延不仅仅对于带动当地经济有重要的作用，对于天水扩大自身影响力同样有巨大的作用。

---

① 郑飞：《天水市旅游产业发展策略研究》，《发展》2012 年第 9 期。

3. 对于文化资源的保护，应当从个体走向整体；从城市走向故事；从文物场所走向精神家园

对于历史文化遗产的保护，应当是"处理好点、线、面的关系"①。也就是说，保护文化遗产，不仅仅保护被限定和被确认的文化遗迹，而是应当实现由单纯注重遗产本体保护，延伸到与遗产有联系的空间区域的整体保护，如从保护天水古民居发展到古街区，进而扩大到保护全面性的文化遗产，如天水地区相关的文化产业结构。从个体走向整体的第二点是，要求保护文化遗产的过程不仅停留在物质文化遗产之上，而是应当将物质文化遗产和非物质文化遗产有机地结合在一起。以北京胡同里面经营的捏面人、糖葫芦为例，由于将物质文化遗产和非物质文化遗产较好地结合在一起，不仅取得了较好的经营成果，同样也使得文化产业得到了进一步的延伸。

在对文化遗产进行保护的过程中，从城市走向故事，是十分重要的环节之一。单独的建筑所包含的共鸣情感和内涵对于普通大众来说过于薄弱。而将城市走向故事，不仅在心理层面加强了文化受众对于物质文化遗产的情感共鸣，同时也是将非物质文化遗产和物质文化遗产进行了完美的统一。这种统一能够唤起人们对城市荣耀和沧桑的记忆，让身边的历史"活态"传承下去。②

历史文化遗产保护的另外一点，则是建立在直接的保护之上的发展。也就是说，只有给予历史文化遗产不断地创新和发展，才是对其最好的保护。而对于天水来说，这种保护最主要的过程必须是将文化遗产转化为精神家园，即"让历史的遗产真正成为现代城市文化的精神内核③"。对于天水来说，由于其文化内涵是和每一个中国人成长息息相关的文化，本身就涵括了中国人"寻祖认根"的重大含义，因而具有先天的优势。

4. 打造概念性、标志性的文化旅游城市

相较于其他文化资源，旅游业是最具第一印象的产业。而对于具有文化独一性的地区来说，旅游业的发展更是具有得天独厚的优势。而这也要求当地突出其文化特色，打造具有标志意义的旅游品牌。

---

① 余明远、员智凯：《历史文化遗产价值的当代彰显路径探微——以甘肃天水为例》，《科学·经济·社会》2012 年第 2 期。

② 同上。

③ 李晓莉、张乐：《让文化遗产真正成为现代城市精神内核和发展活力》，《西安日报》2011 年 1 月 12 日。

对于天水来说，由于其具有浓厚的伏羲、女娲文化遗产，且在现实生活中有大地湾遗址与文化遗产相互关联，具有物质和非物质的双重属性；而中国四大石窟之一的麦积山石窟，也具有其独特的文化艺术之美。这些都是具有标志性的文化资源。天水市应当利用好文化产业大发展的机会，以伏羲文化、石窟文化为两面旗帜，打造全国知名的旅游城市。而在此过程之中，首先要做好的是当地基础设施的建设，避免由于基础设施的原因阻碍当地旅游业发展。此外，文化资源内涵的拓展也是十分重要的。通过建立博物馆、产品研发中心等，对旅游资源的历史文化价值和内涵进行深入挖掘，开发和历史文化紧密相连的旅游纪念品。避免粗糙的、重复的、毫无特色的机械化流水线生产，突出旅游文化的特色。对于历史久远的大地湾文化来说，更是要改变现阶段"有迹无景"的情况，做好原始村落的高水平复原工作，大力开发其旅游价值。

第三节　平凉的文化发展战略

平凉拥有丰富的文化资源。其中，"道教第一山"——崆峒山、王母宫——西王母降生处的回中山、西周第一台——古灵台等历史遗址，西周青铜器、南宋银本位货币银合子、佛舍利金银棺等，被誉为"中华之最"。平凉也是祖国针灸学鼻祖、晋代医学家皇甫谧，唐代著名宰相牛僧儒，南宋抗金名将吴玠、吴璘，明代"嘉靖八才子"之一赵时春的故乡。还有王母宫、温泉、柳湖、南石窟寺、龙泉寺、莲花台、紫荆山、云崖寺，以及明代宝塔、李元谅墓等文化资源。

一　道教第一山——崆峒山

崆峒山位于甘肃省平凉市城西12公里处，景区面积84平方公里，主峰海拔2123.3米。既具有风景秀丽的自然景观，也具有极高的人文价值。其最重要的文化资源，体现在崆峒山作为道教第一名山方面。

最早关于崆峒山道教的记载，始见于《庄子·在宥》："黄帝立为天子十九年，令行天下，闻广成子在崆峒山上，故往见之。"记载了黄帝问道于崆峒山广成子的故事。之后在历史中多有记载。《抱朴子·登涉》记载："黄帝欲登圆丘，其地多大蛇，广成子教之佩雄黄，其蛇皆去。"《史记·五帝本纪》记载：黄帝"东至于海，登丸山及岱宗；西至于空桐，登鸡头"。《太史公自叙》记载："黄帝至崆峒，登鸡头山。"这里所说的鸡头山，即是崆峒山。由于崆峒山山体特征明显，自古即有"鸡头"、"笄头"的称呼①。而广成子，即是道教的始祖老子②。清同治年间，张春溪编写的《崆峒山志》更是详细介绍了包括广成子、黄居士、张三丰等一系列著名的道士在崆峒山的活动情况。历史上，崆峒山在唐宋和明朝这两个时期得到了快速发展。唐宋时期，由于皇帝崇信道教，崆峒山得到了较快的发展。崆峒山皇城一带仍保留一些此时期建造的道教建筑。明朝时期，平凉韩王崇信道教，捐资修建宫观，使崆峒山道教发展进入了最盛时期。

平凉崆峒山所具有的最大文化价值，是体现在其作为道教名山的基础上的。相应地，对于平凉崆峒山的文化开发也应当集中于此。而中国本土宗教——道教，在当今对于我们来说仍旧有十分重要的教育和发展意义。

二　世界文化名人——皇甫谧

皇甫谧（215—282 年），字士安，幼名静，自号玄晏先生。安定朝那人（今甘肃平凉灵台县）。他是中国历史上的著名学者，在文学、史学、医学诸方面都很有建树。

皇甫谧出身东汉名门世族，史书记载，其祖先曾任东汉度辽将军、扶风都尉、雁门太守、征西将军等职。但到皇甫谧时期家族已趋没落。在其六七岁之时，父亲病逝，母亲任氏携皇甫谧改嫁他人，谧称继父为"叔父"或"后叔父"。"后叔父"小有积蓄，又对皇甫谧娇惯放任，对其不喜读书与不愿务农的做法，也听之任之，遂养成少年皇甫谧的众多坏习气。史书记载，谧"年二十，不好学，游荡无度，或以为痴"（《晋书·皇甫谧传》）。针对儿子的不学无术，其母任氏对其进行了深刻的思想教育。一日皇甫谧回家后，任氏对皇甫谧讲道："昔孟母三徙以成仁，曾父烹豕以存教，岂我居不卜邻，教有所阙，何尔鲁钝之甚也！修身笃学，自汝得之，于我何有？"（《晋书·皇甫谧传》）皇甫谧就此醒悟，发奋读书，勤快务农，最终成为一代名士。

---

① 脱少华：《论平凉文化在大发展大繁荣背景下的战略选择》，《丝绸之路》2012 年第 8 期。

② 张璐瑶：《浅述甘肃平凉崆峒山道教文化中的养生之道》，《焦作大学学报》2012 年第 3 期。

　　皇甫谧对于我国文化的重要贡献，首先是在中医上。由于皇甫谧体弱多病，长期受疾病折磨，因而他下决心学医，以济世救人。在经历了三国和魏的混乱之后，皇甫谧时期大量医学著作散佚不全。流传下来的部分有的残缺不全，有的编次凌乱，有的内容重复，错误较多。尤其是在针灸学上，问题更是突出。针对这个问题，皇甫谧综合、排比、分析流传的针灸书，集诸书为一体，将其内容编排归类，并加入自己行医中的实践，于晋武帝太康三年（282 年）完成了《黄帝三部针灸甲乙经》，简称《针灸甲乙经》。该书共 12 卷 128 篇，确定了 654 个穴位的正确位置，并对所处位置的不同进行了分组分类。此外，他还详细记载了各个穴位的别名、取穴方法、主治病症、针灸方法、留针时间、治疗禁忌等，为中医的发展作出了巨大的贡献。此外，《针灸甲乙经》还列出了千余条内、外、妇、儿等科的原因、症状、病机等，并对张仲景的《伤寒杂病论》做了详细而全面的拓展。

　　除此之外，皇甫谧还是著名的哲学家和文学家。他在《针灸甲乙经》中继承了先秦以来一元论的哲学观点，认为气是构成万物生命的根源。他在《针灸甲乙经》中指出："天之在我者德也，地之在我者气也，德流气薄而生也。""人有五脏化五气，所生喜、怒、悲、忧、恐。"认为人的精神状态完全是随着物质器官的形成而出现的。在文学上，皇甫谧的文章风格犀利，对仗工整，音语铿锵，结构严谨，故事性强，人物形象生动，思想性和艺术性俱佳，对后世文学的发展起到很大的积极作用。其所写的《释劝》《笃终》《玄守论》不仅表明了其隐居不仕的心迹，同时也是我国古代文学的优秀篇章。而《玄晏春秋》《鬼谷之注》《三都赋序》《圣真》等文，并诗诔赋颂，藏珍纳萃，字字珠玑，在文学领域独树一帜。

三　平凉发展文化产业的主要问题

　　虽然平凉拥有丰富的文化资源，然而相对于庆阳和天水，平凉在文化产业发展的路上，仍旧处于相对落后的地位。以平凉文化产业中相对最为成功的旅游业为例，2014 年 3 月官方数据显示，2013 年平凉市全年接待国内外游客 868.12 万人（次），增长 28.01%；国内游客 868 万人（次），增长 28.1%；境外游客 1162 人（次），增长 11.6%。其中：旅游综合收入 44.6 亿元，增长 28.33%；国内收入 44.59 亿元，增长 28.34%；境外收入 118.71 万元，增长 11.9% ①。以平凉所拥有的文化资源来看，旅游收入仍有大幅增长空间。总的来看，平凉文化产业发展的主要问题，有如下几点：

1. 文化资源开发不足，思想观念较为落后

拥有道教第一名山、西王母故地等优秀文化资源的平凉，第一问题是对于自己的文化资源开发得极度不足。既没有形成完整的产业链，也没有对文化进行纵向挖掘。以笔者在崆峒山的亲身经历来看，其文化资源并没有很好地转化为生产力。笔者甚至在无导游人员的情况下，游览了一整遍崆峒山后而完全不知道黄帝求道广成子于此的故事。可见，平凉仍旧将其作为较为封闭的宗教环境对待，并没有对其文化内涵进行转换和发展。

而出现上述情况的主要原因，是与平凉落后的思想观念紧密相关的。对于文化资源发展成为文化产业链的认知不足，使得平凉缺乏主动追求其优势产业拓展的机会，从而无法形成有效的资源开发。

2. 文化资源开发阶段过于超前

和庆阳、天水两地相比，平凉和它们一样，拥有多样化、跨度大的文化资源；然而，相比于庆阳、天水等地，平凉由于自身文化资源并未得到广泛的普及，势必在发展过程中不能模仿前两者的发展策略。也就是说，平凉在发展过程中，需要先以一两个文化资源为主要突破口，以周边地区为文化产业发展重要出口地区，获得初步的文化产业声誉。在确定了其较为成功的发展模式后，"先进带后进"，再次拉动其他文化资源的开发利用。

目前，平凉过于强调文化资源齐头并进的发展。除了较为有名气的崆峒山道教文化资源、皇甫谧文化资源之外，平凉还试图打造完颜文化资源、民俗文化资源、安口陶瓷文化资源、梯田资源、红色资源品牌，等等。这种发展过程，对于文化产业较为落后的平凉来说，是过于急躁的发展策略，容易在发展过程中忽视重点，无法实现文化产业的突围。

3. 政府政策和主导支持不足

相对于其他省市，由于长久以来平凉市的发展倚重于第一产业和第二产业，对第三产业和其下的文化产业发展支持力度较小。而直接的结果就

---

① 《平凉市 2013 年国民经济和社会发展统计公报》，平凉新闻网，http://www.plxww.com/article/yaowen/202975.html，2013 年 7 月 23 日。

是，尽管大型剧目如《好人米祥仁》《荷屋梦》《皇甫谧》《金果人家》等也在全省新创剧目调演中获得了奖项，但是精品力作还比较少，近年来没有一部剧目能够获得甘肃省精神文明建设"五个一工程"优秀作品奖。①

近年来，平凉市政府已经认识到了这个问题，并且提出了一系列的政策和方案来推进文化产业的发展。平凉市委、市政府共同发起的"养生平凉"的倡议，就是建立在对崆峒山道教文化的深度剖析、理解基础之上②，为推动本地旅游业发展，推进"四三二一工程"中四大基地之一的西部人文生态旅游基地的建设，建立文化产业链的积极尝试。除此之外，市委、市政府在 2012 年 3 月下发了《关于贯彻党的十七届六中全会和省委十一届十四次全委扩大会议精神加快文化名市建设的意见》③，也是平凉市积极开拓的重要表现。然而，不可否认的是，即便这个问题得到了部分的解决，平凉市对于文化产业发展的政策支持，还是远远低于文化产业发达城市的支持程度的。

四　对于平凉文化产业发展中产生的问题的思考以及应对策略

结上所述，对于平凉市来说，发展的中心策略应当是以某一点为突破口，在确立基础的情况下，拓宽文化资源利用途径，加快建设文化产业链。

1. 积极发展基础建设，建立文化产业内部联系，拓宽发展路径

所谓基础建设，不单单指具体性的基础性设施建设，还包括文化产业基础的建设。例如：针对某一故事所创作的书籍、音乐、电影等基本文化产品；针对某一文化遗存所做的专题纪录片；等等。这些软性的基础设施建设，对于发展文化产业有巨大的带头作用。此外，硬性的基础性设施建设同样也是不可少的。

文化产业的内部联系，不仅是横向的，即不同文化之间的相互联系，还有纵向的，即针对同一个文化的不同方面的联系。而这种强烈的联系，对于提高文化资源本身的知名度和社会认知度，是有巨大的作用的。以旅

---

① 甘成福：《强基础，提实力，快发展》，《发展》2011 年第 3 期。
② 张璐瑶：《浅述甘肃平凉崆峒山道教文化中的养生之道》，《焦作大学学报》2012 年第 3 期。
③ 王密兰、马建波：《对平凉市特色文化名市建设的新思考》，《新西部》2012 年第 11 期。

游业和文化艺术产品为例，《丝路花雨》的成功对于促进敦煌旅游业的发展有不可忽视的巨大作用。反之，敦煌的知名度对于《丝路花雨》的演出也有积极的影响。这种相互之间的联系，对于促进文化产业共同发展，并且形成有力的突破口，有十分显著的作用。

2. 积极学习和吸取先进地区的经验和教训

对于具有丰富人文资源的平凉来说，积极学习其他地区的发展经验和成果，从相似的成功经验中汲取有用的营养，对现在的平凉来说是十分有益的。尤其是同样处于西部地区的陕西省、新疆维吾尔自治区的发展经验，对于平凉来说，更是具有巨大的借鉴作用。

3. 将"养生平凉"的发展理念上升到操作性的层面

对于平凉市提出的"养生平凉"的理念，应当在其指导原则之上尽量地扩展其使用面。将这一理念贯穿于平凉市的经济发展、社会前进之中，在文化产业政策指导下，争取建立具有特征性、辨识性、认知性、符号性的发展原则。这对于平凉市进一步发展是十分有利的。

具体来说，平凉可以在打造针灸养生之都方面做一些文章。近年来，平凉修缮了皇甫谧陵园、皇甫谧文化园等纪念遗址，积极弘扬优秀的传统针灸文化，大力推动针灸科技和学术创新。2012 年，"首届皇甫谧故里拜祖大典暨《针灸甲乙经》学术思想国际研讨会"在甘肃平凉举行。来自中国、美国、法国、俄罗斯、挪威、日本、中国香港、中国台湾等国家和地区的近 600 名代表参加了会议。会议还形成了《中国针灸学会 2012 灵台共识》："一是积极将灵台县皇甫谧文化园申报为'人类非物质文化遗产代表作名录项目——中医针灸宣传教育基地'；二是积极申报皇甫谧遗址和《针灸甲乙经》为国家级文化遗产；三是定期举办中医针灸学术研讨交流活动，每两年在皇甫谧文化园举办一次大型拜祖活动，进一步扩大皇甫谧文化在国内及全世界的影响力和知名度；四是加快皇甫谧中医针灸养生产业园建设，努力把灵台县建成西北一流的针灸之都。"[①] 这些共识若能在实际中加以贯彻，必将会对平凉的生态养生文化作出巨大贡献。

4. 加强区域性宣传，扩大平凉在周边省（区）市的影响力

平凉在宣传策略的选择上必须与地理因素相结合，突出在周边省区的

---

① 《针灸甲乙经学术思想国际研讨会胜利闭幕》，灵台旅游，http：//www. lingtaitour. gov. cn/chinese/content. asp? ModuleType = 2&ChannelID = 2&id = 189。

宣传。同时，在宣传的过程中突出文化产业的深度性，借助其核心优势，打造具有特色的文化产业。也就是说，将平凉以"养生文化"为核心的文化因素在甘、宁、陕三省区进行具有主题的区域性宣传，争取建设西北地区的休闲养生第一市。

此外，新媒体和新的宣传手段也是必须要采用的。在宣传过程中突出创意，结合网络、手机等新媒体进行宣传，是平凉宣传过程中必须要做出的改变。例如，平凉可以将其文化资源和动画制作相结合，制作出人民群众喜闻乐见的文化产品。同时通过旅游宣传片、风景片，让风景文化资源得到更广泛的传播。

第四节　陇南的文化发展战略

陇南文化资源数量众多、类型丰富，其中，历史文化资源和人文资源是陇南最具特色的文化资源。

一　历史资源

早在新石器时代，陇南就有先民们繁衍生息的足迹。陇南是中国历史上第一个封建帝国——秦王朝的发祥地，秦始皇先祖在陇南礼县繁衍生息数百年，才奠定了雄立关中、定鼎中原、统一六国的千秋基业。古往今来，陇南众多历史景观以其深厚的文化底蕴和历史积淀著称于世。成县《西狭颂》摩崖石刻，有国画大师李可染为西狭景区题名"西狭颂"的碑文。石刻以方正、雄浑的汉隶真迹而成为蜚声中外的书法珍宝。石刻字迹清晰、笔触遒劲、结构美观、刀法有力，在国内外书法界和史学界享有盛誉。礼县大堡子山秦西垂陵园，是20世纪末中国十大考古发现之一，出土的大量铸有铭文的青铜器，证明陇南就是"秦皇故里"；西和仇池古国遗址、成县杜甫草堂、宕昌沙湾董文昌庙，是研究人类历史文化的瑰宝。礼县三国武侯祠、文县阴平古道、宕昌县邓桥遗址，是三国文化的典型代表。此外，宋代吴玠、吴璘墓等古墓葬，张果老登真洞等古代宗教建筑，都为陇南的历史文化增色不少。

其中，以礼县大堡子山秦西垂陵园以及西和仇池古国遗址最为重要。20世纪90年代，经国内外考古界、史学界专家研究考证，确认礼县大堡子山一带发现遗址及墓群为秦西垂陵园，西垂陵园的发现被誉为"20世纪继敦煌藏经洞和兵马俑之后的又一重大发现"，礼县也被认定是中国古代重要史书《史记》所记载的秦人发祥地"西犬丘"所在地①。2001 年 7 月，国务院正式将其列为全国重点文物保护单位，礼县县政府委托陕西省古建筑设计研究所制定了《大堡子山遗址及墓群保护规划》，力图合理复原秦早期陵园的自然风貌，再现先秦时期人们的生产生活状况，全面保护大堡子山秦西垂陵园遗址。

仇池古国遗址位于西和县城南 63 公里处，是华夏人文始祖伏羲的诞生地。据《路史》记载："伏羲生于仇夷，长于成纪。"仇夷即仇池，成纪即今天水。在魏晋南北朝 300 余年间，仇池曾是统辖陕甘川三省六郡十八县的氐族杨氏建立的仇池国都，历时 146 年。② 仇池古国遗址山峰高峻。三面如削，西临汉水，山顶平坦，有良田万顷，风景优美，是陇南重要旅游胜地。始祖文化在天水的传播也为西和仇池古国遗址的开发提供了良好契机，在关中—天水经济区辐射范围中的陇南，可在天水努力打造伏羲文化氛围中加强自身宣传，努力打造天水之外"羲皇故里"的新陇南。③

祁山武侯祠是陇南地区三国文化的重要代表。历史上，陇南地理位置重要，历来成为兵家必争之地，从陇南北上可入陕西、天水，南下四川则可到西南，东至陕西可驰骋中原。在历史长河中经历了无数次战火洗礼。三国时蜀国丞相、政治家和军事家诸葛亮"六出祁山"时曾驻军礼县祁山堡，但其光复汉室的愿望终究未能如愿，病逝于五丈原，后人为了纪念这位贤相，在祁山堡修建了武侯祠。祁山堡武侯祠距礼县县城 25 公里，塑有诸葛亮神像，以武侯祠为中心，四周尚有点将台、藏兵湾、九寨、上马石、小祁山、卤城盐井、西县、木门道、铁笼山等十余处古遗址。祁山堡武侯祠是全国现存规模较大的九座武侯祠之一，成为丝绸古道上一颗璀璨的明珠。此外，三国末期魏国名将邓艾伐蜀时，又从陇南进入四川，在宕昌县有他留下的邓桥遗址和文县的阳平古道，和祁山武侯祠一并成为三国文化遗存。

二　人文景观

陇南人文资源丰富，自然资源荟萃，地域文化特色鲜明，民俗风情淳

---

①　《甘肃——秦始皇第一祖陵认定》，《人民日报》2002 年 9 月 3 日。

②　杜早：《陇南旅游资源》，《丝绸之路》1999 年第 5 期。

③　何炜：《关中—天水经济区对陇南的经济辐射研究》，《怀化学院学报》2010 年第 8 期。

朴浓郁，形成了其独特的人文（风情）景观。由于陇南少数民族众多，历史上在此长期居住，形成了其独具特色的少数民族民俗风情，如文县白马藏族聚居区、宕昌羌族聚居区等。这些文化聚居区既有古代羌、藏等民族文化与汉文化的大融合，又有秦文化与巴蜀文化的大交汇。除此之外，汉文化中的秦剧、花儿、剪纸等民间艺术，也同样在陇南有独特的特色。因而，陇南的人文景观具有多样性和独特性的特征。其中西和"乞巧活动"、白马藏族"池哥昼"面具舞等民族民俗文化，有其不可替代的地域性和独特性，深受史学界的关注和游人的青睐。

1. 国家非物质文化遗产——乞巧风俗

甘肃西和县的乞巧风俗，被称为中国古代乞巧风俗的活化石，是一个流传甚广、历史悠久的古老民俗，已有千余年的历史。每逢农历七月七日夜（或七月六日夜），穿着新衣的少女们在庭院向织女星乞求智巧，称为"乞巧"。西和县是乞巧风俗历史最为悠久的地区之一。在过去，从六七岁到十五六岁的未婚少女几乎全都要进行"乞巧"活动。乾隆三十九年《西和县志》（风俗篇）记载："七月七日，夕，人家室女陈瓜果，拜织女星以乞巧。"而西北师范大学赵逵夫先生通过考证得出"西、礼二县隆重的乞巧风俗是秦文化的遗留"①，而西垂陵园的发现使陇南被称为"秦皇故里"。不难看出陇南大地上乞巧风俗深厚的文化底蕴。

西和县乞巧民俗历时七天八夜，每年农历六月三十日晚（小月份二十九）开始，七月初七晚结束。在正式进行乞巧前的一两个月内，针对不同情况的选址、联络、筹资、练歌、备装、生巧芽、请巧、造巧等项活动就已经积极准备了。正式的乞巧活动内容丰富，仪式隆重。这其中包括手绊搭桥、迎巧、祭巧、唱巧、跳麻姐姐、相互拜巧、祈神迎水、针线卜巧、巧饭会餐、照瓣卜巧、送巧等活动。总体上整个活动分为坐巧、迎巧、祭巧、拜巧、娱巧、卜巧、送巧七个环节。每一环节均有歌舞相伴，又有几个富有特征性的仪式，留存了大量的乞巧唱词、曲谱、舞蹈形式以及与农耕文明相关的崇拜仪式，还有与生活相关的纺织女工、服饰、道具、供果制作等内容。② 乞巧所包含的基本内容有五大类别，分别是乞巧歌曲或唱词、乞巧音乐、乞巧舞蹈、乞巧民间故事、乞巧道具等。每一项

---

① 赵逵夫：《汉水与西、礼两县的乞巧风俗》，《西北师范大学学报》2005 年第 6 期。

② 高应军：《陇南西和乞巧民俗旅游的深度开发》，《甘肃高师学报》2012 年第 1 期。

都具有丰富的文化内涵。

2008 年"乞巧节"被增补为国家第一批非物质文化遗产保护名录。"乞巧文化旅游节"的举办，更为乞巧文化的展演和传播提供了良好契机。

2. 文县白马人"池哥昼"祭祀舞蹈

文县白马人民俗文化因其悠久的历史和鲜明的特点而备受海内外学者和游客的关注，文县白马人的祭祀舞蹈"池哥昼"场面庄重，气势热烈，融宗教气势和娱乐色彩于一体，极具历史和民俗研究价值，于 2008 年被国家列为非物质文化遗产代表作名录。

三　文化产业发展中遇到的问题和困难

虽然陇南拥有丰富的资源，然而在发展过程中，因陇南经济发展欠佳、产业化发展意识薄弱、开发难度大等现实因素，使陇南文化资源的开发和产业发展依旧面临许多问题。

1. 资源开发程度低，文化内涵挖掘不够

陇南旅游资源种类繁多，数量较大，加之其地理位置特殊，气候分布广泛，林业及珍稀动物品种繁多，开发空间大。但由于陇南整体经济实力弱，旅游业起步晚，和其他城市或地区相比，陇南旅游业仍处于初级阶段，在陇东南四市乃至全国仍属冷温区。就自然风光而言，陇南旅游尚处于观光旅游层面，缺乏合理、科学的策划与设计，尚未形成合理的旅游及产业发展体系，生态旅游资源丰富，但开发程度较低，观光产品的粗放型特征较为明显。

陇南有着悠久的历史和深厚的历史文化底蕴，秦文化、三国文化、红色文化、藏羌文化各具特色，底蕴深厚。但就目前而言，陇南在景区及文化资源开发上，文化包装滞后，亟待提高其文化品位，将陇南深厚的文化底蕴展现于世，摆脱"一流资源、二流开发、三流管理、四流产品"[①]的尴尬局面。努力在"秦文化"的挖掘上下功夫，并认真打造陇南"三国文化"、"民俗文化"、"红色文化"的新品牌。

2. 产业意识淡薄，市场主体规模小，缺乏竞争力

国家西部大开发战略及关中—天水经济区的开发战略为陇南文化产

---

① 韩毅：《发展旅游产业　助推陇南经济》，《视点》2009 年第 12 期。

业的发展提供了极好的市场前景和巨大的推动力。近年来，陇南市在积极推进经济结构转型的同时，提出了建设旅游大市和文化陇南的战略构想，但就目前陇南的文化产业整体发展水平而言，文化的产业化意识依旧薄弱，文化产业的企业主体规模较小，所打造的文化品牌缺乏政府的整体推动，市场运营欠佳，不能创造理想的经济效益。因此，在文化体制改革滞后，对外开放水平较低的情况下，陇南的文化资源开发及文化产业发展的步伐较缓慢，缺乏整体竞争力。[①]

3. 文化产业投入不足，基础及服务设施尚需完善

陇南山岭浅丘谷地相间，境内无大的河流，无航空运输，整个交通以公路交通为主。由于经济欠发达，缺少建设资金，陇南在文化产业开发方面投入明显不足，交通、宾馆等基础设施普遍落后，公路等级低，景区可进入性差，交通对旅游业的发展起到较大的制约。随着陇南旅游业的发展，各地区的宾馆住宿、餐饮设施等方面也明显呈现出不足。陇南特色小吃丰富，但尚未形成合理的旅游餐饮业格局，可接待能力较差，接待能力有待提高。这种初级化的发展方式尚不能适应周边旅游市场快速发展的竞争局面，不能适应陇南旅游及文化产业蓬勃发展的需要。

4. 文化资源及旅游商品品牌意识弱，旅游主题欠鲜明

陇南有着丰富的文化资源，就其旅游商品的分类而言，目前陇南市旅游商品可分为八大系列：历史文化系列、红色旅游系列、民族文化系列、民俗文化系列、宗教文化系列、地方特产系列、地方轻工系列、地方特色食品系列。种类有 100 多种，但许多旅游商品的开发处于有名无实的境地。[②] 此外，在已有的旅游商品中，大部分商品缺乏地域文化内涵，设计、做工欠佳，缺乏高档次、高质量、具有品牌意识的旅游商品，如礼县出土的文物仿制品系列，成县《西狭颂》摩崖石刻拓文系列。藏羌文化旅游商品等均没有统一正式的品牌，包装简单，形式单一，缺乏品牌效应，不能激发游客的购买欲。此外，缺乏鲜明的、独具特色的旅游主题，较之于敦煌的丝绸之路文化、嘉峪关的长城文化和兰州的黄河文化等，陇南旅游主题欠鲜明。

---

①　冯建军：《对发展陇南文化产业的思考》，《财会研究》2012 年第 4 期。

②　高应军：《陇南旅游商品开发策略分析》，《哈尔滨职业技术学院学报》2012 年第 4 期。

5. 宣传和推广力度不够，人才和科技制约明显

对于具有宝贵的历史文化资源、地理位置独特的陇南来说，如何克服经济阻碍，发挥文化资源优势，找到适合其发展的道路，对于陇南文化产业发展具有十分重要的意义。同时，陇南文化在推广上面临着一大问题，即宣传和推广力度不够，人才和科技制约明显。陇南市有丰富的文化资源，如礼县大堡子山秦公墓、徽县三滩景区、康县梅园景区等，但由于宣传和推广的力度不够，很多景区鲜为人知。生态旅游的产业化发展依旧面临许多困境，资源的整合与推广依旧薄弱。① 此外，由于文化产业管理人才、科技创新人才十分匮乏，不能适应文化产业发展的要求，从而导致产品质量档次低、科技含量不高、经济效益不明显，在国内外市场中缺乏竞争力。

四　对陇南文化产业发展中存在问题的思考和策略

尽管陇南的文化产业发展面临着许多问题，但也有优势和机遇。西部大开发战略给西部带来了极好的发展机遇，在这一背景下，陇南凭借其丰富的文化资源，可以抓住机遇，将劣势转化为优势。而甘肃省文化大省建设的政策和关中—天水经济区规划的制定，也为陇南的文化发展提供了良好的契机。面对新的机遇和挑战，如何扬长避短，直面文化产业发展中存在的问题，提出陇南文化产业迅速发展的对策，成为其文化资源及产业开发的重中之重。

1. 重点开发旅游资源，深度挖掘文化内涵

陇南的旅游资源无论自然景观、人文（风情）景观，还是历史景观，都数量众多，底蕴深厚。但由于种种主客观因素的制约，陇南的文化资源开发较之其他省市相对落后，旅游资源的开发以及资源文化内涵的深度挖掘在今后便显得尤为重要。从自然景观、人文（风情）景观、历史景观出发，将绿色生态、历史文化、民俗风情作为重点开发的三大旅游资源②，注重培养陇南在全省、全国独当一面的代表性拳头产品，以点带面，促进发展。

陇南大地上有着众多底蕴深厚的历史文化资源，秦西垂陵园的发现

① 唐铭：《对甘肃陇南地区旅游开发的 SWOT 分析》，《环境与可持续发展》2007 年第 4 期。
② 《陇南市"十二五"旅游业发展规划》，陇南公众信息网，http：//ln. zhiweikeji. cn/Article Detail. aspx？ ArticleID＝21506&ClassID＝68。

更使陇南成为了声名远扬的"秦皇故里"。陇南旅游资源的开发，应深度挖掘其资源中的文化内涵，提高档次和品位。在旅游资源的开发中，应努力将文化作为产业发展的灵魂，深度挖掘秦文化、伏羲文化、三国文化、红色旅游文化和民族民俗文化等本土文化内涵，将陇南文化渗透于旅游产业发展的吃、住、行、游、购、娱各个环节中，用文化来包装旅游产品，以旅游为载体，采取多种形式，宣传、弘扬本土优秀文化，使文化与旅游互相促进，共同发展。① 再者，对已有的西和"乞巧活动"，文县白马藏族"池哥昼"面具舞等申报列入国家非物质文化遗产名录的民族独特风俗文化，加强其内涵挖掘和宣传，以期让更多人了解和关注陇南文化。

2. 加强区域合作，打造精品景区

陇南地处甘、陕、川三省交界处，位于关中—天水直接辐射区，有其得天独厚的资源优势和区位优势。陇南应克服其景区之间空间跨度大、经济条件落后的不利因素，以现有著名旅游景点为基础，加强同周边省市的旅游经济合作，增进相互信息交流，连接附近景区，形成一个由著名景区带动多个自然保护区的生态资源经济图，并形成一定的规模。在加强区域合作的同时，实现优势互补，资源共享，共同发展。这就要求陇东南四市集中人力、物力、财力，积极协商，共同开发代表性著名品牌，实现资源的有效配置。② 同时，成立专门的机构，共同宣传，联合促销，共同印制相关宣传材料，通过集中化的宣传，提高整体区域和线路的知名度，努力建设有鲜明特色的区域化旅游景区。打造宕昌官鹅沟、文县天池、康县阳坝、礼县秦西垂陵园、成县鸡峰山五大精品景区，努力完善武威万象洞、宕昌哈达铺、成县西狭颂、西和晚霞湖四大名牌景区，提高其影响力，建设徽县三滩、两当云屏三峡等后续景区③。

3. 加大基础设施建设，开发精品旅游线路

在陇南文化产业发展的过程中，应努力加大与衣、食、住、行、游、购、娱相关的一系列基础设施建设。交通依旧是旅游文化产业发展的重要

---

① 王海鸥：《天水、陇南旅游资源的综合评价以及开发利用的对策》，《天水行政学院学报》2002 年第 3 期。

② 董琪：《甘肃陇南旅游开发研究》，《财会研究》2009 年第 3 期。

③ 《陇南市"十二五"旅游业发展规划》，陇南公众信息网，http：//ln. zhiweikeji. cn/Article Detail. aspx？ArticleID＝21506&ClassID＝68。

制约因素，可进入性差，交通不便成为制约陇南旅游业发展的首要瓶颈。因此，景区间的道路建设，陇东南四市旅游交通的完善，公路等级的提高，对陇南文化产业的发展尤为重要。此外，陇南旅游业起步较晚，旅游设施建设处于初级阶段，旅游基础设施不够完善，旅游线路中为游客提供的交通、住宿、餐饮和娱乐等各种设施和服务，由于开发程度低、资金匮乏、接待设施落后，使陇南旅游业的接待能力不能满足游客日益增长的旅游实际需求。①

在加大基础设施建设的同时，应努力开发陇南精品旅游线路，可以以陇南"十二五"旅游规划中所提及的旅游线路建设为标准，集中力量建设精品旅游线路。一是以九寨沟为依托，巩固提升兰州—陇南—九寨沟、西安—陇南—九寨沟两条成熟型黄金旅游线路；二是以市内主要景区为依托，打造以官鹅沟—万象洞—洋汤天池—康县阳坝—徽县三滩—两当云屏三峡为主的生态休闲度假旅游热线和以秦西垂陵园—仇池古国遗址—西狭颂—杜甫草堂为主的历史文化观光旅游热线；三是积极培育宕昌哈达铺、两当兵变遗址等红色旅游和祁山武侯祠、阴平古道等三国历史遗迹旅游线路；再者，还可开发"室内"—万象洞—洋汤天池一日游等多条旅游短线，从而形成合理而又畅通的旅游线路格局。

4. 完善旅游产品体系，积极开发旅游产品

一件好的旅游产品，无疑会对当地的地域文化和景区景观起到很好的宣传作用，良性旅游产品的开发往往对当地文化产业的发展、经济的增长都具有很好的带动作用。陇南充分体现本土特色，融陇南独有的自然、人文旅游资源于一体的旅游产品的开发，则具有深远的意义。在旅游产品体系中，陇南应依托其原生态山水风光，打造陇上江南生态旅游品牌；依托其历史文化遗存和名胜古迹，打造"陇南历史文化旅游品牌"；利用城市郊区和主要景区周围山地、林地，打造"陇上江南休闲度假游"旅游品牌；依托当地特色产业和特色小吃，打造具有吸引力的"陇南特产美食文化旅游品牌"；利用陇南丰富的山体、水域、溶洞等自然资源，打造"陇南山地科考体验旅游品牌"②，与此同时，不断增加和完善服务内容，

①　杨国靖、肖星、肖笃宁：《陇南山区生态旅游资源评价及开发策略》，《干旱资源与环境》2003 年第 7 期。

②　《陇南市"十二五"旅游业发展规划》，陇南公众信息网，http：//ln. zhiweikeji. cn/Article Detail. aspx？ ArticleID = 21506&ClassID = 68。

提高旅游经济效益，优化产业结构。

此外，以陇南市委、市政府《关于加快旅游产业开发建设陇上江南旅游文化名市的意见》中计划打造的八大旅游产品为标准，即历史文化系列、红色旅游系列、民族文化系列、民俗文化系列、宗教文化系列、地方特产系列、地方轻工系列、地方特色食品系列，进一步推出陇南特色鲜明、内涵深厚的旅游产品。[1]

5. 注重宣传促销策略，加快人才队伍建设

陇南文化产业的推广和发展，不仅需要根据市场需求打造旅游商品，更要注重宣传促销策略，提高陇南及其文化产业的知名度。近年来，陇南紧紧围绕打造"陇上江南"旅游品牌，开展了一系列推介活动，提高了陇南知名度和影响力，但在进一步加强陇南宣传推介方面，依旧有较大发展空间。陇南可通过充分利用电视、广播、报纸等传统传播媒介来宣传陇南文化资源，新兴的网络媒体及各种旅游节会的举办是陇南对外宣传应选择的主要方式。陇南文化专题研讨会，具有陇南特色的电视节目，电视剧本创作，名人名家举办的专场演出，代表陇南形象的纪念品，都可成为陇南对外宣传的手段和方式。此外，陇南的文化经营管理人才、科技创新人才十分匮乏，不能适应文化产业新发展的要求，是制约文化产业发展的瓶颈。[2] 陇南的文化产品以传统工艺技术为主，其文化产业生产过程中极度缺乏高新技术和先进设备。这使陇南产品质量、科技含量欠佳，影响其在国内外市场上的竞争力。因此，加快人才队伍建设，对陇南文化产业的发展而言，迫在眉睫。

---

[1] 陇南市委、市政府：《关于加快旅游产业开发建设陇上江南旅游文化名市的意见》，http://www.0939.net/article/article_14591.html，2006年9月20日。

[2] 冯建军：《对发展陇南文化产业的思考》，《财会研究》2012年第4期。

第八章　河西走廊文化产业精品建设对策

第一节　绪论

文化产业作为知识经济时代的重要产业，在当今全球范围内展现出强劲的发展态势，其广泛而深刻的影响已渗入全球进程的诸多方面。中国若想在新的知识经济时代成为具有国际影响力的文化大国，就必须顺应国际发展趋势，进行国家文化发展的战略制定和研究。

作为中国经济欠发达地区的甘肃省河西走廊经济区，文化产业的发展更具有特殊重要的意义。虽然在经济、政治、社会、文化各个方面处于全国较为落后的地位，但拥有多元民族文化和丰富的地域文化资源，使得河西走廊经济区在发展文化产业方面具有天然的优势，这片区域乃至整个甘肃省的文化产业都具有巨大的发展潜力。

2013 年，党的十八大提出"文化是民族的血脉，是人民的精神家园。全面建成小康社会，实现中华民族伟大复兴，必须推动社会主义文化大发展大繁荣，兴起社会主义文化建设新高潮，提高国家文化软实力"。

习近平主席在中共中央政治局就提高国家文化软实力研究时曾指出，提高国家文化软实力，要努力夯实国家文化软实力的根基。要坚持走中国特色社会主义文化发展道路，深化文化体制改革，深入开展社会主义核心价值体系学习教育，广泛开展理想信念教育，大力弘扬民族精神和时代精神，推动文化事业全面繁荣、文化产业快速发展。

未来发展路径的选择需要建立在对已有发展情况的了解之上，本章希望通过对兰白都市文化产业发展现实状况的梳理，为未来都市圈的文化产业发展规划提供参考。推动河西走廊的发展，不断传承和丰富地方文化内涵，不断发掘和培育地域文化高点，推动文化产业与经济社会协调、同步发展，提升河西走廊综合竞争力。

第二节　河西走廊文化产业发展现状

一　河西走廊文化产业发展的区位要素

（一）区位优势

河西走廊包括武威市、金昌市、张掖市、嘉峪关市、酒泉市、敦煌市，共6市，总面积30万平方公里，占全省总面积的62%。武威市，古称凉州，历史上曾经是著名的"丝绸之路"要冲，河西四郡之一。作为丝绸古道的重要组成部分，东西方文明在此处交汇，并且承载了华夏文明的精华。

（二）区位劣势

甘肃省位于我国西北内陆地区，是中国大陆的地理中心，从行政区划上看，武威市、金昌市、张掖市、嘉峪关市和酒泉市均为地级市，敦煌市为酒泉市下属县级市，六地占地面积较大，但人口较少（见表1）。

表1　　　　河西走廊各地市人口土地概况（2012年）①

城市	城市级别	土地面积（万平方公里）	常住人口（人）
武威	地级市	3.32	1815054
金昌	地级市	0.89	460000
张掖	地级市	4.08	1199515
嘉峪关	地级市	0.30	231853
酒泉	地级市	19.2	1095947
敦煌	县级市	3.12	141969
合计		30	16729605

二　河西走廊文化产业发展的资源要素

河西走廊悠久深厚的历史文化积淀，给甘肃以高度的文化自信和文化自觉。因此可以说，古老的甘肃可以通过不断的建设，将古老的文化与现代市场相结合，建设一流的文化市场，承担起国家赋予的文化使命。河西走廊历史文化品位高雅，价值非凡，魅力永恒，不仅在全国占有极重要的地位，而且许多方面在世界上享有盛誉。

---

① 甘肃省政府门户网站，http://www.gansu.gov.cn/。

（一）独特的自然文化资源

河西走廊有光照丰富、热量较好，温差大，干燥少雨、多风沙的特征。南接祁连山区，河西气候具有明显的东西和南北向差异。祁连山的雪峰、茫茫戈壁和浩瀚沙漠，造就了与绿洲相应的河西走廊的另一种奇妙风光。

鸣沙山和月牙泉坐落于敦煌市区南 6000 米处，自然的奇景与莫高窟交相辉映，成为奇景；嘉峪关的冰川，瓜州内世界闻名的雅丹地貌，风力发电景观也是有待开发的自然文化资源。随着河西走廊几大治沙基地的形成，沙漠文化也显示出独特的魅力。民勤的沙生植物园，始建于 1974 年，占地 1004 亩，园长 1100 多米，宽 550 多米，是我国第一个具有北方荒漠特色的植物园。

（二）丰厚的历史文化资源

河西走廊拥有深厚的历史文化底蕴，作为古丝绸之路的重要组成部分，历史悠久，遗迹众多，文化积淀厚重。有不可移动的国家级、省级历史文化遗产 6100 多处。2014 年 6 月 22 日，在卡塔尔首都多哈举行的第 38 届世界遗产大会上，中国与吉尔吉斯斯坦、哈萨克斯坦联合提交的"丝绸之路：长安—天山廊道的路网（中国、哈萨克斯坦、吉尔吉斯斯坦）"文化遗产申请项目成功入选《世界遗产名录》。这表明，丝绸之路甘肃段 5 个申遗点，在历经 6 年的精心筹备后步入世界遗产点的行列。① 其中有 4 个位于河西走廊。首先是拥有文化古迹的数量无与伦比。仅以武威、张掖、酒泉为例来看，这三个地方所拥有的国家级保护单位就达 19 处，省级文物保护单位 137 处，其中，酒泉地区还拥有两处世界级文化保护遗产。其次是拥有文物古迹的质量无与伦比。比如，在众多的国家级文物中，武威雷台出土的铜奔马被誉为"古典艺术作品中的最高峰"，已成为中国旅游的标志；敦煌的莫高窟更是举世闻名，被誉为"世界艺术的画廊"和"墙壁上的博物馆"。最后是文物古迹种类多样性无与伦比。矗立于万里长城西端起点上的嘉峪关，是长城文化的杰出代表。此外，还有被称为石窟之祖的武威天梯山石窟，独一无二的西夏碑，见证西藏归属祖国版图的白塔寺遗址，张掖的大佛寺，魏晋墓彩绘花砖等。河西走廊从东往西，可以说，到处都是先辈们留给我们的历史文化胜景，这些文物古迹所蕴含的深厚历史文化内涵，将是河西走廊在新的历史条件下进行文化创新最宝贵、最值得珍视的资源。

---

① 李辉：《五个申遗点：丝路文化的典型性见证》，《兰州晨报》2014 年 8 月 2 日。

（三）多样的民族民间文化资源

河西走廊也是我国西北农牧业的过渡地带，农耕文明和牧业文明在此碰撞、交融，从周秦到隋唐，其间交流不仅从未中断，唐时更是繁荣兴盛，光照史册。不同的文化彼此融合，共同发展，演奏出团结的友好乐章，同时也赋予这一地区多元的文化内涵。河西走廊与周边区域迥然有别的景观形态，使其自古以来就是我国西北地区重要的交通枢纽。而这些优越的自然地理条件和东进西出、南上北下的交通枢纽，就使得河西走廊自古以来就成为一个多民族、多文化分布的区域。而不同文化的交替演变则使得河西走廊的区域文化更多地带有民族文化的复合型特色。河西走廊民族文化区域主要分布在祁连山北麓及走廊北上的马鬃山地区，呈线状伸展，空间跨度大，地貌复杂多变，民族构成不尽相同。

从文化类型上看，这一地区都属于游牧文化区域，但由于这一区域民族类别不同，地理条件不同，从东往西，依次可分为天祝藏族游牧文化区、肃南裕固族游牧文化区、苏北蒙古族游牧文化区和阿克塞哈哈萨克族游牧文化区。各民族在长期的共同生产生活中，相互学习，相互融合，形成和创造了各具特色、五彩缤纷的民俗风情。这些宝贵的民族民间文化资源，有的以文物的形式保存下来，更多的则是以民间艺术的形式代代相传，延续至今。有代表性的民族宗教文化，有凉州罗什寺，建于元代的凉州四部寺等。有代表性的少数民族文化，有中国 56 个民族中人口最少的民族之一——裕固族所创造和享用的传统文化。

今天的河西走廊，仍然是我国著名的多民族聚居区域。其中，裕固族为甘肃特有的少数民族之一。在这里，各民族和谐相处，共谋发展，并与青、宁、新、藏、内蒙古等省区少数民族保持紧密联系，形成了特色鲜明的多样性民族文化。著名学者费孝通根据民族学界的研究成果，提出了"民族走廊"的概念。当前，国家提出把甘肃建设成为"促进各民族共同团结奋斗、共同繁荣发展示范区"。在全国范围内率先实现"两个共同"的重大使命，历史性地摆在甘肃人民面前。河西走廊文化开发建设，对于弘扬民族文化，增进民族团结，维护国家安全意义重大。

（四）革命历史、精神文化资源

河西走廊曾是中国工农红军西路军与国民党马家军浴血奋战的主要区域。在这片土地上，长眠着数万红军将士，他们用超乎常人的无畏精神，谱写了中国共产党人为了民族和人民的利益宁死不屈的最悲壮、最惨烈的英雄史诗。如今，在整个河西走廊依然到处传颂着各种版本的西路军将士的传奇故事，并不断成为各种体裁文艺创作的生动素材。

（五）旅游文化资源

第一，资源丰富，种类多样，文化形态各异。河西走廊地域辽阔，历史悠久，闻名中外的古"丝绸之路"贯穿全境，留下了丰富的旅游资源。有享誉全国乃至世界的敦煌莫高窟、安西榆林窟、嘉峪关、天下第一墩、悬臂长城、玉门关、阳关等。

第二，以人文类旅游资源为主，拥有一批奇特且知名度高的旅游资源，其文化形态以游牧文化为主，在保持原始特色的同时又具有较大的开放性和包容性。交通方便的旅游资源，以及能够满足国际旅游者鉴赏的旅游资源20个，占甘肃省的57%，就这一点来说，河西走廊人文类旅游资源的价值远高于甘肃平均水平。

第三，集中分布在祁连山麓地区。这些地区古迹类旅游资源尤其富集，珍贵文化古迹闻名中外。敦煌莫高窟，以现存洞窟规模最大、艺术价值最高、内容最丰富，成为我国众多石窟中的佼佼者，并享誉全球。武威因雷台汉墓出土的东汉艺术珍品"马踏飞燕"（铜奔马）被定为中国旅游标志，以及作为唐代边塞诗《凉州词》的发源地，中国葡萄酒的故乡，西藏归属祖国版图的历史见证地——白塔寺而被冠名以"银武威"的盛誉，并雄踞走廊东段。

第四，与周边其他类型的旅游资源组合度良好。河西走廊不仅遗存丝路文化、敦煌文化、石窟文化、简牍文化、五粮文化及长城文化，也有"大漠孤烟直，长河落日圆"的雄浑景色，更有"河西四郡"——武威、张掖、酒泉、敦煌遗留的绚丽多彩的民族风情，等等。

总而言之，无论是从战略地位的重要性、国家向西开放战略的需要来考虑，还是从文化形态的多样性、文化传承的延续性、自然形态的丰富性、生态修复的紧迫性来衡量，河西走廊文化开放建设都是一项推进华夏文明永续发展的宏图伟业，是一个功在当代、利在千秋的壮举。[1]

三 河西走廊文化产业发展总览

河西走廊中6地市从业人员、文化产业增加值比重都有差距，其中，

---

① 陇言：《把河西走廊建设成千里文化长廊》，《甘肃日报》2012年4月20日。

增加值和比重也反映出了文化及相关产业的发展与各地经济发展水平、当地的文化底蕴、发展理念等有着高度依存关系。

　　据数据来看，文化服务和相关文化服务情况从区域发展情况分析，存在着明显的区域差距和发展的不平衡性，其中从 2011 年整体来看，河西走廊 6 地市文化产业发展滞后，从业人员较少，所占增加值比重较少（见图 1、图 2）。

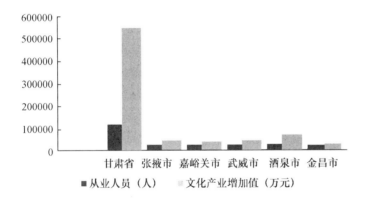

图 1　2011 年河西 6 地市文化产业从业人员与文化产业增加值图

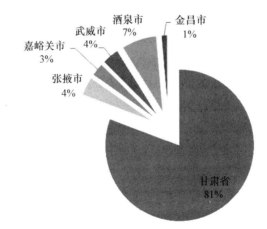

图 2　河西走廊 2011 年文化及相关产业占全省文化产业的比重图①

---

　　① 欧阳海杰：《甘肃省文化产业现状：存在区域差距和发展不平衡》，《西部商报》2013 年 2 月 25 日，http：//xbsb. gansudaily. com. cn/system/2013/02/25/013704389. shtml。

不难看出，在甘肃省内，酒泉市拥有有利的发展条件，发展情况良好。其他地区的文化产业及相关产业发展受到经济地域限制，但也有长足发展。金昌市文化产业发展滞后。总体来看，在河西走廊中各地市发展较为均衡，但都存在不发达的问题。

（一）文化软实力体系

软实力（Soft Power）最初是一个政治学的概念，由哈佛大学肯尼迪学院院长、美国国防部前助理部长约瑟夫·奈提出，用来概括性地描述综合国力中的无形要素和非物质要素。后来，在区域、城市层面上形成了"区域软实力"、"城市软实力"。城市文化软实力能扩大城市的外在影响，传播城市形象，增强城市的吸引力。

2013 年 1 月，国务院办公厅批复同意支持甘肃省以建设华夏文明传承创新区为平台整体推进文化大省建设。文化部党组书记、部长蔡武表示："这是根据中央领导同志指示精神，推动文化大发展大繁荣具体实践过程中的一件大事。文化部将按照中央要求，进一步加大力度，加强协调，在政策制定、资金投入、项目安排、人才培养等方面予以支持、帮助和倾斜，全力支持甘肃省以建设华夏文明传承创新区为平台整体推进文化大省建设。华夏文明传承创新区建设，不仅会对甘肃文化大省建设产生重大推动作用，而且将对全国文化建设产生积极影响。"①

甘肃华夏文明传承创新区建设，按照国家关于甘肃发展的战略定位和建设文化大省的总要求，打破现有行政区划界线，统筹全省文化资源和各类生产要素，以文化建设为主题，以经济结构战略性调整和经济发展方式根本性转变为主线，确定了围绕"一带"，建设"三区"，打造"十三板块"的工作布局（见图 3）。

"一带"是指丝绸之路文化发展带，"三区"是指以始祖文化为核心的陇东南文化历史区、以敦煌文化为核心的河西走廊文化生态区和以黄河文化为核心的兰州都市圈文化产业区，"十三板块"是指文物保护、大遗址保护、非物质文化遗产保护传承、历史文化名城名镇名村保护利用、民族文化传承、古籍整理出版、红色文化弘扬、城乡文化一体化发展、文化与旅游深度融合、文化产业发展、文化品牌打造、文化人才队伍建设、节

---

① 李扬：《王三运描述华夏文明传承创新区今后发展蓝图》，《西部商报》2013 年 2 月 20 日，http://www.xbsb.com.cn/xbsbnews/news/gnews/2013 - 02 - 20/430640.html。

庆赛事会展举办。

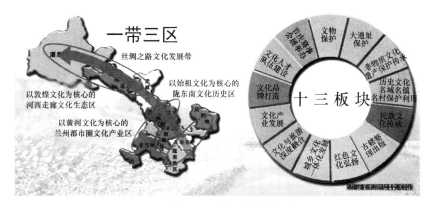

图 3　华夏文明传承创新布局①

甘肃省在积极投入华夏文明创新区的建设中，是通过对省内城市文化软实力的提升来促进城市软实力的。在河西走廊内，各项文化产业建设项目向更多、更好、更精的方向发展。

（二）武威文化资源力

武威市现有全国重点文物保护单位 6 处、省级文物保护单位 60 处、市级文物保护单位 26 处，馆藏文物 4.8 万多件。天祝土族《格萨尔》、凉州贤孝、凉州鼓子、武威宝卷、华锐藏族民歌 5 项非物质文化遗产进入国家级保护名录，22 项进入省级保护名录。

悠久的历史，丰富的人文景观，独特的自然风光，孕育出武威灿烂的地域文化，包括以中国旅游标志"马踏飞燕"为代表的"汉文化"，以西域文化与中原文化相融为特点的"五凉文化"，以少数民族文化与汉文化交融发展为特点的"西夏文化"，以"凉州会谈"和西藏正式纳入中国版图见证地白塔寺为标志的"祖国统一、民族融合文化"，以陇右学宫之冠武威文庙为标志的"儒学文化"，以佛教活动圣地天梯山石窟、鸠摩罗什寺、天堂寺为标志的"佛教藏学文化"，以凉州贤孝、攻鼓子为代表的"民间民俗文化"等历史文化资源。

---

① 李扬：《王三运描述华夏文明传承创新区今后发展蓝图》，《西部商报》2013 年 2 月 20 日，http：//www.xbsb.com.cn/xbsbnews/news/gnews/2013 - 02 - 20/431121.html。

（三）张掖文化资源力

2013 年年底，张掖市根据省委"一带三区"和"十三个文化项目板块"华夏文明传承创新区的总体要求，以文化产业园区建设为重点，加大项目建设和招商引资力度，积极打造、实施文化精品项目，全市"一中心、两园区、七基地、十大骨干企业"的文化产业布局已形成。截至目前，发展文化经营性法人企业 622 家，生产文化产品 106 种 22 万余件，实现销售额 8.3 亿元，在深圳文博会、兰洽会、省第六届文博会上签约项目 30 个，签约金额达 339.89 亿元，已到位资金 14.66 亿元。

（四）嘉峪关文化资源力

嘉峪关是世界文化遗产万里长城的西起点，以"天下第一雄关"著称于世。以嘉峪关为标志，河西走廊是万里长城现存最长、遗迹最多、形态最复杂、最能代表长城文化的地区。

（五）酒泉—敦煌文化资源力

最负盛名的是世界文化遗产莫高窟和嘉峪关。莫高窟保存着公元 4—14 世纪 1000 多年的 490 个洞窟、4.5 万平方米壁画、2400 多身彩塑，是世界上现存规模最大、内容最丰富、延续时间最长的佛教艺术和历史文化宝库。其价值之非凡、魅力之永恒，在世界文化、艺术和宗教史上享有无与伦比的盛誉。敦煌学，历百年风雨而成国际显学。

第三节　河西走廊文化产业发展存在的问题

河西走廊文化资源丰富多样，历史文化积淀深厚，革命文化遗存丰富，民族民俗文化特色鲜明，现代文化具有一定实力，为发展文化产业提供了良好的资源条件；持续的资金投入使文化基础设施明显改善，多年来发展文化产业积累了一定的经验和力量，为今后文化产业发展奠定了较好的物质基础；人民群众物质生活水平的不断提高和精神文化需求的不断增加为发展文化产业提供了广阔的市场空间；社会主义市场经济体制的不断完善，产业结构的调整升级，为发展文化产业创造了良好的外部环境；文化体制改革的不断深化，为发展文化产业提供了强大的内在动力；科学技术的迅猛发展，为文化产业发展提供了有力的技术支撑，但同时也存在许多亟待解决的问题。

一　文化产业发展区域差异大，国内水平落后

河西走廊的文化产业仍旧处于起步阶段，其中在 2013 年，张掖市文化产业增加值为 5.9 亿元，同比增长 45.32%，占全市 GDP 比重达到 1.75%[①]；2014 年第三季度金昌市文化产业增加值为 1.55 亿元，同比增长 28.54%[②]；2013 年武威市文化产业实现增加值为 4.2 亿元，增长 40.83%[③]；2013 年酒泉市文化产业实现增加值 10.3 亿元，比上年增长 48.4%；[④] 2013 年敦煌市完成文化产业增加值 0.87 亿元，同比增长 14.84%，占全市 GDP 的比重达到 5.97%[⑤]。

从上述数据得出，在河西走廊文化产业发展中各地差异明显，首先表现为酒泉市经济状况在河西走廊处于优势地位，其文化产业发展状况良好，增长数值大。河西走廊仍旧处于以工业经济为核心的发展阶段，传统产业所占比重过大，文化产业实力薄弱，文化增加值不断提高。其次表现为文化产业内部结构不合理，基本以传统文化经营为主，以信息化、数字化为核心的新兴产业，如现代传媒、动漫游戏、数字视听、演艺娱乐、文化旅游、网络文化、会展博览等发展缓慢，文化产业整体实力有待增强，产业结构仍需继续优化。河西走廊中兰州市对于文化产业发展的带动作用尚没有得到充分发挥，其对经济增长的拉动力较弱，需要继续刺激文化产业的发展潜力。

从整体上看，河西走廊的文化产业仍处于起步阶段，且区域内部发展均衡，都属于不发达情况，同兰白都市圈相比有差距，按照社会学理论，如果这种区域性差距得不到有效控制，将在未来数十年内呈现巨大差异，不利于河西走廊文化产业的整体发展和各地区经济的平衡。

二　文化产业资源优势明显但潜力有待开发和培育

河西走廊所处地域的文化历史悠久、类型多样、资源丰富、底蕴深厚。2014 年 6 月 22 日，中国联合哈萨克斯坦、吉尔吉斯斯坦将"丝绸之

---

① 2013 年张掖市国民经济和社会发展统计公报。
② 2014 年第三季度金昌市文化产业统计公报。
③ 2013 年武威市国民经济和社会发展统计公报。
④ 2013 年酒泉市国民经济和社会发展统计公报。
⑤ 2013 年敦煌市国民经济和社会发展统计公报。

路"申遗成功，使得古丝绸之路成为中国最具世界品牌价值的旅游产品之一，兰州、白银、武威作为古丝绸之路上的黄金地区，有着丰厚的丝绸之路文化。从文化品牌来看，《读者》品牌享誉世界，铜奔马、牛肉面、古生物化石等品牌亟须大力开发并可走向世界。从历史文化来看，河西走廊的文化具有唯一性、源头性、丰富性和深厚性等特点，还有丰厚的民族文化，更使这一区域的文化显得多姿多彩。从地理文化来看，戈壁绿洲、沙漠草原、黄河落日等景观使得这一区域更具魅力。但是，目前从整体看来，河西走廊的文化产业生产能力不足，部分区域的文化资源闲置，文化活力没有充分发挥，使这些资源优势并没有充分地转化为经济优势，文化产业进一步发展的潜力有待开发和培育。

三　自然环境的日益恶化等生态问题尤为突出

为了使河西地区成为适宜人们居住的地区，当地居民与恶劣的自然环境做着长期而坚决的斗争。其中最为突出的就是土壤沙漠化以及水资源短缺的问题。与此同时，当地居民还要面对诸如泥石流、土壤盐碱化等自然灾害。这些灾难对当地居民的经济、文化发展和生存造成了直接的负面影响。往往一些大的自然灾难就会导致一些繁荣的城镇衰落甚至消失。由于环境的改变，人们也将因势而变，迁徙至新的栖息之所。

四　发展思路滞后

河西走廊整个地区缺乏宏观的文化发展战略规划，因此也就未能拿出适合区域经济社会发展的具体文化思路。河西走廊的文化发展如何定位，发展重点和主要措施是什么，还缺乏清晰具体的方案。此外，相当一部分的基层单位领导对文化建设的重要性认识不足，对市场经济条件下的文化建设进行的研究和探索不够。在行政资源的投放上惜力，在扶持政策的落实上缩水。在发展文化产业的问题上，还存在着片面的认识，担心一提文化产业，财政就会"断奶"，不愿创新和改革，这一点在一些基层文化事业单位中表现得尤为突出。

五　基础设施建设滞后

以武威、敦煌、张掖3个河西走廊国家级历史文化名城为例，与其悠久的历史文化和丰富的文物古迹形成强烈反差的是，文化基础设施建设严重滞后。目前，武威、敦煌、张掖3市文化产业刚刚起步，尚未成型，存在规划不完善、结构不合理、从业人员少、规模小、产业基础比较薄弱等不足。基础设施的陈旧落后，使得文化阵地为经济建设所提供的智力越来越有限。

六　文化投入小、消费水平滞后

一是由于经费短缺，公益性文化事业单位的正常业务难以展开。二是文化消费水平滞后。以武威为例，"九五"以来，全市城镇人均收入和人均消费水平分别以12.01%和7.9%的速度递增，2001年分别达到4626元和4028元。但这一期间，全市人均文化消费递增率只有3.6%。2001年，城镇居民人均文化消费只有102元，还不足消费水平的2.5%。

七　文化产业发展滞后

目前，河西走廊武威等市文化产业总收入占GDP比重仅接近2%，酒泉市仅达到3.63%，而目前深圳、珠海、大连等发达地区，文化产业增加值已占当地GDP的10%以上，成为支撑经济增长的一个重要产业。以武威为例，2006年武威市有法人单位4817个，其中从事文化产业的法人单位109个，仅占武威市全部法人单位的2.3%，从业人员仅占武威市城镇从业人员的2.23%；增加值占GDP的比重仅为1.82%，比全国的文化产业占GDP的比重2.45%低0.63个百分点。单位、人员以及增加值都处于较低水平。此外，河西走廊6市文化企业的市场化程度不深，组织化程度低。文化产业的社会投融资体制尚未形成，文化产业大规模扩张的资本条件还未具备。既缺少规模化、集约化的文化产业集团，又缺少特色鲜明、效益良好的大型文化项目。在组织形式上也与文化产业规模化、科技化、国际化的发展趋势不相适应，创新能力比较缺乏。

八　文化资源与旅游产业的整合、融合度不足

河西走廊虽然集中了具有优势特色的文化资源，但资源的空间分布呈现出明显的地区差异，分散性和同质性尤为明显，核心区的现阶段旅游发展规划，一方面未能基于资源禀赋条件对区域板块的旅游资源进行有效整合，另一方面未能基于区域特色的文化资源进行科学性、创意性的旅游规划开发，制约了核心区旅游产业的做大做强。旅游文化产业要素分布不均

衡，总体产业水平不高。区域内部旅游业发展不均衡的现象极为明显，敦煌是整个核心区产业要素的集聚区，无论从产业数量还是发展规模等方面均占绝对优势。而其他区域由于资金投入、基础设施建设等因素的制约，旅游产业发展相对滞后。此外，旅游文化产品创新程度总体不高。目前，河西6市旅游文化产品的开发对区域文化底蕴的把握尚有欠缺，一些高新技术手段尚未融入文化产品的生产与传播当中，旅游文化发展的基本思路仍然主要围绕历史文化资源做文章，尚未注重旅游产业增长方式由资源驱动向创新驱动的转变。旅游文化产品创新不足，尤其是旅游文化创意产业发展的相对滞后，不仅制约了河西走廊旅游精品战略的实现，而且成为旅游文化相关产业空间拓展的最大阻碍。

九　文化队伍建设落后

目前，河西走廊6市文化产业经营管理人才缺乏，人才流失严重，人才培养滞后，高层次的文化经营管理人才不足。从整个地区的情况看，一是文化水平偏低，二是年龄偏大，三是人员结构不合理。

第四节　河西走廊文化产业发展的战略

2014年6月22日，第38届世界遗产大会批准通过"丝绸之路：长安—天山廊道的路网"世界遗产名录申请报告。中国与吉尔吉斯斯坦、哈萨克斯坦联合提交的这一文化遗产项目正式列入《世界遗产名录》。其中，甘肃省有5处：玉门关遗址、悬泉置遗址、麦积山石窟、炳灵寺石窟、锁阳城遗址。①

2014年11月8日，加强互联互通伙伴关系对话会在北京钓鱼台国宾馆举行。习近平主持会议并发表题为《联通引领发展　伙伴聚焦合作》的重要讲话，强调要以亚洲国家为重点方向，以经济走廊为依托，以交通基础设施为突破，以建设融资平台为抓手，以人文交流为纽带，加强"一带一路"务实合作，深化亚洲国家互联互通伙伴关系，共建发展和命运共同体。基于丝绸之路经济带的建设，河西走廊文化产业发展迎来了充满活力的发展契机。

---

① 新华网，http://www.zj.xinhuanet.com/2014－06/23/c_1111262522.htm。

一　优化文化产业发展环境

河西走廊文化产业发展应当遵从开发与保护相结合的原则。文化遗产的开发与保护常常被认为是相互矛盾的：对文化遗产的开发会破坏其历史和社会价值；对文化遗产的保护会限制对其的开发利用。处理好开发与保护的关系，将开发与保护相结合，就能够使开发与保护相辅相成，使文化遗产得以永续利用，社会效益与经济效益双丰收。

对文化遗产的开发，必须建立在保存人类文明、对历史负责的高度上，认清遗产本质；当然，对于历史遗产，也要从发展的角度看，不应当对其合理的开发一律视为破坏，良好的后续开发，可能是对世界遗产环境的进一步美化，对其内涵的进一步挖掘和展现，对遗产地价值的进一步提升。文化遗产管理部门与旅游开发部门应相互协调，建立全面、互利的合作伙伴关系。丝绸之路沿线有丰富的文化遗产，但有的珍贵遗产由于保护不力或者过度开发等而遭到损坏。例如，楼兰古城的消失，敦煌莫高窟的洞窟环境遭到严重破坏等。对于这些珍贵的文化遗产，开发和利用措施应该建立在"保护"的基础上。

二　建设配套的文化旅游设施，强化文化基础设施建设

依托丝绸之路经济带的建设，加快河西地区基础设施建设，优化文化产业发展环境。文化旅游业是丝绸之路沿线文化产业发展的龙头产业，文化旅游业的发展，离不开配套文化旅游设施的建设。丝绸之路文化旅游设施的建设还比较薄弱，发展文化旅游业，必须首先建设配套的文化旅游设施，包括与旅游业相配套的交通、食宿、环境卫生、供水供电、通信等设施。

作为"丝路明珠"的敦煌，地处偏远，2006 年 8 月以前不通火车，交通是制约旅游业发展的瓶颈。敦煌铁路在 2006 年 8 月初以丝绸之路文化遗产建设推动西北文化产业发展试投入运营后，游客数量出现明显增长，成为推动敦煌旅游业发展的引擎。由此可以建议，建设一套完整的交通体系来贯穿河西走廊。河西走廊地域广阔，汽车交通不便，文化部门可与铁路部门合作，开通一条旅游专线，并配有景点介绍、文化副产品销售。

河西走廊文化产业建设中不可缺少配套的基础设施建设。例如，将景

点按地区分类规划合理线路，搭建文化表演舞台，支持民间演艺团体及个人进行表演活动。

三　整合发展文化产业园区

随着物质生活水平的不断提高，百姓的精神文化需求也在不断增长，要求文化领域融入更多的科技元素，从内容到形式不断推陈出新，令人赏心悦目。河西走廊具有发展文化创意产业的资源禀赋。要积极运用高新技术改造传统文化产业，运用电子出版、数字影视、网络传输等现代技术，催生新的文化业态，将这些文化产业整合成为文化创意园区，推进文化博览、动漫游戏、数字传输等新兴产业的发展。

四　依托新媒体进行文化产业宣传

现代社会信息产业网络化发展，各种类型的社交媒介发展迅猛，文化产业发展可以以此为契机搭建交流平台，加大文化产业宣传力度。使用灵活多样的宣传手段，如新浪微博、腾讯微博、微信等新兴的网络 SNS 客户端，并开通专门的网站。

1. 专门网站建设

针对各市区建设专门的文化产业网站。网站信息包括：历史文化简介、古代文化介绍、现代文化介绍、民族文化介绍、饮食文化介绍。定时发布最新的文化活动，网站建设使用中文、英语、法语、德语、西班牙语、韩语、日语讲解导览，并在网站实现参观预约。制作文化产业宣传片在网站滚动播出。

2. SNS 客户端建设

建设各市区文化攻略客户端。客户端具体内容包括：历史文化简介、古代文化介绍、现代文化介绍、旅游路线图、民族文化介绍、饮食文化介绍，并配以语言选择、讲解导览，实现"一机在手，畅游河西"。

五　合理规划，加强文化产业发展的区域联动

缺乏文化产业的整体规划，不利于从宏观的角度为文化产业的发展做出长远打算，也无法对区域内各城市在发展中的角色进行清晰定位，各城市优势得不到有效发挥，其文化资源也无法与区域内其他城市共享，反而会由于区域内经济发展的悬殊差距使得文化生产要素向发展较好的城市集

中，造成区域内文化产业发展水平差距的进一步扩大，不利于文化产业的可持续发展。因此，应当制定统一的文化产业发展规划，建立文化产业的联动发展机制，加强区域内联合优势，打造特色文化产业体系。

加强文化产业发展的区域联动应当从以下几个方面具体着手：第一，发挥中心带动、辐射周边的产业发展空间集群效应，以科学架构的文化产业空间布局为依托，平衡城市间的文化资源分布，优化区域间的资源利用率，实现文化产业整体的规模化、多元化、高效化、集约化发展。第二，注重文化产业发展的广度与深度，激活文化资源的市场价值，开发传统文化产业的发展新渠道，大力拓展新兴业态的发展空间。第三，发展文化产业，完善金融、税收、土地等方面的扶持政策，加强文化园区和交易平台建设，实施一批重点产业项目，支持重点企业做大做强，鼓励民间资本进入文化领域，探索符合市场经济规律的文化发展模式。

六　发挥优势，发掘资源多样化开发模式

河西走廊所处地域拥有深厚的历史文化资源和民族特色资源，要坚持合理科学地开发和利用，做好资源的保护工作，避免开发即破坏的恶性发展方式。

从制度上规范文化资源的开发、利用和保护工作。在实践中做好文化资源的整合工作，结合市场需求，全面开展对文化产业资源的整体评估，对文化产业的经济价值、社会价值进行综合测评以保证文化资源开发与市场需求的对接，实现文化资源的高效开发利用，同时整合周边文化资源，以避免不必要的资源浪费和同质化的产品竞争。充分挖掘文化资源的潜在价值，延伸产业的市场方向，将传统文化产业和新兴文化产业有机结合，促进共同发展，发挥协同发展优势。同时，要有重点地进行特色文化产业、优势文化产业的扶持发展，集中有限力量创造最大效益。进行市场调研，准确把握消费者心理需求和市场的发展趋势，对文化产业的发展进行明确定位，以实现文化产业的可持续发展。市场经济时代，就要以市场为主导，进行资源的开发和产业的经营，这样才能发挥文化资源的最大效能，也能避免对文化资源的盲目开发和大规模破坏。结合甘肃省民族多元化的地区特色，还应该加大对文化资源较为集中的民族地区的文化产业发展支持力度，给予政策、资金、技术、人才等多渠道、全方位的扶持，加快民族地区的文化产业发展，深挖利用民族文化资源，争取将文化产业打

造成民族地区经济发展的支柱产业。

七　拓展领域，进行文化产业创新

文化产业以创意为龙头，以内容为核心，发挥无限的创意就是利用有限的文化资源创造出无限的文化价值，因此提升文化产业的创新能力，对于文化市场的活跃发展意义重大。文化产业实现产业创新，发挥品牌效应，应该从以下几个方面着手：

首先，要积极推进观念创新，鼓励进行文化创意，拓展文化发展的新领域。积极推进观念创新，一方面要建立创新激励机制，从资金、技术、政策上给予扶持，设立技术改造专项资金及各类创投基金，设立企业技术创新示范奖项和优秀创新个人奖项，对符合市场需求和技术发展要求的自主创新产品给予支持，实行政府首购，支持创新项目的实施，激发社会的创新潜力，创造良好的创新环境；另一方面要将观念的创新转化为产业的创新，关键要落实在项目上，借助各种社会力量，加强与文化企业的合作，将创新能力应用于文化产业的项目实践中，实现观念与实践的对接。

其次，要积极推进品牌创新。品牌是现代企业发展的主要动力，打造强势的文化品牌，以优质的原创性文化产品和服务在市场竞争中取胜，才是文化产业可持续发展的不懈动力。品牌凝聚并体现着一个地区的功能、理念、整体价值取向，它在给地区带来社会效益的同时，也推动着经济发展。建设华夏文明传承创新区，必须树立品牌意识，着力打造特色文化品牌，精心打造甘肃特色优势文化产品，使资源优势变为经济优势来提升文化产业的综合竞争力。

八　人才利用，实施发展文化产业的人才工程

文化产业作为新兴产业，对人才的需求十分迫切，产业内各领域的人才缺口都很大，尤其是经营管理型人才和技术创新类的高素质人才更加欠缺。河西走廊文化资源转化能力低，许多文化资源没有有效地转化为产业资源，许多优势资源没有做大做强，与缺少优秀文化人才有很大的关系。人才队伍建设可以解决文化产业发展后劲不足和创新有限的问题，要切实推进"文化人才工程"的实施。

完善人才队伍建设，调整文化人才专业结构，壮大实用文化人才队伍，分层次对人才队伍进行完善，加大对中层文化人才和紧缺人才的培训

力度，并广泛选拔普通文化人才，维持现有文化专业人才。

要整合利用河西走廊内的教育资源，联合全省高校、全国高校自主培养人才队伍，并且联合全国甚至国外高校或研究机构进行文化人才的联合培养。大力发展职业教育，培养文化产业建设所需的特色职业人才。

第九章 兰白都市圈文化产业精品建设对策

第一节 兰白都市圈文化产业发展现状

一 兰白都市圈文化产业发展的区位要素

（一）区位优势

兰州市 5 区 3 县，白银市 2 区 3 县，定西市 1 区 1 县，临夏州 1 市 7 县，武威市天祝县总面积 55825 平方公里，占全省总面积的 12.3%。其中，兰州市 5 区 3 县拟作为兰白都市经济圈的中心城市。从历史渊源、区位优势、经济集聚度和资源互补性等各方面来看，兰州作为甘肃省经济、政治、文化的中心，白银作为全国重要的有色金属工业城市和首批资源枯竭转型城市，经过多年的开发建设，形成了地缘相近、人缘相亲、优势相补、经济相联等一些重要特征，具有相当有利的建设文化产业区的基础。①

（二）区位劣势

甘肃省位于我国西北内陆地区，是中国内地的地理中心，从行政区划上看，兰州市是一个副省级省会城市，白银市、武威市、定西市为地级市，临夏回族自治州为自治州（见表1）。

---

① 刘基、徐兆寿：《华夏文明在甘肃：创新发展卷》，人民出版社 2013 年版。

表1 兰白都市圈各地市人口土地概况 (2010年)①

城市	城市级别	土地面积 (万平方公里)	常住人口 (人)
兰州	副省级城市	1.31	3616163
白银	地级市	2.12	1708751
武威	地级市	3.32	1815054
定西	地级市	1.96	2698622
临夏	自治州	0.82	1946677
合计		9.53	11785267

二 兰白都市圈文化产业发展的资源要素

（一）黄河文化

兰州市地处黄河中上游，是黄土高原、青藏高原、内蒙古高原的交会处，生活在黄河两岸的先民创造了灿烂的黄河文化，其中有黄河彩陶文化、黄河水利文化、黄河渡口文化。丰富的文化资源亟待整合，形成文化产业链条，走向经济化的市场。

（二）丝路文化

兰州"大道通西域"，自古就是中原通往西域的必经之地。在历史长河中，兰州也成为军事重镇，丝路历史文化名城。以敦煌文化为主体的丝路文化成为兰州文化艺术创作的永恒载体，《丝路花雨》《大梦敦煌》歌舞成为经典之作。丝绸之路文化精神的核心"开放发展"，正是兰州发展中努力的新方向。

（三）民间艺术文化

丰富的非物质文化遗产是历代兰州人民智慧的结晶，是兰州文化的根基和重要组成部分，有极高的历史价值和艺术价值，不少为全国仅存或独有。兰州太平鼓舞、苦水高高跷、兰州鼓子、黄河大水车入选国家级非物质文化遗产保护名录。这些文化遗产至今仍有着广泛的影响力，彰显着兰州这一文化古城的文化魅力。

（四）宗教文化

自古以来，兰州就是中原汉文化与西北少数民族文化、东方文化与西方文化交流融合的重要场所。儒、释、道三教文化在兰州融合发展，著名风景区五泉山就是这样一个典型，更兼有白云观、西关清真寺、山字石教

---

① 甘肃省政府门户网站，http：//www.gansu.gov.cn/。

堂等宗教名地。

（五）民族文化

兰白都市圈内的城市是多个民族的聚集地。不同时期的民族都依据本民族的经济生活、文化风俗及民族心理积极适应客观环境，吸收、融合其他民族文化，从而创造了丰富多彩的民族文化。在每一次大变革中产生的"大迁移"使得许多先民成为"土著"居民，他们一起生活创造了辉煌的文化。

（六）现代科技文化

兰州是西北科学研究重阵，也是西北文化教育的中心，在西部具有较突出的人才优势和技术优势，科研单位和高等院校集中。目前，兰州有以中科院兰州分院为代表的科研开发机构 700 多家，以重离子加速器为代表的国家重点实验室 10 个，以兰州大学为代表的高等院校 18 所。可以说，有丰富的人才资源和实战平台，为兰白都市圈文化产业发展打下坚实的基础。

三 兰白都市圈的文化产业集群

每一座城市都是有生命的城市，在历史的传承和前瞻的创新中，不断地重新构建新的文化空间。要根据城市的产业传统和文化遗产，结合文化资源，进行产业集聚，形成创意、资金、人才和技术的组合关系，建设新的文化产业圈。

（一）产业集聚中的波特竞争优势理论

集群理论认为，产业集群更有利于规模经济和集群效应的发挥。在兰白都市圈的建设中必不可少的建设形式是文化产业园区。文化产业园区作为一个特殊的产业集群，其优势表现为：第一，产业集群内的企业通过在群内的生产力对群外的企业产生影响；第二，集群内的企业通过采取低成本技术创新为将来的发展奠定了基础；第三，集群的环境有利于新企业的产生和集群规模及其影响的扩大。可以说，在产业集群中，可以使其中的文化生产力更加有竞争力。

（二）文化产业园区的要素

文化产业园区是一个具有鲜明文化形象并对外界产生一定吸引力的集生产、交易、休闲、居住为一体的多功能集聚区，文化产业园区有三方面的特征：人力科技资源丰富、集聚区内产业集聚发展、具备服务平台支撑。

成功的文化产业园区具有八要素：第一，城市文化中心，建筑遗迹与文化带；第二，在财富创造意义上的创意经济增长；第三，存在并利用转向性的文化资产委员会机构；第四，文化基础设施与旅游人口流量；第五，大学教育劳动资源储备及其价值不断提升的就业岗位；第六，信息技术；第七，文化多样性与形象；第八，防范沦为特权阶级的工具。①

（三）产业集聚区

兰州是西部地区主要的中心区，建设文化产业集聚区，促进产业、生产要素、环境的有效整合和优化配置，更好地发挥中心城市在人流、物流、资金流、科技流等方面的集聚扩散优势，是实施西部大开发战略的主要举措，也是城市现代化和区域经济文化发展的客观要求。

兰州文化资源丰富，依托甘肃彩陶、汉简、古生物化石、黄河奇石、石窟艺术等资源优势，建设非物质文化遗产博览中心、文化中心、陈列馆、博览园，在兰州形成传统文化博览集聚区。

在兰州，以黄河风情线为轴线，打造黄河文化产业集聚区。将现有的水车文化、生态园连成一体，形成集文艺演出、休闲娱乐、体育健身于一体的综合型兰州黄河文化产业集聚区。

将敦煌文化资源宝库化为兰白都市圈文化产业发展的重要资源和机遇。依托兰州的歌舞剧院、省歌剧院等艺术院团和一些学院资源优势，以学术为基础，结合实际，整合资源培养人才，发展好敦煌文化。

四　兰白都市圈文化产业发展总览

兰白都市圈中五地市从业人员、文化产业增加值比重都有差异，其中，增加值和比重也反映出了文化及相关产业的发展与各地经济发展水平、当地的文化底蕴、发展理念等有着较强的依存关系。

据数据来看，文化服务和相关文化服务情况从区域发展情况分析，其存在着明显的区域差距和发展的不平衡性，其中：2011年兰州市从业人员达30526人，文化产业增加值为22.2亿元，占全省增加值比重的41.91%，为14个州市之首；临夏州所占比重最少，仅为2.93%。从甘

---

① Simon Roodhouse, *Cultural Quarters*. 2010. 11.

肃省整体情况来看，定西市与临夏州属于发展滞后地区（见表2）。

表2   兰白都市圈2011年文化及相关产业发展情况①

地区	从业人员 （人）	文化产业增加值（万元）	增加值占全省文化产业 增加值比重（%）
甘肃省	96500	529985.03	100
兰州市	30526	222095.47	41.91
白银市	5739	25545.35	4.82
武威市	5142	23900.00	4.51
定西市	5911	19127.31	3.61
临夏州	4043	15536.20	2.93

不难看出，在甘肃省内，经济发达的兰州市占据着有利的发展条件，发展情况良好。白银市、武威市、定西市的文化产业及相关产业发展状态受到经济地域限制，但也有长足发展。临夏州的经济较为落后，文化产业发展滞后。总体来看，在兰白都市圈中兰州市起着至关重要的作用，其余四地市需要兰州市的积极带动。

（一）兰州文化资源力

党的十八大提出"文化产业要成为国民经济支柱产业"，兰州也建设了创意文化产业园，发展传媒、出版、演艺、策划等文化产业。重点建设项目有读者集团、兰州歌舞剧院。

兰州市重点文化有黄河文化、丝路文化、民俗文化。兰州打造以黄河为载体的平台，把兰州建成丝绸之路精品旅游节点城市、西北区域旅游集散中心和西部重要的旅游目的地。重点建设黄河文化主题公园，加快开发八路军办事处、兰州战役纪念场馆，改造、提升五泉山、兰山、白塔山、金城关、兰州碑林，形成黄河风情线骨干景区。在演出剧目上有《大梦敦煌》《丝路花雨》《黄河魂》等代表性文化精品，在民俗文化和非物质文化遗产方面，有丰富的资源，如大彩陶复制、黄河奇石、微雕葫芦、黄河水车、特色景观工艺品等。

---

① 欧阳海杰：《甘肃省文化产业现状：存在区域差距和发展不平衡》，《西部商报》2013年2月25日，http://xbsb.gansudaily.com.cn/system/2013/02/25/013704389.shtml。

（二）白银文化资源力

白银文化资源丰富，有以黄河石林为代表的黄河文化，以国家矿山公园为主体的工矿文化，以会宁会师旧址为代表的红色文化，以大敦煌影视城为核心的影视文化，以陶艺、铜艺为主的民间民俗文化。目前，白银重点建设白银会宁红色文化产业园、景泰影视文化产业基地、平川休闲文化产业园、白银新天地文化商业示范基地、工矿遗址实景体验基地、黄河民俗风情文化产业带六大产业集聚区。[①]

（三）定西文化资源力

定西位于甘肃省中部，通称"陇中"，是中华民族黄河文明的重要发祥地，是古"丝绸之路"重镇，也是新欧亚大陆桥必经之地。境内有马家窑文化、齐家文化、辛店文化、寺洼文化等史前文化，有甘肃四大文化之一的陇西李氏文化。同时，还有风景秀丽的生态旅游胜地国家4A级景区漳县贵清山、遮阳山和被列入全国百个红色旅游经典景区的中共中央政治局榜罗镇会议纪念馆和中共中央西北局岷州会议纪念馆等旅游文化资源。

（四）临夏文化资源力

临夏有硕大无朋的恐龙化石与恐龙足印，拥有世界6项之最的古动物化石，有新石器时期马家窑、齐家文化彩陶，是黄河上游中华民族的发祥核心区域。临夏的大夏文化与华夏民族密切相关，史载"禹出大夏"，有大禹治水的黄河发源地，历史文化之辉煌，执远古文明之牛耳。这里曾是古丝绸之路南道之要冲，唐蕃古道之重镇，茶马互市之中心，牧业藏文化、农业儒家文化、重商的伊斯兰文化交相辉映，民族风情独特，民族建筑庄严肃穆，"河州花儿"唱响国内外，保安腰刀、雕刻葫芦、砖雕、傩戏等25项非物质文化遗产富集，西秦古国都城、河湟雄镇虎踞陇上，人物荟萃，唐称"富庶"、明谓"乐土"，黄河文化与黄土高原文化积淀摄人魂魄，令人惊叹；还有黄河三峡、莲花山、松鸣岩等优美的自然风光，等等。

第二节　兰白都市圈文化产业发展存在的问题

一　文化产业发展基础差、底子薄、发展不均衡

在以兰州市为中心辐射的兰白都市圈，居民的文化消费在居民收入中

---

① 中共白银市委宣传部《发展文化产业推动转型跨越文化产业和文化改革发展政策文件汇编》，2012年4月。

所占的比例得到显著提升，但是居民的文化消费水平仍有待提高，文化消费对甘肃省文化产业发展的带动作用较弱，对经济增长的拉动力不足。

兰白都市圈的文化产业仍旧处于建设阶段，其中在 2013 年兰州市文化产业增加值为 41.06 亿元，同比增长 38.74%，占全市 GDP 的比重达到 2.31%，文化产业法人单位 2584 家，法人单位从业人员 4.6 万人，总资产 198.53 亿元[1]；2013 年白银市文化产业增加值为 5.1 亿元，同比增长 47.83%，文化企业达到 666 个[2]；2013 年武威市文化产业实现增加值 4.2 亿元，增长 40.83%[3]；2013 年定西市文化产业实现增加值 3.77 亿元，比上年增长 38.62%，增长速度达 60.76%，占全市 GDP 的 1.49%[4]；2013 年临夏州全年完成文化产业增加值 3.46 亿元，比上年增长 39.13%，文化产业从业人员达到 8977 人，比上年增长 31.9%[5]。

兰白都市圈文化产业发展中各地差异明显，首先表现为兰州市经济状况在兰白都市圈中处于优势地位，其文化产业发展状况良好，增长数值大，白银市依托工业发展，同时大力发展文化产业，增长幅度较大。兰白都市圈仍旧处于以工业经济为核心的发展阶段，传统产业所占比重过大，文化产业实力薄弱，文化增加值不断提高。其次表现为文化产业内部结构不合理，基本以传统文化经营为主，以信息化、数字化为核心的新兴产业，如现代传媒、动漫游戏、数字视听、演艺娱乐、文化旅游、网络文化、会展博览等发展缓慢，文化产业整体实力有待增强，产业结构仍需继续优化。这一现状表明，兰白都市圈中兰州市对于文化产业发展的带动作用尚没有得到充分发挥，其对经济增长的拉动力较弱，需要继续刺激文化产业的发展潜力。

从整体上看，兰白都市圈的文化产业仍处于起步阶段，且区域内部发展差距较大，尤为突出的是兰州市与白银市情况发展较好，其余三市州整体文化产业发展不均衡，按照社会学理论，如果这种区域性差距得不到有效控制，将在未来数十年内呈现巨大差异，不利于兰白都市圈文化产业的整体发展和各地区经济的平衡。

---

[1] 兰州新闻网，http://rb.lzbs.com.cn/html/2014-02/20/content_513331.htm。
[2] 白银市 2013 年政府工作报告。
[3] 2013 年武威市国民经济和社会发展统计公报。
[4] 2013 年定西市国民经济和社会发展统计公报。
[5] 2013 年临夏州国民经济和社会发展统计公报。

二　文化产业资源优势明显，但潜力有待开发和培育

兰白都市圈所处地域文化历史悠久、类型多样、资源丰富、底蕴深厚。2014 年 6 月 22 日，中国联合哈萨克斯坦、吉尔吉斯斯坦将"丝绸之路"申遗成功，使得古丝绸之路成为中国最具世界品牌价值的旅游产品之一，兰州、白银、武威作为古丝绸之路上的黄金地区，有着丰厚的丝绸之路文化。从文化品牌来看，《读者》享誉世界，铜奔马、牛肉面、古生物化石等品牌亟须大力开发并可走向世界。从历史文化来看，兰白都市圈的文化具有唯一性、源头性、丰富性和深厚性等特点，还有丰富的民族文化，更使这一区域的文化显得多姿多彩。从地理文化来看，戈壁绿洲、沙漠草原、黄河落日等景观使得这一区域更具魅力。但是，目前从整体来看，兰白都市圈的文化产业生产能力不足，部分区域的文化资源闲置，文化活力没有充分发挥，使这些资源优势并没有充分地转化为经济优势，文化产业进一步发展的潜力有待开发和培育。

三　产业结构不合理

从文化产业构成来看，核心层文化产业仍是整个文化产业的核心部分（见图 1）。但从兰白都市圈文化产业现存发展状况分析，仍存在着结构不合理的问题，主要表现为传统文化产业比重过大，新兴的文化产业比重偏小，基本上以传统文化经营为主，以信息化、数字化为核心的新兴产业，如现代传媒、动漫游戏、数字视听、演艺娱乐、文化旅游、网络文化、会展博览等发展缓慢。

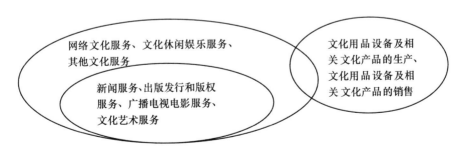

图 1　文化产业核心层、外围层、相关层示意图

四　文化产业园区效益有待发挥

作为文化产业发展的重要载体和渠道，兰州市文化创意产业园区、白银市平川休闲文化产业园、景泰影视文化产业基地、临夏民族文化产业园、武威雷台天马文化产业园等有特色的文化产业园区建设发展顺利。这些园区（基地）涉及国有企业、民营企业，涵盖文化旅游、文化创意、图书期刊、文物仿制、工艺品、民俗文化等众多文化产业领域。文化产业园区的规模普遍偏小、发展速度缓慢，只有一部分园区运作良好，但是大多数园区正在建设当中，其应有的效益还未显现。

五　重点领域优势初步显现，但缺少具备竞争力的文化产业主体

产业主体是产业发展的关键。兰白都市圈文化产业主体以民营资本的中小企业为主，除了几个国有大型文化企业集团外，还没有形成一批在国内外有影响的大型文化企业集团。一方面，企业投资多以自筹资金为主，且多以中小企业为主体，主要分布在文化旅游、娱乐、文化产品销售等领域。企业规模弱小，层次和规模还达不到产业发展的要求，造成甘肃省文化产业可持续发展能力较低。另一方面，文化产业单位普遍缺乏活力，创新能力不足，没有形成创新激励机制，使现有文化资源得不到充分有效的利用，造成文化资源大量闲置和浪费，制约了文化产业的发展。现有的文化产业领域中，具有核心竞争力的企业不多，具有创新实力的企业更少。

六　居民的文化消费力不强

文化产业的持续发展离不开文化消费的繁荣，大力促进文化消费是加快发展文化产业的前提条件和必然选择。作为文化产业链上的最终环节和促进居民消费结构升级的重要力量，文化消费对于拉动文化生产、提高国民素质和推动甘肃省产业结构的优化升级有着十分重要的意义。

随着经济的快速发展，兰白都市圈的城镇和农村居民的收入水平得到了较快提升。与此相应，兰白都市圈居民的传统物质消费层次逐年得到提升，物质生活质量逐步得到改善，但是兰白都市圈居民的文化消费水平并没有提升。

七　文化产业高素质人才极度缺乏

兰白都市圈文化产业的发展面临着严重的人才瓶颈，主要体现在两个方面：一是高素质人才匮乏；二是人才结构不平衡。人才结构的不平衡主要表现在三个方面：首先，文化产业人才专业结构不平衡，文化产业从业人员的知识水平普遍偏低，且主要集中在科研、演艺及文化市场经营领域，缺乏专业型、管理型、创新型的高素质人才。新闻影视、信息传媒、动漫创意等新兴业态人才普遍供应不足，并且人才流动性大，外流现象严重。其次，文化产业人才区域结构不平衡。大部分文化人才集中在兰州市这个相对发达的城市地区，其他城市或农村由于经济水平低、地理位置偏远等原因，很难吸引人才到当地发展，留住人才更加困难。最后，在传统的民俗文化领域，文化传承断代现象严重，传统文化技艺后继乏人。一些传统的文化工艺品制造业、民俗文化传承产业以及其他非物质文化遗产产业等，人才年龄结构老化，缺乏年轻力量的注入，造成后继无人的困局，是限制传统文化产业发展向规模化、专业化发展的重要因素。

兰白都市圈中的一部分市州的地理位置并不占有优势，对人才引进造成了一定的困难，但是形成兰白都市圈文化产业发展人才困局的根本原因还是在于整个社会人力资源体系的不健全。首先，教育培养与人才需求结构不相适应，对职业教育重视程度不够，教育资源更多地向基础教育与高等教育倾斜，在培养过程中没有适应社会经济发展的要求，使得本来应该与社会人才需求对接性最好的培训渠道不畅，造成具有专业技能的一线人才极度缺乏；其次，人力资源管理机制僵化，没有健全的人力资源管理体系，人才的培养、引进和留用等政策规划不到位，管理混乱，在社会上也没有形成良好、宽松的用人环境，这都加剧了文化产业人才的匮乏程度。

八　文化资源没有有力开发

兰白都市圈有文化历史悠久、类型多样、资源丰富、底蕴深厚的特点，但是目前区域文化产业生产能力不足，部分文化资源闲置，文化活力没有充分发挥，使这些资源优势并没有充分地转化为经济优势，文化产业发展潜力有待进一步开发和培育。兰白都市圈文化资源开发力度不够，主要体现在：文化资源的整合力度不大，城市的文化资源整合措施基本停留在进行文化产业园区建设阶段；文化资源开发层次较低，基本停留在对文化遗址的修缮、扩建和历史素材的整理上；文化资源开发模式和文化产品也比较单一，主要以旅游业发展为主，以开发旅游周边产品为主，缺乏对文化资源的深度挖掘；文化产业相关产业没有做出效果，配套服务设施没有随着产业建设完善。

第三节　兰白都市圈文化产业发展的战略

党的十八大报告提出，要推动文化产业快速发展，到 2020 年全面建成小康社会，文化产业成为国民经济支柱性产业，描绘了文化产业新的发展蓝图。在习近平主席提出"丝绸之路经济带"后，兰白都市圈依托地理优势，文化产业面临良好的发展机遇，具备巨大的发展潜力。

一　创新观念，提升文化产业发展的内生力

在新形势下，必须创新观念，推动国有文化企业进行公司制或股份制改造，打造一批有实力、有竞争力和影响力的国有或国有控股的文化企业和企业集团。加快民营文化企业的发展，形成一批有实力、有活力的文化市场主体。在做好文化产业发展规划的同时，集中自身优势，建设一批机制灵活、运作高效的产业化基地，建立多条文化产业链，形成优势产业群，发挥产业集群效应，壮大文化产业规模，增强区域核心竞争力。同时，要制定完善的文化产业政策法规，创建适应市场经济体制的文化产业经营体制和经营组织，鼓励非文化企业、民间资本向文化产业投资，积极吸引外地有实力、有知名品牌的文化产业资本参与文化建设。

二　树立品牌意识，打造特色文化品牌

一个品牌凝聚和体现着一个地区的功能、理念、整体价值取向。它在给地区带来社会效益的同时，也推动着经济发展。要实施品牌战略，拿出一个品牌作为城市的形象，带动产业发展。同时，应重视与文化建设方面相关的基础性工作。充分挖掘自身丰富文化历史资源，借鉴和吸收国内外优秀文化思想，形成具有兰白都市圈特色的文化品牌。2014 年 11 月 8 日，加强互联互通伙伴关系对话会在北京钓鱼台国宾馆举行，习近平主席提出，中国将出资 400 亿美元成立丝路基金，这对于兰白都市圈的文化产业建设是一个新的契机。各文化企业或个人可借此机会大力发展自身的文

化产业。在兰州建设文化创意产业园，实施政府监管，鼓励民营资本的注入。白银市景泰地区的影视基地建设也可实现产业与旅游相结合，协同发展。

三 大力发展文化创意产业

兰白都市圈具有发展文化创意产业的资源禀赋。文化创意产业对兰白都市圈文化产业的创新发展具有显著的推动和示范引领作用。要积极运用高新技术改造传统文化产业，运用电子出版、数字影视、网络传输等现代技术，催生新的文化业态，大力发展文化创意、文化博览、动漫游戏、数字传输等新兴产业，提高文化创意产业业态水平。要以文化内容创新为基础，积极开发相关衍生文化产品，延伸文化产业链，提高优秀文化产品的市场占有率。

四 创造文化消费环境，提升文化消费力

加大对公共文化基础设施的投入，促进居民的文化消费，加大对图书馆、文化馆、科技馆、博物院、文化广场、社区文化设施等的资金和人员投入，并依托这些公共文化设施开展内容丰富、形式多样的文化活动，这些文化活动要在满足居民实际文化需求的基础上，以先进文化理念、现代化的文化发展方向引导居民提高文化消费水平和质量。

五 大力发展特色文化产业配套设施建设

实施重大项目带动战略，以全国华夏文明保护传承和创新发展示范区、"丝绸之路经济带"作为载体，围绕"一带"，建设"三基地"，打造"十三板块"。推动文化旅游、民俗工艺品开发、演艺、图书出版发行等传统文化领域包装，重视动漫、数字内容、网络传媒、文化休闲等新兴文化产业前沿领域。临夏州建设的"古生物化石博物馆"应当依据当地实际情况，建立一个完整的交通网络。在国内，上海观光巴士于2008年1月8日开通，现有观光线路三条，连接了上海各著名景点。兰白都市圈各城市间距离相对较短，可以依照上海开通相应的旅游观光线路，以满足不同游客的需要，并在巴士上配置景点简介及相关信息。

六 加大兰白都市圈城市文化宣传

随着传媒产业的发展，宣传片已经成为展示一个城市风貌的重要手段，宣传片不仅体现了城市的特色，还能够加强各地区间文化产业发展的区域联动。宣传片制作从兰白都市圈的每一个市区着手，体现自身特色，并融合文化产业特色。定期举办文化节、交流会、贸易洽谈会等形式的交流活动，并积极与国内国际有关机构进行合作，做到"走出甘肃，面向全国，冲出亚洲"。

第十章 甘肃省文化体制改革现状及对策研究

第一节 前言

　　文化建设是中国特色社会主义五位一体总体布局的重要内容，文化体制改革是我国全方位改革事业的重要组成部分。按照党的十八大关于全面深化改革开放的目标任务和扎实推进社会主义文化强国建设的总体要求，十八届三中全会《中共中央关于全面深化改革若干问题的决定》对推进文化体制机制创新做出的新的重大战略部署中鲜明提出，建设社会主义文化强国，增强国家文化软实力，必须坚持社会主义先进文化前进方向，坚持中国特色社会主义文化发展道路，巩固马克思主义在意识形态领域的指导地位，巩固全党全国各族人民团结奋斗的共同思想基础[①]。党的十八大报告提出，建设社会主义文化强国，必须深化文化体制改革，解放和发展文化生产力，增强文化整体实力和竞争力，让一切文化创造源泉充分涌流，增强全民族文化创造活力。2014 年 2 月 28 日，习近平总书记主持召开中央全面深化改革领导小组第二次会议，审议通过了《深化文化体制改革实施方案》，新一轮的文化体制改革进入全面实施阶段，全国文化体制改革浪潮此起彼伏。近五年，我国文化产业发展增速一直保持在 20%左右，远高于同期 GDP 增速。2013 年，我国文化产品进出口总额达274.1 亿美元，其中出口 251.3 亿美元，文化服务进出口 95.6 亿美元，其中出口 51 亿美元[②]。

　　甘肃省地处黄河上游，东邻陕西，南接巴蜀、青海，西望新疆，北

---

① http://www.ohsx.com/News_View.asp? NewsID = 39059.
② 《第三届京交会·中国文化贸易发展国际大会实录》，2014 年 5 月 28 日。

扼内蒙古、宁夏，是古丝绸之路的必经之地和黄金路段。甘肃是中华文明的重要发祥地之一，有着非常丰富的文化资源，而且民族民俗文化特色十分鲜明，如兰州黄河文化、天水伏羲文化、酒泉航天科技文化，以及《读者》杂志、敦煌艺术、庆阳香包等，这些文化资源在国内外都有一定的影响力。① 在文化推广方面，近年来甘肃大力推广"华夏文明在甘肃"及"丝绸之路经济带"，并出台相应的建设总体方案，活动态势如火如荼。甘肃省自 2006 年进行文化体制改革以来，全省的文化体制在更多的层面、更深的层次上进行了深刻科学合理的改革，并且于2012 年 5 月基本完成了文化体制改革。这一阶段甘肃省文化体制改革的成效明显，但成果还不稳固，一些制约文化科学发展的深层次矛盾和问题还没有完全破解，文化创新环境还有待进一步优化。因此，必须要按照党的十八大的重要战略部署，按照中央全面深化改革的部署和要求，拿出更大的勇气和智慧，推进文化体制机制创新，确立新目标、规划路线图、实施新举措，进一步解放和发展文化生产力，为社会主义文化强省建设打下更加坚实的基础②。

因此，本章主要利用文献分析法和比较研究方法来分析。文献分析法又称历史法，是通过查阅和收集各种文献，分析研究一些记载社会现象的相关载体，可以通过多个渠道获得文献，是一种间接的社会研究方法③。比较研究法是最基础的研究方法，也是最常用的研究方法，是对物与物之间和人与人之间的相似性或相异程度进行研究与判断的方法④。本章一是参照中央、地方所出台的有关文化体制改革的政策文件，以及对文献资料进行整理和分析，提炼出所需要的文献资料；二是对照比较其他地区成功的案例进行分析参考，从成功案例中获得可参考性经验，从而提出甘肃省文化体制改革的参考性策略和途径。

第二节　国内外研究现状

国内方面，对我国文化体制改革方面的研究方兴未艾，研究者主要集

---

① 贺栋龄：《甘肃省文化体制改革研究》，硕士学位论文，兰州大学，2008 年。

② http://www.ohsx.com/News_ View.asp? NewsID = 39059.

③ 袁方：《社会研究方法论》，北京出版社 2004 年版。

④ http://baike.baidu.com/view/3848907.htm，2011 年 12 月 15 日。

中在两类机构里：一是国家党政机关，如中共中央宣传部文化体制改革和发展办公室、国家发展和改革委经济体制办公室等；二是高校的专业研究人员，如清华大学、兰州大学、西北师范大学等高校都开设了行政管理专业和传媒专业的研究生点，涉及文化产业、文化管理方面的研究。

在论著方面，比较有代表性的有中共中央宣传部文化体制改革和发展办公室编的《文化体制改革经验100例》，国家行政学院出版社出版的《文化体制改革和文化建设》，社会科学文献出版社出版的《中国文化产业发展报告》，学林出版社出版的《国际大都市公益文化比较研究》等。

在研究论文方面，期刊学术论文的研究规模较大，主要探讨全国整体的文化体制改革方法和策略的论文较多，而立足地方的文化体制改革的论文则相对较少。这方面的期刊论文主要有：齐勇锋的《文化体制改革难点探析》；张涛甫的《文化体制改革的前沿探索——试论上海文化体制改革》；陶彦霓的《文化体制改革与文化创新》；李本乾的《上海文化产业发展与文化体制改革协同推进研究》等。

国外方面，国外对文化体制改革的研究很少，主要原因是政府对文化体制的干预较少，另外这些国家大多为资本主义国家，其文化产业的市场化比较明显，西方的研究多集中在文化产业、文化政策、法律方面。鉴于国外文化产业市场的相对成熟化，我国也有借鉴其经验的相关论文发表，例如：苑捷的《当代西方文化产业理论研究概述》；常凌翀的《中西方文化产业理论嬗变对比研究》；陈蜜的《日本文化产业大国战略研究》等。总的来讲，外国文化体制虽然也存在着调节的问题，但如此大规模的文化体制改革却是我国特殊国情的产物①。

第三节　甘肃省文化体制改革现状与问题

一　甘肃省文化体制改革关于市场主体的问题

以党的十八届三中全会为标志，新一轮改革大潮已经启动，文化体制改革进入一个新的阶段。要求正确处理党委、政府、市场、社会之间的关系，加快完善文化管理体制和生产经营机制，为文化繁荣发展提供制度保

---

① 贺栋龄：《甘肃省文化体制改革研究》，硕士学位论文，兰州大学，2008年。

障和内生动力①。

2013 年，甘肃省以华夏文明传承创新区建设为总揽，采取有力措施，加速文化产业发展，全省文化产业增加值首次超过百亿元，达到 108 亿元，同比增长 38%，占全省 GDP 比重达 1.71%。全省文化法人单位达到 7958 家，从业人员 17.1384 万人，总资产 513.89 亿元，较 2012 年分别增加了 3205 家、5.93 万人和 215.63 亿元，同比增长了 67%、53% 和 72%，增速明显②。值得一提的是，在甘肃省文化体制改革中，甘肃省杂技团成了人们津津乐道的对象，因为它不光是甘肃省转企改制文艺院团中"敢吃螃蟹的第一人"，而且在市场大潮中站稳了脚跟，实现了华丽的转身③。文化体制改革的市场主体的转变涉及网络文化领域、广播影视领域、新闻出版领域，以及文化艺术领域。

但是与全国相比，甘肃省文化资源虽处在中上游位置，而通过对文化资源的开发利用和再创造形成的文化能力，则与甘肃省经济社会发展一样，在全国视野下处于明显的下游位置；与西部各省（区）相比，除文化大省陕西外，甘肃具有明显的文化资源优势，但形成的文化能力也只能位居中游，甚至下游④。甘肃对文化资源的开发利用和再创造能力较弱，缺乏市场竞争力。

二　文化事业单位改革问题

以前我国文化单位按照政府财政拨款的多少来划分，市场属性不明，政企不分、政事不分、管办不分，这些现状和问题构成了束缚文化生产力发展的体制性障碍⑤。2013 年《西北蓝皮书》《甘肃蓝皮书》成果发布，甘肃省国有经营性文化单位转企改制工作全面告捷。其中国有文艺院团体制改革全面完成，初步统计，注销事业法人 72 个，核销事业编制 2826 个。该蓝皮书指出，甘肃省报刊产业第一批非时政类报刊出版单位体制改革全面完成。纳入第一批非时政类报刊出版单位体制改革范围的有报纸 11 种，期刊 16 种。按照中央要求，在这次改革中撤销了 3 家，整合了 9

① http://gs.people.com.cn/cpc/n/2014/03/26/c339613-20861984.html.
② http://www.gs.chinanews.com/news/2014/01-22/225521.shtml.
③ http://news.xinhuanet.com/local/2012-06/15/c_112221005.htm.
④ 贺栋龄：《甘肃省文化体制改革研究》，硕士学位论文，兰州大学，2008 年。
⑤ 王玉玲：《探析我国文化体制改革的新发展》，《行政与法》2011 年第 12 期。

家，转制了 15 家，注销事业法人 13 个，核销事业编制 90 个。市县电影发行放映单位改革全面完成。全省 67 家市县电影公司完成了转企改制，注销法人单位 50 家，核销事业编制 548 个。67 家市县电影公司，覆盖全省 2/3 以上的市县。出版发行实现全行业转企改制。甘肃人民出版社、省新华书店、甘肃文化出版社、兰州大学出版社、省音像教材出版社全部转企改制，读者出版集团已完成股改，正加快推进股份公司上市；国有文艺院团体制改革全面完成，79 家国有文艺演出院团中，除中央批准 7 家保留事业体制，省上批准 3 家划转、6 家撤销外，其余 63 家全部转制为企业①。但是甘肃省改制前底子薄，市场竞争力弱，改革后如何发展，成了各国有经营性事业单位改制后所面临的共同问题。机制改革后，人才的匮乏成为改革成效的短板，甘肃文化企业现在所面临的正是既缺少有创意头脑的艺术家，又缺少有丰富文化艺术生产和营销的管理人才的尴尬局面，而在以现代科技为支撑的新兴文化产业领域，人才奇缺问题更加严重②。此外，甘肃文化领域长期存在"小、散、滥"，产业集中化和集约化经营水平较低。

三　公共文化运行机制问题

自文化体制改革以来，甘肃公共文化建设取得了重大成就，以甘肃省博物馆为代表的创新公共文化服务模式，其服务更加人性化、便利化，为更多观众提供了更为便捷高质的公共文化服务。2013 年，金昌市被正式命名为国家公共文化服务体系示范区并授牌，成为甘肃省唯一获此殊荣的城市，达到了"西部创建标准"的各项要求，创造出了一些在西部乃至全国都具有示范借鉴意义的经验和做法③。

然而，这种创新公共文化服务的模式却是凤毛麟角，甘肃公共文化服务平台的服务质量和水平较之东部发达地区还显得相对薄弱。人员竞争激励机制相对薄弱，公共文化服务资源相对短缺，向社会成员分配的文化财富十分有限，公共文化服务产品分配不均，社会不同群体无法共同享有文化成果，其中突出的问题还有弱势群体文化生活比较匮乏，文

---

① http：//www. gs. xinhuanet. com/news/2013 - 01/10/c_ 114321684. htm.
② 彭江嘉：《甘肃文化市场发展中的问题分析》，《甘肃金融》2012 年第 6 期。
③ http：//www. gs. xinhuanet. com/news/2013 - 11/17/c_ 118171231. htm.

化产品缺乏长效服务能力，后期管理难以为继①。

四 文化产业发展问题

甘肃旅游文化资源丰富，是世界历史文化遗产丝绸之路的重要地段，拥有 3 个国家级风景名胜区，4 个国家级历史文化名城。由于甘肃地理位置特殊，地形狭长，既有黄河流域又有长江流域，地理地貌丰富；人文景观众多，古丝绸之路、敦煌莫高窟享誉中外，《丝路花雨》《大梦敦煌》等文化精品创造了丰厚的文化经济价值。

我国文化产业发展的时间短，同时由于细分行业的分头管理导致文化企业规模不大。目前过分强调文化公益性质而忽略了产业性质，因此在过去几十年中，我国的文化产业都是通过政府主导的事业单位作为事业来经营，而不是作为产业来经营。目前，文化产业还处在起步阶段，文化企业的规模普遍比较小一些，缺乏规模效益。② 近几年在文化体制改革的浪潮下，2013 年甘肃文化产业实现增加值 105.8 亿元，比上年增长 35.6%，占国内生产总值的 1.7%。作为甘肃省会城市的兰州市，在 2013 年实现文化产业增加值 26 亿元，占全省的 39.7%，同比增长 37%，比全省高出 3 个百分点，占全市 GDP 比重的 2.04%；文化产业完成投资额 60.146 亿元，占全省完成总额的 25%；招商引资实质性签约合同金额已完成 294.3 亿元，占全年目标的 102.5%；招商引资到位资金已完成 58.657 亿元，占全年目标的 56.94%，占全省招商引资到位资金总额的 26.2%③。

在文化产业建设方面，甘肃和东部沿海省份相比有很大差距，文化产业基础设施及发展情况较东部发达省份相去甚远。基本情况对比如下：

2013 年年末甘肃省共有文化馆 103 个，公共图书馆 103 个，博物馆（含纪念馆）143 个，国有艺术表演团体 69 个。广播和电视综合人口覆盖率分别为 97.69% 和 98.04%，分别比上年提高 0.80 和 0.48 个百分点。有线电视用户 207.34 万户，增加 3.06%；有线数字电视用户 196.09 万户，增长 21.22%。省级报纸出版 5.12 亿份，比上年增长 3.0%；期刊出

---

① http://epaper.gansudaily.com.cn/gsrb/html/2010-03/23/content_13232.htm.

② 《第三届京交会·中国文化贸易发展国际大会实录》，2014 年 5 月 28 日。

③ http://www.gsart.cn/whcy/2013-12-09/1355.html.

版 1.16 亿册，增长 2.0%；图书出版 6819 万册（张），增长 3.0%①。（甘肃省 2013 年国民经济和社会发展统计公报）

2013 年年末广东省共有各类专业艺术表演团体（公有制）79 个，群众艺术馆、文化馆 146 个，县级及以上公共图书馆 137 个，博物馆、纪念馆 169 个。全省有广播电台 22 座、电视台 24 座。广播综合人口覆盖率和电视综合人口覆盖率均为 99.9%。有线广播电视用户 1939 万户，有线数字电视用户 1565 万户，分别比上年年末增长 1.4% 和 9.2%。全年出版报纸 44.52 亿份，各类期刊 1.82 亿册，图书 3.22 亿册。全省共有综合档案馆 143 个，馆藏 1400 万卷②。（广东省 2013 年国民经济和社会发展统计公报）

文化企业普遍面临融资难瓶颈。目前，我国文化企业发展还处于初级阶段，产业链条完整程度、品牌影响力均有待于进一步提高。同时，由于文化企业大都是轻资产企业，在发展过程中普遍面临资金短缺、融资困难的问题。目前，文化企业除了采取 IPO 方式以外，没有更好的融资渠道，但由于文化企业具有轻资产、规模小的特点能达到上市要求的很少，而很多金融机构对文化产品和服务的运作缺乏足够的了解和认识，支持文化企业发展的金融体系尚未建立起来③。在此基础上，甘肃文化产业还面临着整体发展不均，且文化企业多为中小企业，单位规模偏小且布局分散，还未形成一个有凝聚力的发展整体，只能在低层次运作，小环境发展，还不具备扩张和竞争的优势，层次和规模需要提升等问题④；甘肃文化产业带动作用并未得到充分发挥，对整体经济增长的拉动力较弱；甘肃文化产业的开发层次还较低，作为文化品牌，甘肃只有《读者》和敦煌资源闻名遐迩，其他众多品牌有待开发，作为旅游品牌，甘肃力打古丝绸之路品牌，推出"中国西北游，出发在兰州"，其他丰富的历史文化、独特地理地貌旅游景观宣传还未走出甘肃，不为人所知，有待开发的空间还很大。甘肃近几年文化发展概况如表 1 所示。

---

① http://dqbg.cei.gov.cn/portal/showdoc.aspx? blockcode = DQBGGSGB&filename = 20140
3271319.

② http://dqbg.cei.gov.cn/portal/showdoc.aspx? blockcode = DQBGGDGB&filename = 20140
3210599.

③ 《第三届京交会·中国文化贸易发展国际大会实录》，2014 年 5 月 28 日。

④ 彭江嘉：《甘肃文化市场发展中的问题分析》，《甘肃金融》2012 年第 6 期。

表 1   甘肃省文化发展概况

年份	杂志出版总印数（万册/份）	儿童读物出版总印数（千印张）	电视覆盖率（%）	文化机构总收入（千元）	艺术表演团体总产出（千元）	数字电视用户数（万户）	公共图书馆数（个）	公共图书馆藏书量（万册）	文化事业费（亿元）
2013							103		
2012	11420	11400	96.53			161.76	103	1212.5	
2011	11152	4034	94.05			147.7853	100	1159.62	8.3375
2010	11082	2010	93.72			122.85	94	1041.82	5.5563
2009	11088	2613	92.91	722010	211418	90.69	93	951	4.7046
2008	12741	2876	91.94	575418	200576	58.2	92	929	3.9396
2007	13688	3792	91.5	459636	145548	38.07	92	890	3.0844
2006	13190	2834	91.11	306230	125473	12.33	92	872	2.5893

数据来源：援引自中国地区经济发展报告。

2014 年 4 月，全国居民娱乐教育文化用品及服务消费价格指数为 102.0（上年同期 = 100），甘肃居民娱乐教育文化用品及服务消费价格指数为 101.7，低于全国指数 0.3 个点，同期东部沿海省份福建省的居民娱乐教育文化用品及服务消费价格指数为 103.0，同处西北地区的近邻宁夏，居民娱乐教育文化用品及服务消费价格指数为 102.7（见图 1）。

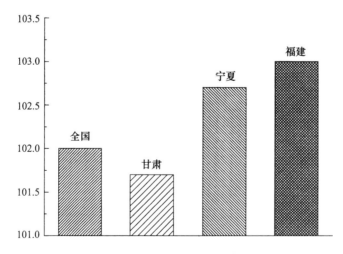

图 1 2014 年 4 月居民娱乐教育文化用品及服务消费价格指数（上年同期 = 100）
数据来源：国家统计局进度数据库。

在甘肃省 2014 年 1—3 月文化事业固定资产投资额的对比图（见图 2）里可以看出，文化用品制造业和广播电视电影及影视录音制作业的固定资产投资额明显低于其他三项。

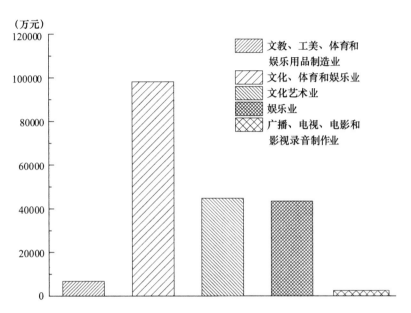

图 2　甘肃省 2014 年 1—3 月文化事业固定资产投资额（不含农户）
数据来源：国家统计局进度数据库。

五　文化体制改革中政府职能与管理转变问题

当前，我国文化产业还处于从计划体制向市场体制转型的过程中，新的文化体制还没有完全建立，文化体制改革是一项长期而艰巨的任务，需要政府革新职能，通过相关的政策和管理手段的创新来有效推动文化体制改革的步伐[1]。文化行政管理体制机制是文化产业发展的基础，实现文化产业的繁荣发展，必须进行文化管理体制改革。为此，政府一方面积极深化文化行政管理体制改革，推进政企、政资、政事、政府与市场中介组织分开和管办分离；另一方面深入推进文化市场综合执

---

[1]　刘筠：《文化产业发展中的政府职能转变探析》，硕士学位论文，湖南师范大学，2008年。

法改革①。

甘肃省于 2004 年就开始建立了甘肃省广播电影电视总台，至今，甘肃的新闻出版和广电系统行政管理体系已基本实现局社分离、局台分离。2013 年 3 月 10 日，文化部部长蔡武谈文化体制改革中的政府职能转变时说："减少审批，履行好政府应该承担的宏观调控、市场监管、提供公共服务这样的职能。从'办'文化到'管'文化的转变，从管'微观'到管'宏观'的转变，从主要面向部委的直属单位向面向全社会的转变，从管'脚下'到管'天下'的转变，这是政府职能转变的内容；我们要进一步深化改革，把那些可以由社会、中介组织、团体、企业办的事情交出去，这样真正履行好政府的职能，调动、激发整个社会从事文化建设的活力和积极性。"同时完善绩效考核机制，深化事业单位内部人事、收入分配、社会保障制度改革。理顺政府与事业单位的关系，积极探索政事分开、管办分离的有效形式。②

甘肃国有文艺院团的改革中，由于政绩和经济利益的驱动导致政企不分和政出多门的现象还很普遍。最终导致文化事业单位无法放开手去发展，由于政府的过多介入，文化团体自身管理体系被架空，各项中央文化政策不能很好地落到实处。

六　文化体制改革配套政策与组织问题

文化的繁荣依靠市场的繁荣，市场的繁荣得益于配套政策的支持，我国对文化体制改革的态度是积极的，并将文化产业定位为新兴产业和战略产业，我国推出了一系列政策措施来推动文化体制改革，促进文化产业发展。

从政策上看，甘肃省文化体制改革的配套政策多为"挟持性"政策和"扶持性"政策。所谓"挟持性"政策，即硬性政策，中央的政策直接地传达，由于甘肃的文化产业实力弱小，行业协会发展不健全，文化产业集中化，集约化水平较低，政策缺乏更加鲜明的地方特色，不利于调动地方发展文化产业的积极性。2013 年至 2014 年年初，国家提出的扶持性

---

① 彭江嘉：《甘肃文化市场发展中的问题分析》，《甘肃金融》2012 年第 6 期。
② 文化部文化体制改革工作领导小组：《2014 年文化系统体制改革工作要点》，《分工实施方案》2014 年第 4 期，http：//zwgk.mcprc.gov.cn/auto255/201404/t20140409_ 30282.html。

配套政策有文化金融合作、部分现代服务业,包括广播影视作品的制作、播映、发行等试点实行"增改税"等,所谓"扶上马,送一程"。完善扶持政策,出台了关于加强对文化产业基地和园区的规范管理的相关政策,促使文化产业基地和园区规范发展。甘肃地处中国大西北,经济相对落后,经济扶持性政策的落实依赖于中央及省财政,地方财政扶持力度与东部沿海发达省份还相差很远,且由于投资人观念的落后和对政策落实的担忧,民间资本介入文化产业较少,甘肃文化产业园起步较晚,且民间资本注入文化产业园后,导致文化产业园遍地开花却乱象丛生,缺乏独特性,千园一面,缺乏相应的退出机制。

第四节 甘肃文化体制改革对策研究

一 文化市场主体的构建

正确引导已转制的文化单位建立健全现代企业制度,适应市场发展潮流,与市场运营接轨。文化部文化体制改革工作领导小组在出台的《2014年文化系统体制改革工作要点》中指出:"对于已转企的国有文艺院团,转变政府投入方式,通过购买服务、原创剧目补贴、以奖代补等,扶持艺术创作生产。研究制定并适时出台培育骨干演艺企业的政策文件。支持中小转制院团走专、精、特发展道路,促进形成一批有特色、有实力的演艺企业。"甘肃的文化资源丰富,但文化资源的开发能力却屈居下游水平,在文化市场主体的构建问题上,全国有很多先进成功的案例,例如沈阳电影公司不断规范内部管理,大力开拓电影市场,取得了良好的经济效益和社会效益等[1]。这些成功的案例经验,甘肃可充分利用,把别人成功的案例拿过来,因地制宜,为我所用,降低市场政策风险。

可借鉴的经验归纳为以下几点:

(1)建立现代企业制度,不断提高管理水平,完善内部组织管理,制定切实可行的管理制度、服务标准和业务流程,狠抓落实工作,提高工作效率。

(2)打造精品,树立市场形象,确定文化产品的市场定位,不断创

---

① 中共中央宣传部文化体制改革和发展办公室:《文化体制改革经验100例》,学习出版社2009年版,第24—26页。

新文化产品和服务，提高文化产品的产品质量，增加市场占有率，扩大影响力。注重文化制造业的发展并鼓励创新引导，打造文化制造业精品，提高文化事业固定资产投资额在文化制造业上的比重。促进文化和科技融合，发展新型文化业态，提高文化产业规模化、集约化、专业化水平[1]。

（3）在顺应市场发展潮流的同时也要注重社会公益效益，可由政府扶持，企业赞助和主要单位让利牵头，定期实施文化公益活动，低收入者也可享受到丰富的文化产品，同时也可提高文化主体的知名度，实现市场效益与社会效益的共赢。

（4）注重媒介宣传功能，加强受众群体的培养，提高文化市场主体的知名度和整体影响力。并通过组织巡演、下基层慰问演出、高雅艺术进校园、低票价运营、演出交易会等办法，进一步加强宣传，提高优秀艺术作品在国内外的知名度及影响力[2]。

（5）建立与市场化接轨的员工考核体系，使员工潜能得到激发，增强面向市场的求生存和求发展的能力。

二 关于文化事业单位改革问题的对策

（1）创新用人机制，激发内部活力，实行绩效考核制，动态管理，实行竞聘上岗，积极引进文化专业人才和经营管理人才，解决甘肃省文化专业人才短缺的尴尬局面。其次对在岗人员定期进行专业培训，满足市场和岗位需求。

（2）针对甘肃文化集约化和集中化程度低的情况，甘肃虽在2013年成立了甘肃省文化产业发展集团，但这种集团式的模式在甘肃还是凤毛麟角，因此要将转企改制与结构调整结合起来，推动文化企业跨地区、跨媒体、跨行业、跨所有制地兼并重组、整合资源，推动文化企业上市融资，培育骨干文化企业和投资者[3]。国内的成功案例有江苏凤凰出版传媒集团、河南日报报业集团、天津今晚传媒集团等。此外，国外在文化产业集约化、集团化方面也有许多可借鉴的前沿成功经验，法国最大的出版集团——阿歇特出版集团，其下的新闻出版公司和图书出版公司，年营业额

---

① 《中国共产党第十八次全国代表大会报告》，2012年11月8日。
② 文化部：《文化部"十二五"时期文化改革发展规划》，2012年5月。
③ 王玉玲：《探析我国文化体制改革的新发展》，《行政与法》2011年第12期。

分别达到123亿法郎和55亿法郎，其图书的出版发行和销售均由私人企业经营，政府对其给予扶持和资助，其资助的资金一部分又来自于图书和销售方面的税收，如此形成集团产业良性循环①。

三　关于公共文化运行机制问题的对策

（1）甘肃的公共文化资源短缺，基础设施薄弱，首先应加大资金的投入，新建、改建、扩建公共文化设施，如社区文化活动场所。尤其是甘肃农村地区，虽有乡镇综合文化站，但其文化设施远不足以满足群众文化需求。这方面的成功经验有浙江台州市实施公共文化服务体系建设"三个三"，即建设三类文化俱乐部（建设农村文化俱乐部、建设社区文化俱乐部、建设企业文化俱乐部），举办三个文化节（农民文化节、邻居文化节、企业文化节），以及三大文化制度来对应以上活动，充分落实了从农村、城市社区、企业的公共文化基础设施建设，惠及农民、城市居民以及企业员工，丰富了他们的文化生活②。

（2）针对公共文化运行机制中的资金问题，借鉴浙江台州市的成功经验，并结合甘肃实际情况，加大政府投入，企业社会共建。可分两步同时进行：一是政府对公共文化项目进行统一采购招标，落实专项资金；二是吸引民间资本介入文化领域，政府同时扶持建设民营文化企业，壮大文化队伍和平台，政府和民间联合共建公共文化事业。

（3）针对甘肃公共文化单位中人员竞争机制相对薄弱的问题，借鉴宁波市海曙区文化馆创新城区公共文化服务模式，可在甘肃实施改革用人机制，实施员工考核机制，采用奖金分配、先进评比、职称评定相结合的考核方法，另外注重人才引进机制，积极探索社会化的用人机制。

（4）提高公共文化服务效率和服务水平，政府在经济上进行一定的奖励措施，鼓励公共文化单位积极参与文化活动，在完成自身公共文化任务的基础上，利用自身优势开展更多的公益文化活动，调动群众参与积极性，提高服务的质量和水平。甘肃省加快文化大省建设的若干政策规定中指出，要鼓励在甘国有大型企业承担社会责任，每年列支一定资金购买各

---

① 刘伯霞：《国外文化产业经验对甘肃文化产业发展的启示》，《经济研究参考》2004年第10期。

② 中共中央宣传部文化体制改革和发展办公室：《文化体制改革经验100例》，学习出版社2009年版，第118—120页。

种文化产品服务基层人民群众①。

四　关于文化产业发展问题的对策

（1）加大文化产业资金支持，推动文化创意产业与金融资本对接，解决文化创意企业融资难问题。持续加大对文化建设和文化创意产业发展的资金投入。

（2）培育骨干文化企业，采取调整结构、引进资本、整合资源等方式积极推动民营和外资文化企业发展，重点培育和发展国有龙头文化企业集团②。

（3）打造文化产业品牌。甘肃文化品牌数量少，宣传力度不够，开发投入不足，这同甘肃丰富的文化资源很不适应，同本省居民和国内外来客对文化的强烈需求相距太远。因此，要将充分利用本省文化资源创造文化产业的品牌放到文化产业发展中去③。加大文化产品的宣传力度，不仅在本省范围内宣传，而且要宣传出省，宣传出国。

（4）注重商业赞助。文化产业的扶持仅仅依靠传统意义上的政府拨款和专项资金是远远不足以满足文化产业发展所需资金的，注重商业赞助，无疑能够推动文化产业的发展，同时又可减轻政府财政负担。这方面可借鉴澳大利亚的文化产业发展的成功经验，澳大利亚政府重视商业赞助，文化市场日益繁荣，通过赞助形式表现出来的商业参与文化活动，成为一个重要的筹集资金的方式④。

五　关于政府职能和管理转变问题的对策

（1）改进对文化事业的宏观管理，转变政府职能。把那些可以由社会、中介组织、团体、企业办的事情交出去，让企业自己管理，从而调动整个社会参与文化建设的积极性。例如，台北市的微笑单车的推广在全球是做得最好的，主要是它是政府带动的一个项目，让产业来投入，政府协

---

①　甘肃省政府办公厅：《甘肃省加快文化大省建设的若干政策规定》，2012年2月12日。

②　王玉玲：《探析我国文化体制改革的新发展》，《行政与法》2011年第12期。

③　李俊霞：《甘肃文化产业品牌的创新》，《社科纵横》2004年第10期。

④　刘伯霞：《国外文化产业经验对甘肃文化产业发展的启示》，《经济研究参考》2004年第10期。

助它去推动市场，带来很大的商机。①

（2）统一执法机构，推进职能调整。可借鉴湖北省仙桃市创新管理模式，调整归并文化、广电、新闻出版行政管理部门，成立市文化广播电视新闻出版局，作为政府行政主管部门，统一履行有关文化行政管理职能②。

（3）理顺管理机制，避免职能交叉而引起的权责不清和推诿扯皮现象。深化行政审批制度改革，进一步转变职能、简政放权，加强过程管理与事后监督③，政府各部门应划分明确的权限和范围，减少审批手续，政企分离，减少"政出多门"现象，使权责清晰，监管更加有力。

六　配套政策与组织问题的对策

（1）继续推进文化惠民政策。甘肃省文化惠民政策的落实还有许多不足，继续推进文化惠民政策，提高群众文化生活水平。

（2）扶持文化精品创作，设立专项奖励基金，给予在文化精品创作中有突出贡献和业绩的单位和个人以奖励，激发创作积极性。

（3）充分利用现有的国家税费优惠政策以及文化金融政策，为民营文化企业提供可靠的发展保障；建立文化产业项目库，征集优秀的本土文化产业发展项目，进行贷款贴息、奖励和项目补贴，扶持本土特色文化产业。同时，积极协调各级财政部门，不断增加文化科技财政投入，形成持续稳定的经费支持渠道④。

（4）规范文化创意园的准入政策，针对文化创意产业园的发展问题，可借鉴澳大利亚的文化产业政策，一是注重传统，二是鼓励创新，十分看重本土的特色文化，同时又注重创新，活跃文化市场，政府为其创造良好的产业发展环境，使其能得到各方面的资助⑤。

---

① 《第三届京交会·中国文化贸易发展国际大会实录》，2014 年 5 月 28 日。
② 中共中央宣传部文化体制改革和发展办公室：《文化体制改革经验 100 例》，学习出版社 2009 年版，第 253—255 页。
③ 文化部文化体制改革工作领导小组：《2014 年文化系统体制改革工作要点》，《分工实施方案》2014 年第 4 期，http://zwgk.mcprc.gov.cn/auto255/201404/t20140409_30282.html。
④ 文化部办公厅：《文化部"十二五"文化科技发展规划》，2012 年 9 月。
⑤ 刘伯霞：《国外文化产业经验对甘肃文化产业发展的启示》，《经济研究参考》2004 年第 10 期。

结　　语

随着全国文化体制改革的进一步落实，文化体制改革进入了改革的深水区和攻坚区，甘肃作为中国西北省份，其文化体制改革的成果还不够稳固，一些制约文化科学发展的深层次矛盾和问题还没有完全解决，文化创新环境还有待进一步优化。本章采用文献分析法和对比研究法，分析已有的文献并对国家政策进行解读，对比国内外先进的改革经验，并结合甘肃自身的特点和问题进行分析，反映出甘肃文化体制改革中公共文化资源短缺、基础设施薄弱、对文化资源的开发利用和再创造能力较弱、缺乏市场竞争力、人才匮乏等一系列问题，并提出相应的对策参考。这对政府相应政策的出台，不仅提供理论方面的参考，也提供了实际方面的依据。

惠 民 篇

第十一章　欠发达地区的广播电视"户户通"工程的发展战略研究
——以兰州市、白银市、陇南市为例

第一节　前言

一　研究背景

（一）广播电视"户户通"工程实施背景

党的十八届三中全会提出要将"建立公共文化服务体系建设协调机制"作为构建现代公共文化服务体系的重要任务之一。2014年3月，由文化部牵头成立的国家公共文化服务体系建设协调组在北京召开第一次全体会议，此次会议标志着国家层面的公共文化服务协调机制正式运转。2014年4月，国家公共文化服务体系建设协调组召集人、中宣部副部长、文化部党组书记、部长蔡武在答《中国文化报》记者问中提到："建立公共文化服务体系建设协调机制是党中央的重大决策。"

国家公共文化服务体系建设协调组成立后，将重点做好六项工作。其中一项重要工作是统筹实施公共文化服务重大工程。蔡武强调："重大文化惠民项目发展规划要相互衔接。要做好各项重大文化惠民项目在基层的统筹实施和资源整合工作。要把重点放在深化'广播电视户户通'、'文化信息资源共享工程'、'数字农家书屋'的融合发展、进村入户上，实现公共数字文化服务建设的协同推进。"

我国是农业大国，构建公共文化服务体系，扩大广播电视覆盖面，有利于实现广播电视公共服务均等化、改善农村文化民生，提高农村文明程度。2011年，中宣部、国家广电总局启动直播卫星"户户通"工程，为有线电视尚未通达的农村地区提供广播电视公共服务。

2009 年，我国广播、电视人口综合覆盖率分别达到了 96.31%、97.23%。20 户以上"盲村"建设又使 5000 多万"盲村"群众听到了广播，看上了电视。中央人民广播电台第一套节目和中央电视台第一套节目全国人口无线覆盖率由 61% 和 38% 提高到 85% 和 85%，中央电视台第七套节目全国人口无线覆盖率提高到 69%，覆盖人口分别为 11 亿、11 亿、9 亿，从根本上扭转了农村地区无线覆盖滑坡的严重现象，切实保障了农村群众听广播、看电视的基本需求。[1]

《国家"十二五"时期文化改革发展规划纲要》中要求，国家将继续大力实施广播电视"户户通"工程，积极推进直播卫星广播电视公共服务，基本实现广播电视"户户通"，全国广播电视人口综合覆盖率达到 99%。

（二）甘肃省广播电视"户户通"工程情况概述

甘肃位于中国西部欠发达地区，经济条件落后于东部发达地区，但甘肃省历史文化积淀深厚，现实文化需求迫切。随着西部大开发的不断推进，欠发达地区人民生活水平不断提升，民众对文化生活的需求也与日俱增，通过对甘肃省广播电视"户户通"工程实施现状进行实际调研发现，欠发达地区民众对于广播电视的日常需求和政策的设置存在差异，知识贫乏、技术落后，服务不到位等问题仍然较为凸显。基于东西部地区的差异，政府在制定广播电视公共服务发展策略时，应当优先考虑西部欠发达地区，给予适当的政策倾斜。[2] 广播电视"户户通"工程的硬件建设基本能满足群众需求，但有许多功能并没有如期实现，群众使用率并不高。针对欠发达地区广播电视"户户通"工程现存问题的对策研究，是研究如何进一步贯彻落实国家政策，有针对性地推进广播电视"户户通"工程的有效实施，对加快构建现代公共文化服务体系具有积极的现实意义，同时也响应了国家公共文化服务体系建设协调组的号召。

根据《甘肃省广播电视"户户通"工程建设实施方案的通知》（甘政办发〔2012〕90 号）的内容，按照中宣部和国家广电总局的部署要求，结合甘肃省实际情况，为健全完善农村公共文化服务体系，加快推进城乡文化一体化进程，实现农村直播卫星广播电视"户户通"，解决家家户户、人人听广

---

[1]　白瀛：《"十二五"力争实现农村广播电视"户户通"》，新华社，http://www.moa.gov.cn/fwllm/jjps/201101/t20110130_1815108.htm，2011 年 1 月 30 日。

[2]　赵仁：《中国东西部区域经济差异研究》，《四川职业技术学院学报》2011 年第 4 期。

播、看电视问题，经国家广电总局核准，2012 年 3 月，甘肃省正式启动了广播电视"户户通"工程（以下简称"户户通"工程）建设，在实施过程中，根据地域特点将全省划分为 4 个片区，涉及 14 个市州有线电视网络未通达的 1083 个乡镇、11367 个行政村、72510 个自然村。①

甘肃省 290 万户"户户通"建设共需资金 11.02 亿元，其中国家补助资金 2.9 亿元，省级财政已安排配套资金 1.74 亿元，移动公司补贴 1.45 亿元将根据设备安装进度予以支付。2012 年 11 月 20 日，全省"户户通"工程 290 万套设备已经全部到位，累计完成信息录入 281.64 万套，安装开通总量达 265.88 万户，占任务总数的 91.68%，基本完成"户户通"工程建设任务。② 截至 2013 年，甘肃省已经完成了剩余 23 万户广播电视"村村通"建设任务。③

二　调研目的及调研对象

（一）调研目的

为了全面深入地了解广播电视"户户通"工程在甘肃省的实施现状，本次调研以甘肃省兰州市、白银市、陇南市为研究对象，主要研究内容为：欠发达地区广播电视"户户通"工程的建设效果；现阶段人们通过什么渠道获取广播电视"户户通"工程信息。本研究利用调查问卷对广播电视"户户通"工程在甘肃省的认知度、满意度、需求度进行了调查统计，旨在总结欠发达地区广播电视"户户通"工程的发展现状以及民众对该工程的评价和需求情况，并针对广播电视"户户通"工程在欠发达地区实施过程中存在的问题，提出相应对策，以期为推进欠发达地区广播电视"户户通"工程的可持续发展建言献策，推动欠发达地区广播电视"户户通"工程进入实效阶段。

（二）调研地点

本次调查选取甘肃省为我国欠发达地区的代表，以甘肃省兰州市、白银市、陇南市全体居民为调研对象。在样本地点的选择上注重地域平衡，

---

① 甘肃省人民政府办公厅：《甘肃省广播电视"户户通"工程建设实施方案的通知》，甘政办发〔2012〕90 号。

② 施秀萍：《甘肃省力保完成 290 万户直播卫星"户户通"建设》，《甘肃日报》2012 年 8 月 9 日。

③ 《2013 年全省广播影视工作总结》，2013 年。

兼顾城郊和偏远乡村。在选取的 3 个样本城市中，对城市和乡村进行了区别调研，以避免因城乡差距而出现的调研结果误差。此次调查在三地共发放问卷 300 份，收回 299 份，有效问卷为 299 份，问卷有效率为 99.7%。调查实施自始至终都由问卷制作者进行了严格的质量控制，对调查过程进行了全程检督，并对完成的问卷进行了 100% 的检查，本次调查后制卷者对于此次调查问卷进行了验收复核。本次调查共历时一周（2013 年 10 月 1 日至 2013 年 10 月 7 日）。

实际被访者涉及兰州市榆中县居民，白银市 7 地区居民（白银区四龙街道、白银区强湾乡、靖远县西关街道、靖远县乌兰镇、靖远县东湾镇、靖远县三滩乡新田村、靖远县三滩乡万家坪），陇南市 4 地区居民（武都区、两水镇后村、后坝村、两水村），体现了调查的广泛性和代表性，基本可以反映甘肃省城乡文化共享工程建设及发展的实际状况。

（三）调研对象

本次调研选取的被访者年龄情况如图 1 所示，主要集中在两个年龄段：17—30 岁（其中，兰州 51.6%，白银 38%，陇南 60%），31—50 岁（其中，兰州 31.3%，白银 48%，陇南 20%）。这两个年龄段的居民在劳动能力方面都属于社会中坚力量，也是日常生活中经常使用广播电视媒体的主要群体，具有成熟的个人思考能力，更有利于调研者开展下一步的访谈，能够更为细致客观地为广播电视"户户通"工程建设现状反映真实情况。

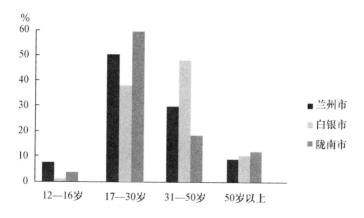

图 1　欠发达地区广播电视"户户通"工程被访者年龄分布

（四）研究方法

本研究目的是通过调查欠发达地区居民对文化共享工程的知晓度、享用度、满意度以及需求情况，以实现文化共享工程在欠发达地区更好地发展。运用到的方法主要有问卷调查法、访问调查法、数据分析法。

1. 问卷调查法

问卷调查法是一种用书面资料间接搜集研究材料的调查手段，按照问卷填答者的不同，可分为自填式问卷调查和代填式问卷调查。本次调研因调研对象文化层次、身体状况等原因，两种问卷调查方法视情况使用。本次调研对象的选取采用简单随机抽样的方法，由于问卷设置问题较多，填答问卷用时较长，对于城镇地区有意识地选择公园、广场、街边个体商户等人流量较大的地区为调研区域，对于农村地区采取的是入户调查的方法。

2. 访问调查法

本次调研采取的是直接访问法。访谈对象主要是填写问卷的居民，从职业分布上来看，各地区整体分布均匀，各职业阶层群众都有抽样调查（见图2），普遍程度高，使问卷更具有操作意义。

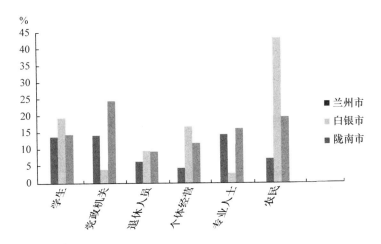

图2　欠发达地区广播电视"户户通"工程被访者职业分布

3. 数据分析法

本次调查研究对于采样数据利用 SPSS 进行数据统计及图表制作，同时对最终获得的数据和图表进行详细的描述和解读，归纳总结出欠发达地区广播电视"户户通"工程的现状，为后期欠发达地区广播电视"户户通"工程存在问题的发现及针对存在问题提出意见建议做好基础工作。

第二节 欠发达地区广播电视"户户通"工程发展现状分析

一 民众知晓度偏低

由图3可知，欠发达地区民众对"户户通"工程的知晓情况呈现出了明显的认知程度差异。如图3所示，兰州作为省会城市，与以白银和陇南为代表的地县市相比，并没有呈现过大的优势，对于工程内容的认知不足，只知道与自身相关的一部分内容是三地共同问题，在调查中发现此项内容与宣传及工作落实程度密不可分。兰州市民众对"户户通"工程的知晓度情况为10.9%，白银市为8%，陇南市为8.3%；民众知晓度状况图还呈现出了三地较高的零知晓度情况，兰州为34.4%、白银为28%、陇南为26.7%，零知晓度情况出现的主要原因是政府的宣传工作不到位，入户情况不理想。

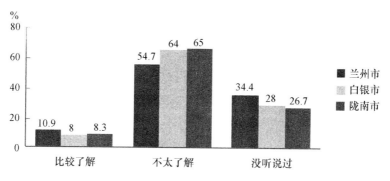

图3 欠发达地区广播电视"户户通"工程知晓度

二 民众享用度：总体状况良好

欠发达地区民众对"户户通"工程的享用度如图4所示，以兰州为代表的省会城市居民的享用度状况（59.4%）良好，但略低于地县市，居民对"户户通"工程的关注度、使用度较高。在访谈中发现，省会城乡居民对于广播电视的收视需求很大，普遍希望可以通过"户户通"收看更多的电视节目作为日常的娱乐活动，居民对于播出的内容期望值很高，每个阶层的兴趣点不同，由此可以得出广播电视节目的质量与内容也是影响"户户通"工程享用度的一个原因。

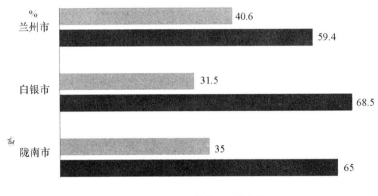

图4　欠发达地区广播电视"户户通"享用情况

以白银（68.5%）、陇南（65%）为代表的地县市居民享用度情况较好，相差不大。被访的大部分居民也对广播电视节目的内容提出要求，他们希望看到更多能与自身相关的电视节目，或是具有娱乐性质的节目。

相对地，在对三地市的"户户通"工程享用度的调查过程中发现，出现低享用度的直接原因是知晓度低。

三　民众满意度：普遍偏低

欠发达地区民众对"户户通"工程的满意度状况如图5所示，总体呈现差异趋势，兰州市（29.7%）与白银市（28%）的满意度之所以较高，是因为两地同处于兰白都市经济圈的优势，"户户通"工程建设发展紧随经济发展脚步，工程设施建设保障等方面相比陇南市（17%）较高。从整体情况来看，欠发达地区居民对"户户通"工程的满意度偏低，在访谈中发现，多数受访者表示机顶盒基本只用来观看电视，收视内容可以满足基本的观看需求，但其他的基本功能并不能完全得到利用，一部分不满意者是对电视信号的质量、机顶盒的质量、机顶盒功能等内容表示不满意。

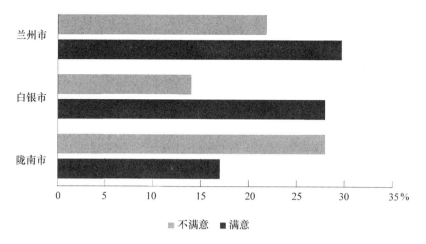

图5 欠发达地区广播电视"户户通"满意度

四 民众评价：工程实施效果较好，基本满足居民需求

欠发达地区"户户通"工程的评价如图6所示，总体表现为对工程实施持有肯定态度，对居民日常生活产生良好的影响。省会城市兰州市有92.2%的居民认为"户户通"工程实施有意义，白银市和陇南市分别有66%和72.5%的居民认为工程的实施有意义，受访者表示通过这项工程首先能实现的是可以观看更多的电视节目，这点对于多数农业家庭是有意义的。但在认为工程实施无意义的受访者中，多数表示平时用不到设备提供的功能。

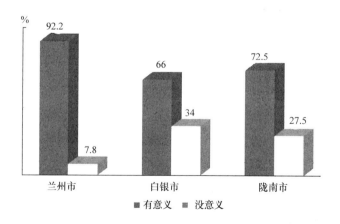

图6 欠发达地区广播电视"户户通"工程评价情况

第三节　欠发达地区广播电视"户户通"
工程存在的问题

近10年来，甘肃省"户户通"工程的发展状态良好，2012年年底完成了290万户的广播电视"户户通"工程入户工作。但是在调研中发现，"户户通"工程的实施完善过程中仍面临亟待解决的问题和困难。经过对调研问卷的统计与分析，甘肃省广播电视"户户通"工程的建设与发展主要存在以下几方面问题：

一　政府工程宣传力度不够，没有充分利用起新媒体资源

调查显示三地市整体情况一致（见图7），电视媒体显示出强大的影响力，其次为广播媒体，新兴互联网络媒体体也呈现出其影响力。总体来看，兰州市作为经济情况较好的省会城市，媒体发展较好，为工程的宣传打造了很好的平台，白银市及陇南市新媒体发展相对落后，政府可以考虑拓展新媒体传播空间作为公共服务体系的传播平台。

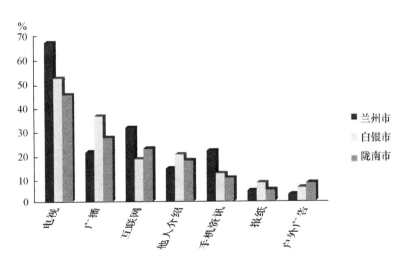

图7　欠发达地区广播电视"户户通"工程获知渠道

欠发达地区"户户通"工程基本达到预期的实施及宣传效果。通过上述分析发现，欠发达地区基层政府对"户户通"工程宣传的重要性认

识相当欠缺，只是硬性给予居民实施"户户通"工程的入户工作，并没有在同时进行"户户通"工程的具体宣传指导，这样使得工程虽然在进行，但是整体效果不理想，居民对于工程设施具体使用情况不了解。

二　居民对"户户通"工程具有使用意识，有效利用率一般

甘肃省经过十多年的对"户户通"工程的大力宣传，民众对"户户通"工程的认同度提高，对于设施提供功能有使用意图，但使用情况不容乐观。调查显示，兰州、白银、陇南三地的享用度分别为 59.4%、68.5%、65%，这组数据整体处于中等水平，并没有与高入户率相匹配。经调查发现，农村居民中多数只对于"户户通"工程安装的机顶盒中的收视功能较为关注，打电话功能与上网功能受到经济等因素影响较多。这点造成了"户户通"工程有效利用的困境。

我国是农业大国，构建公共文化服务体系，重点在农村，难点也在农村。扩大广播电视覆盖面，有利于实现广播电视公共服务均等化，改善农村文化民生，提高农村文明程度。[①] 目前，广播电视"户户通"工程在农村要实现"三网融合"功能，旨在缩小农村信息鸿沟。2011 年的数据显示，全国有 6 亿多农村居民主要靠地面无线模拟信号收听收看广播电视，在 2012 年年底，甘肃省完成了 290 万户居民的入户工程，居民使用最多的仍是广播电视功能，网络电话、互联网等的使用并没有完全发挥作用。

欠发达地区基层居民接收信息的渠道多样化，传统媒体使用率高。经访谈得知，大多数被访居民反映，当地网络布线困难，会使用网络的还是以年轻人居多，硬件设施的不足给"户户通"工程的实施和长效发展造成了极大的障碍，限制了"户户通"工程的持续发展。

三　偏远地区与城区"户户通"工程覆盖的夹缝地区收视问题亟待解决

目前，欠发达地区广播电视"户户通"工程基本建设完成，工程在很大程度上解决了我国农村地区听广播、看电视难的问题，但是从某些区域来看，还存在着一定的覆盖"盲区"，电视节目收视效果并不理想，而且很多节目在

---

① 《中国农村广播电视"户户通"调查》，新华网，http://www. wenming. cn/whhm_ pd/gbdscct/201203/t20120328_ 583646. shtml，2012 年 3 月 27 日。

农村地区并不能收到有效信号，如中央台少儿频道。而部分频道虽然能够收到信号，但是信号很差，收视效果较差。其次，市县级公共频道信号弱，央视频道处于无信号状态等都是当前农村广播电视发展中存在的主要问题。

与此同时，广播电视"户户通"工程解决了偏远山区居民长期收视受限的难题，相对应地，在城区部分也实现了数字电视信号的覆盖，但处在这两者之间的"中间区域"居民的收视问题还未解决。"中间区域"居民既未被有线电视覆盖也未覆盖数字电视，又不属于需"户户通"覆盖的贫困山区，只能使用"山寨锅"或者互联网来满足观影需求，但"山寨锅"受其他信号干扰，观影条件并不稳定，这些设备一部分属于政府禁用设备，信号受干扰大且不稳定，这部分居民的观影条件相对较为恶劣，这将给欠发达地区的广播电视公共服务事业发展带来隐患。互联网并不是每户人家都有条件拥有的，这个情况受制于经济状况。

四　设备后期维修工作待加强，需培训专业维修人员

欠发达地区"户户通"工程后期维护情况如图 8 所示，整体效果不理想。兰州市作为省会城市，有足够的资金保障，可以培训专业人员，设立专门的维修点。而白银市及陇南市因经济条件限制，人员配备不全，多数受访者表示维修点形同虚设或者并不清楚有此项服务。

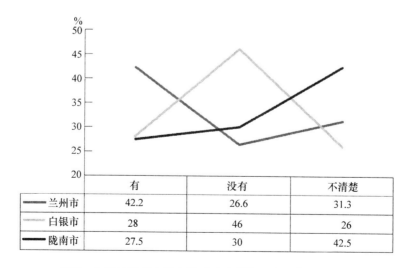

	有	没有	不清楚
兰州市	42.2	26.6	31.3
白银市	28	46	26
陇南市	27.5	30	42.5

图 8　欠发达地区广播电视"户户通"工程后期维护情况

受访者表示，有些维修点并不是政府专门设立，而是私人承包，存在乱收费、修理效果不理想等问题。由此看来，作为"户户通"工程的后期维护工程，对维修点的设立人员的培训也值得注重。确保"户户通"后期保障系统的稳定，对于工程的健康发展有着至关重要的作用。

第四节　欠发达地区广播电视"户户通"工程发展对策建议

一　完善欠发达地区广播电视"户户通"制度建设

第一，责任分配制度的建立。甘肃省广电局与下属市局分担"户户通"建设责任，从而建立长效的监督管理机制。同时也可以将后期的维护保障工作分解进行，逐级负责，细分管理。

第二，将居民需求摸底排清，做到心中有数，哪个环节薄弱要有系统的记录，可在分配任务时有针对性地进行解决。与此同时也要做好宣传工作，让居民了解工程具体内容，有助于发现现实存在的问题并及时解决。

第三，进行网络融合，以数字化、双向化、网络整合带动"户户通"建设，理顺发展体制，促进"户户通"的发展。电视网络、通信网络、互联网要紧密结合起来，技术达标到位，真正实现"三网融合"，体现"户户通"工程的意义。

二　做好宣传工作，加大对广播电视"户户通"工程的宣传力度

有研究表明，各类媒体在西部农村市场的拓展无疑是新事物的扩展，无论是各个媒体的相对优点，还是它和人们现存的价值观念、简便性、试验性、表现性等方面都是西部农村地区居民乐于接受的新事物，所以西部农村地区的居民具有对媒体内容产品的强烈购买欲望。[1]

基于此理论，在"户户通"工程的进程中，应当依托先进的媒体资源，灵活运用多种手段，深入到群众中宣传广播电视"户户通"工程。宣传内容不应当局限于"工程是什么"，而是要针对"如何正确使用"、

---

① 吴信训、陈积银：《拓展西部农村传媒市场　促进解决"三农问题"》，《新闻记者》2004年第8期。

"使用问题"进行宣传，促使更多的群众更好地使用工程设施，享受工程带来的便利。

1. 加大电视广告投放力度

电视是居民的首选接收媒介，地方政府可采用"广而告之"的方式，对广播电视"户户通"工程进行宣传。在电视媒介上投放广播电视"户户通"工程设备使用说明以及维修须知，用简洁易懂的方式向人们演示机顶盒的功能，如应急广播、上网、拨打电话，真正使得"户户通"工程进入到千家万户，成为"民生工程"。

2. 灵活应用网络资源进行宣传

不局限于在政府相关网站上发布消息，使用更加亲民的方式。可以使用时下流行的网络社交媒体，如微博、微信等互动平台。充分利用起"户户通"工程中的上网功能，使民众能在家中了解到他们关心的内容的最新信息，还可以通过与政府、企业等方面的互动来及时反馈问题。

3. 巧用传统纸媒进行宣传

在报纸、期刊等传统纸制媒体上，可以将工程的宣传内容做成特刊，民众可以将其当作使用指南。即使居民不会购买，在翻阅的过程中，他们也会对内容产生印象。

三　"户户通"工程实施地域信息采集，消除盲区

"户户通"的一部分服务对象是有线网络电视未通达的广大农村地区，有线网络电视服务区域是不允许安装"户户通"设备的，这就导致了部分"覆盖盲区"的出现。消除覆盖盲区，就是解决"中间区域"居民的观影难题。要消除覆盖盲区，可以从两方面着手：第一，针对分散住户采用"村村通"设备覆盖；第二，针对集中住户，尽量覆盖有线网络。如此，以期达到卫星信号全覆盖，不留死角。

四　加强播放节目内容的针对性

广播电视"户户通"是一项温暖人心的惠民工程，其基础设施建设的目标是为广大农民群众送上优质的广播电视节目。因此，广播电视节目可以说是服务的最终产品。作为农业大国，我国农业人口基数大。党的十八大以来，人民群众的基本文化权益进一步得到保障。广播电视"户户

通"工程惠及23.6万个建制村,近1200万户开通"户户通"。① 这就要求广播电视节目的制作内容更多地倾向于广大的农民群众的真正需求,结合地区实际需求,规划广播电视节目。从消费水平来看,近几年国家相继出台的一系列政策带动了农村经济的快速增长,农民的消费水平也大幅提高,由此可见,媒体要转变观念,多将视角投向农村地区,针对农村地区增加涉农节目数量,同时在此基础上还要改进制作质量。

1. 节目制作内容贴近"三农"

播出内容具体为:向农村居民提供科技文化知识节目、教育亲子类节目、娱乐休闲类节目。

云南省加强对广播电视节目内容的管理,广电部门对电台、电视台严格管理,运用激励机制,鼓励电台、电视台设计开发与农民实际需求相吻合的节目,用节目的数量和质量作为工作成绩考核的关键指标,确保广大农户能够收听收看到更多喜爱的节目。②

欠发达地区广电部门应结合本地发展的实际,如现有农业类型、第二产业和第三产业情况、城镇化建设水平、农村人口分布特征等,制定广电节目发展规划,并深入各家农户,认真调研农户需求,以此为根据,合理规划建设资金,增强节目播放的针对性,不断增加节目供给,调动农民收听广播、观看电视节目的积极性。

2. 节目制作关注农村留守儿童和老人

播出内容具体为:动画类节目、教育类节目、益智类节目、健康类节目。

我国农村地区一些青壮年外出务工,在家中留下儿童和老人,近些年来,留守人员已成为社会关注的热点。"户户通"工程在节目播放上可以面向留守儿童和老人。比如,对于儿童,可以播放时下流行的动画片、教育节目,丰富孩子的课余生活,也可以提高儿童的文明素养。针对老人播放娱乐节目、健康保健节目,让老人可以放松心情,关注身体健康问题。

五　加大媒体支持力度,扶持涉农节目发展

欠发达地区政府可以鼓励媒体走出城市到农村去,鼓励媒体多了解农

---

① 刘阳:《全面深化改革述评之十二:文化体制改出繁荣新气象》,《人民日报》2013年11月12日。

② 梁忠:《广播电视"村村通"工程的建设发展及管理问题》,《科技风》2013年第6期。

村的需要，找到媒体和农村的共同利益点。并且在媒体转变观念的过程中，对于发展起来的涉农节目给予资金上的支持，尤其是在媒介的农村拓展方面，政府给予一定的资金和政策倾斜，使这些媒体能保证不亏损，顺利拓展农村市场。

与此同时，媒体需要改变自身的人才结构，将一些跑新闻的记者和编辑派到农村深入了解农村的现状和农民的需求。这样既有利于增强媒体对农村的认识，也有利于培养媒体对农村的感情。因此，媒体应不断转变人才结构，培养更多进行涉农报道的新闻媒体人才。[①]

六　加强"户户通"信息功能的建设，"户户通"变为"一卡通"

"户户通"可以实现六大功能：接收卫星电视节目、接收卫星广播节目、接收本地电视节目、自动接收应急广播并报警、接打电话、收看综合信息服务。[②] 除此之外，还应着力加强"户户通"信息功能的建设。

1. 扩展信息来源

农村地区经济的发展、农民文化素质的提升需要多方面的信息来源，从长期来看，广播电视通信、电话通信、网络通信都将为农民带来帮助，以此为契机，提高广播电视"户户通"工程的技术水平，丰富节目内容是今后发展的一种趋势。

2. 增加资讯内容

在应急广播功能方面，可以接收农科、农贸、农资等信息。除此之外，还可提供文化信息资源共享、中小学远程教育等服务。关注到农村居民的每个群体。网络间的融合既能够拓宽农民获取信息的渠道，又有助于节省成本。一些试点地区的直播卫星机顶盒不仅能收看电视，还能接收广播、接打电话，此外互联网通信也值得期待。

3. 部门合作发展

有关部门可在对相关人员进行培训后派其深入每个工程实施点开展宣传和农户的信息统计、采集工作，力争在第一时间录入信息，排除覆盖盲区，最大限度地使"中间区域"居民进入工程建设体系，为迅速开展机

---

① 王一兵：《广播电视"村村通"工程现状调查及改进》，《黑龙江科技信息》2013 年第 5 期。

② 国家广播电影电视总局广播电视卫星直播管理中心，http：//www.huhutv.com.cn/index。

卡配发、安装调试等各个环节的工作奠定基础。同时,在技术上与通信公司合作,整合机顶盒功能。

七 组织专业维护队伍,加强基础设施建设

欠发达地区政府需要加大在基础设施建设中的投资。一方面,要注意配套器材的建设,如提高发射机的发射功率,特别是信号覆盖范围小的电视广播频道,尤其需要提高其发射设备的功率,进一步扩大其覆盖面,让信号能够清楚地接收。另一方面,需要注意在基础设施建设中的均衡问题,努力缩小城乡传播的不平衡,更要在农村内部合理分配资源,解决农村内部媒介接触的分化问题。

相关部门要培养懂设备使用和维修的技术人员,政府组织专业技术骨干队伍深入每个直播卫星"户户通"工程建设片区,开展接收设备的安装、调试、常见故障及排除等培训工作,让参加培训的人员都成为直播卫星"户户通"工程"技术员"和"维护员"。同时,在县(市)、乡(镇)两级成立直播卫星"户户通"工程服务站点,做好后期管理维护技术工作,消除群众后顾之忧。

政府招标的维修点实行责任制,统一管理,杜绝乱收费、修不好的情况。确保每个地区有一处专业维修点,其中安排1—2名专业人员负责指导设备安装维护。只有这样才能使广播电视"户户通"工程得以妥善维护,保证畅通。

结　语

随着近几年我国农村经济水平的不断提升,广播电视"户户通"工程的发展有了更广阔的空间,为了适应农村市场的需求变化,广播电视"户户通"工程建设应该不断地创新与改进。西部欠发达地区的广播电视"户户通"建设对于广大西部地区的居民意义重大。本章首先采用社会科学研究方法,对地处西北地区的甘肃省兰州市、白银市、陇南市进行了抽样调查,以小见大,从不同的角度调查了广播电视"户户通"工程实施情况。然后通过对三地的调查数据进行分析对比,反映出政府宣传不到位、监督机制不完善、节目内容难以满足民众需求、工程后期维护情况不理想等问题。最后通过参考同等地理条件的西部省份的建设经验,相应地

提出了适合欠发达地区发展的可持续发展建议对策。

此次调研中也有许多不足的地方。由于调研经费所限，调研地点少，所获得的数据不全面，一些数据仅从文献中获取。未来，希望在条件允许的情况下，再进行更进一步的研究。

第十二章 农村书屋及公共图书馆的建设策略

——以陇南市武都区、白银市、兰州市为例分析

第一节 前言

中共十七届五中全会公报提出,要"深化文化体制改革,增强文化发展活力,繁荣发展文化事业和文化产业,满足人民群众不断增长的精神文化需求,基本建成公共文化服务体系"。文化惠民工程是公共文化服务建设体系的重要组成部分,党的十七大提出,它是全国人民物质生活水平快步提高之后的一项伟大工程,也是一项惠及全国人民,普及大众文化的工程。其中包括广播电视"村村通"工程、全国文化信息资源共享工程、农村电影放映工程、农家书屋工程、西部开发助学工程和电视进万家工程等重点项目①。在推进社会主义新农村建设过程中,为了解决广大农民群众"买书难、借书难、看书难"问题,2007年3月国家新闻出版总署会同中央文明办等8个部委,联合在全国范围内实施农家书屋工程,并且指出,农家书屋是为满足农民文化需要,在行政村建立的、农民自己管理的、能提供农民实用的书报刊和音像电子产品阅读视听条件的公益性文化服务设施。社会主义新农村建设对农村文化事业提出了新的目标,对农村的物质条件、精神风貌、生活规范提出了更高要求,农家书屋是农村文化中最活跃的因素之一,是创造性文化活动的聚集地,是农民朋友最贴近、

① 《中共中央关于制定国民经济和社会发展第十二个五年规划的建议》,2010年7月。张玉香:《新农村书屋建设现状与发展探讨》,《图书情报通讯》2009年第2期,第46—47页。2013年全省新闻出版工作总结,会议材料之五,2013年6月。夏国锋、吴理财:《公共文化服务体系研究述评》,《理论与改革》2011年第1期,第156—157页。李敏娜:《甘肃省文化产业发展研究》,硕士学位论文,兰州大学,2008年。

最实惠的"身边大学"①。

在响应国家政策号召下，全国各地积极推进农家书屋工程，在丰富广大群众的文化生活方面取得了良好成绩。甘肃省在 2013 年争取到财政资金 195 万元，在甘南州和天祝县也建成了 137 个藏传佛教寺庙书屋。深入开展了全省农家书屋管理员知识竞赛，为加强农家书屋运行管理长效机制建设，制定了《关于加强农家书屋建设管理使用工作的意见》（甘肃省政府办公厅），并制定了《2013 年农家书屋补充更新出版物推荐目录》（甘肃省政府办公厅），协调省财政农家书屋历年剩余采购资金 303 万元，完成了 170 个农家书屋的出版采购工作。在图书阅读方面，甘肃省在 2013 年开展了"书香陇原"、"全民阅读报刊行"、"华夏文明在甘肃"、"全民数字阅读"等活动，直接参与群众近 60 万②。

但由于东西部的差异性，西部地区 GDP 始终没有突破 50000 亿元，而东部在 2008 年已将近是西部的 5 倍③，导致政策在推行中出现了实施效果的差异。从现有的研究来看，国内关于公共文化服务体系的研究主要集中于公共文化服务体系的相关概念内涵、建设意义、基础设施建设或物态载体、经验或模式、管理体制或运行机制等诸多问题④。然而在西部文化惠民具体政策落实的对策方面的研究却很少，其中农家书屋工程的具体实施项目的民众知晓度，硬件设施与需求软件之间的断层，政策预计效果与事实落实的效果不对等性的原因等方面研究较少。

甘肃位于中国西部欠发达地区，虽然经济条件落后于东部发达地区，但在文化方面，甘肃是中华民族和华夏文明的重要发祥地。甘肃文化源远流长，是古丝绸之路必经之地，是中华文明和外国文明交融之重镇。甘肃文化资源丰富，种类众多，兼容性强，潜在价值高，开发空间大。随着西部大开发的不断推进，人民生活水平不断提升，对文化的需求也与日俱增，甘肃的历史文化积淀深厚，现实文化需求迫切，然而出现的现实问题也不容忽视。在调研过程中发现，不同地区的人民文化需求和政策的设置有巨大差异，对农家书屋工程的实施目标和所要发挥的功能认识不清；对如何根据不同群体的不同文化需求，有针对性地开展文化惠民工程缺少深

---

① 张玉香：《新农村书屋建设现状与发展探讨》，《图书情报通讯》2009 年第 2 期。

② 2013 年全省新闻出版工作总结，会议材料之五，2013 年 6 月。

③ 夏国锋、吴理财：《公共文化服务体系研究述评》，《理论与改革》2011 年第 1 期。

④ 李敏娜：《甘肃省文化产业发展研究》，硕士学位论文，兰州大学，2008 年。

入研究和应有的顶层设计；文化活动的宣传力度不够或疲于宣传，民众不知晓或者知晓度低；文化建设硬件不能满足群众需求，许多硬件设施落后或空白，无法满足民众日益增长的物质文化需求。因而进行甘肃省农家书屋工程的对策研究对如何进一步贯彻落实国家文化政策，有针对性地推进惠民文化工程的有效实施，加快社会主义文化建设具有积极的现实意义。

　　因此，我们对甘肃省陇南市武都区、白银市和兰州市的文化惠民工程的实施情况进行了实际调研。在对三市区的调研中主要采用了社会调查法（问卷抽样调查法和访问调查法）、问题分析法、实地观察法等社会科学研究方法。社会调查法是指在一个真实的抽样环境可以通过局部情况有效地反映整体情况，可以反映目标总体的一个样本，并且采用实证方式获取社会信息，随着人们对其研究的加深，在实践方面，逐步得到了广泛的应用①。问卷调查法是社会科学研究方法中的一种具体方法，一种有着明显的实证色彩，适于进行大规模的、定量研究的调查方法②。内容分析法是一种对传播信息内容进行系统、客观和量化描述的研究方法，它适于对一切可以记录与保存并且有价值的文献进行研究③。而实地调查法则可以通过研究者有目的、有计划地观察和收集第一手的资料，具有直观性，揭示社会生活的本来面目④。本研究对惠民工程中存在的问题从不同的方面进行了科学系统的研究，发现了其中亟须解决的几个问题，并有针对性地提出了相应的对策。

第二节　调研及分析概况

　　本次调研运用社会调查法调查三地区文化惠民工程实施情况，共采集调查问卷各 100 份。其中，武都回收有效问卷率为 100%，白银回收有效问卷率为 100%，兰州回收有效问卷率为 99%。采用内容分析法对回收的有效问卷进行分析，应用 SPSS 社会科学研究软件对调查的有效问卷进行分析。为了体现被访地区的真实情况，我们在三个地区选择主要地方进行随机调研。陇南市主要是在武都区范围内随机发放，选择了武都区两水镇

---

① 范伟达：《社会研究方法》，复旦大学出版社 2007 年版。
② 风笑天：《方法论背景中的问卷调查》，《社会学研究》1994 年第 3 期。
③ 邹菲：《内容分析法的理论与实践研究》，《评价与管理》2006 年第 12 期。
④ 林彬：《实地调查研究：社会调查知识系列讲座之五》，《青年研究》1993 年第 6 期。

后村、后坝村、两水村进行了问卷调查；白银市的问卷调查被访者涉及白
银市七乡镇（白银区四龙街道、白银区强湾乡、靖远县西关街道、靖远
县乌兰镇、靖远县东湾镇、靖远县三滩乡新田村、靖远县三滩乡万家坪）
居民；兰州市按照人口流动分布、人口密集程度以及地域分布，选取城关
区的四个地点（东方红广场、金轮广场、张掖路步行街、绿色公园）及
榆中县作为调查地点。

一　陇南市武都区农家书屋和图书馆

为了解决在我国社会主义新农村建设中农民读书看报难及电子音像制
品缺乏的问题，陇南市于 2007 年发起实施了农家书屋工程。通过在农村
建立自管自用的书屋和农民自助读书组织，让农民能便捷有效地学习技
能、获取信息，提高农民整体素质和文明程度。农家书屋是社会主义文化
建设中最基层的公共文化服务设施，在对陇南市武都区的农村书屋调研中
以两水镇后村为例，其书籍资源较为充足，调查问卷数据显示仅有 30%
的调查对象不知道该村的农家书屋，37.5% 的村民虽然知晓，但读书者寥
寥无几，没去过农家书屋的占 30%，书籍翻阅度不高，甚至可以说流于
形式，如图 1 所示。

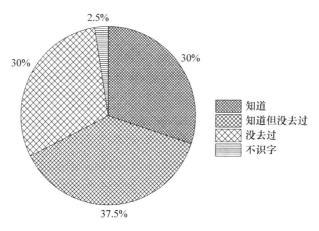

图 1　农村书屋使用情况

村民对书屋配备的图书不太满意和满意各占到 15%，其余 70% 为不
清楚书屋配备情况的人群。调查显示，农家书屋最需要的读物分别是农业

科技类、技能培训类和医疗卫生类图书。没在农家书屋读过书的人，其显示的读书来源为自己购买图书，这部分人高达40%。从农家书屋调查显示的结果来看，一大部分人并不知晓农家书屋，也不知晓农家书屋的参与途径，导致书籍翻阅度不高，使农家书屋流于形式。知晓度的缺失在于政府及相应机构的宣传力度不够到位，宣传措施不到位，从而导致了有农家书屋却不知道、自掏腰包买书等如此尴尬的局面。在对两水村的实地考察中发现，部分村的农家书屋设置在村支书或者村主任家中的房顶上，问其原因得知，是由于原农家书屋在规划中选址不能照顾到每个社的村民离书屋的路程距离，现有书屋离居民区较远，设置在村干部家中是方便群众的折中办法。

对城市居民主要是针对图书馆的问卷调查，结果如图2所示。值得注意的是，去过图书馆的人只占到27.23%，而没去过的人占72.77%。在这72.77%的人中，14.36%的人是没时间，16.15%的人是不知道有图书馆，所占比例较大。为了解决读书难问题，这部分人中有17.5%和22.5%分别选择了相互借书和阅读电子书。在对参加图书馆文化活动的调查中，有55%的人从来没有关注过陇南市内图书馆组织的文化活动，更有57.5%的人从来没有参加过图书馆组织的文化活动。未参加图书馆活动的人中有17.5%虽然表现出了想参与图书馆组织的文化活动的兴趣，可是却没有参与渠道。在对陇南市武都区图书馆满意度做的调查中发现，不满意度高达45%，满意只占5%，在实地调研中，群众普遍反映不知道

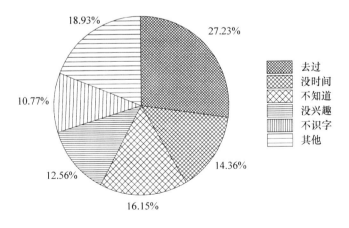

图2　图书馆使用情况

有图书馆或感觉图书馆太小并且长时间不开放。在市民普遍反映的区图书馆的问题上，通过对区图书馆的实地考察，发现武都区图书馆破败不堪，很难找到，并且星期一下午三点大门紧闭。其中有被访者写道"期望能多建几家大型书店，能找到，能买到，能读到好书"。大多数被访者都感觉武都区的图书馆太小、太差，也有部分人表示不知道有图书馆、博物馆、展览馆，另外青少年活动中心、体育设施、公园、文化艺术中心群众也急切需求。

二　白银市农家书屋

在本次调研的白银市七个乡镇中，除白银区四龙街道、靖远县西关街道、靖远县乌兰镇因地处城区可以享受图书馆服务外，其他四地均应为农家书屋工程覆盖地，令人惊讶的是，46%的被访者不知道当地是否建有农家书屋，已有农家书屋地区基本也是常年锁门的状态，还有85%的被访村民反映当地农家书屋并不对外开放，村民根本不知道农家书屋里面是"长什么样儿的"。说明已有农家书屋知晓度低且管理不善，利用率不高。

关于村民光顾农家书屋频次的调研数据显示，知道有农家书屋的人群中，只有8%的人选择了"每月一两次"，69%的人表示"很少去"，23%的人表示知道但"没去过"，见表1。在被问及如若开设农家书屋是否会经常去阅读等问题时，村民反映农忙时间根本没时间去读书，农闲时间也宁愿待在家里看电视。村民不去农家书屋的原因中，有37%的人是没时间，17%的人没兴趣，46%的村民是因为并不知道当地建有农家书屋，见表2。调查了解到，村民的读书来源中，52%的人是自己买书，但这部分人同时也表示，都是给孩子买书，自己并不会主动去买自己喜好的书，还有28%的人表示没有其他读书来源。农民的生活方式主要是务农，时间大部分被农事所占据，农民的生活比较单调，很少有时间享受更多的文化生活。这就说明基层民众对农家书屋缺乏主动需求，意识淡薄，致使白银市多地农家书屋成为"面子工程"。

表 1　　　　　　　　　　　村民光顾农家书屋频次

光顾频次	每月都去	很少去	从不去
有效百分比（%）	8	69	23
累计百分比（%）	8	77	100

表 2　　　　　　　　　　　村民没去农家书屋的原因

原因	没时间	没兴趣	不知道
有效百分比（%）	37	17	46
累计百分比（%）	37	54	100

调查发现，在去过农家书屋的人群中，村民选择去农家书屋的理由，有 46% 的人是为了"查阅资料"，只有 15% 的人是为了"休闲放松"。但有 56% 的村民并不满意当地农家书屋的图书配置，32% 的村民偏好生活类、文化教育类图书，近 1/3 的村民偏好农业科技类图书，1/4 左右的村民倾向于医疗卫生类图书，16% 的村民会选择在农家书屋阅读技能培训类图书，近一半的村民反映对当地农家书屋配备的图书不感兴趣，多是些无聊的闲书，他们也没有大量时间去耗费在没有实际帮助的书上。

三　兰州市图书馆及农村书屋

提到图书馆，受访者大多数是一种没有去过的态度，12.5% 的人表示没有时间，10.9% 的人表示自己有各种原因，如路远不便、觉得麻烦。7.8% 的人并不知道兰州市图书馆和甘肃省图书馆的具体位置，对于图书馆组织的书画展、民俗展，更是有 37.5% 的人从来都不关注。受众接受程度不高，参与度不高成为图书馆所面临的尴尬问题。在调查中得出，37.5% 的市民没有使用过图书馆，54.7% 的市民没有参加过图书馆组织的文化活动，见图 3。虽然兰州市图书馆和甘肃省图书馆都处于繁华地段，但却很少有人会主动去图书馆借阅图书，或是参与文化活动。此外，获知渠道也是一个影响因素。现代网络发达，40.6% 的人表示会在网络上进行阅读活动，对于图书馆组织活动动向 29.7% 的人是从互联网中获知的。

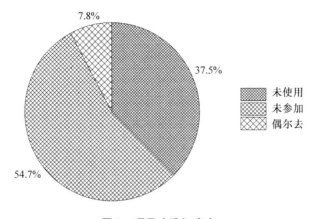

图 3　项目建设知晓度

市民参与图书馆所组织的活动情况显示，59.4% 的人想要参与图书馆组织活动，其中个人兴趣影响占 43.8%，不想参加的原因 18.8% 的人是不感兴趣，对于活动没有关注。影响因素中媒体宣传只占 1.6%，而经人推荐为 7.8%。由此看来，图书馆活动的参与还是与宣传效果息息相关的。

总体上说，图书馆本身是可以满足人民群众的文化活动需求的，但是作为主体的市民主动性不高，12.5% 的人认为没有时间去图书馆，32.8% 的人认为图书馆及其组织的活动并没有给自己现在的工作学习生活产生影响。在 29.7% 的认为产生影响的人中，对于图书馆的使用只限于可以上自习，借阅一些难寻的资料。这对于图书馆来说是大材小用，要真正意识到图书馆的意义、图书馆的职责、图书馆的功用，并使其发挥作用。

与陇南市和白银市相比，"为解决农家书屋图书品种少、更换周期长等问题和不足，甘肃省和兰州市为农家书屋配备了专门的图书流动交换车，定期在书屋与书屋之间、图书馆与书屋之间流动换书，有效解决了农家书屋运行中的一个关键问题"。从 2006 年开始，兰州市正式启动农家书屋工程，每年此项工作都被列为政府重点工作来抓。截至 2009 年，兰州市已累计投入资金 1196 万元，建成 611 个农家书屋，占全市 749 个行政村总数的 3/5 多。兰州市为进一步规范农家书屋建设和管理，提高服务质量水平，让农家书屋的管理人员当好知识文明的传播者，切实发挥"农家书屋"在新农村建设中的作用，于 2011 年正式启动首期农家书屋管理员培训，来自城关、七里河、西固、榆中等各县、区图书馆、农家书屋的 200 余名管理人员参加了培训。截至 2013 年，兰州市 100 个贫困村文化活动室已全部建成并陆续投入使用，其中城关区 8 个、七里河区 20 个、西固区 1 个、红古区 8 个、皋兰县 14 个、榆中县 25 个、永登县 24 个。并将已建成的村农家书屋整合在村文化活动室的范围内，面积不少于 20 平方米。各类实用图书不少于 1000 册，电子音像制品不少于 100 种，报纸期刊不少于 20 种，有 10 人以上同时使用的阅读桌椅[①]。

四　综合情况

在对陇南市区文化建设的总体印象和感受的测评中，根据实地调查发现，政府在软件实施方面群众满意度较高，而硬件和文化资源的保护和开发较为薄弱，这里对文化资源的保护和开发的低满意度，也不排除政府的宣传力度不足，群众不知晓或知晓度低，导致认为其重要性较低。例如，陇南市人民政府关于表彰 2012 年度陇南名牌产品的决定（陇政发〔2013〕2 号）、陇南市人民政府关于公布第二批市级重点文物保护单位的通知（陇政发〔2013〕30 号）以及陇南市人民政府办公室关于印发第一次可移动文物普查实施方案的通知（陇政办发〔2013〕79 号）等。

此外，多彩的电视节目吸引着人们，使得人们足不出户就可以获得外界的信息，这也在很大程度上影响了受众的文化活动观感，不出门感受不到真正的文化气息，只是从方寸屏幕中被动接收信息。

对于现代社会相当发达的互联网络而言，其功用强大，渗透到了人们生活的方方面面。传统的读书看报因其有不方便的地方使得在受众间的占有份额不断减少，当然，在此次调查中，依然可以看到传统传媒方式的强大影响力，这些方式并没有因为科技发展而消失，反而会找寻新的合作途径，焕发新的生命力。

在对兰州的调查中发现，多数人每天用于娱乐的时间为 1—2 个小时

---

① 范伟达：《社会研究方法》，复旦大学出版社 2007 年版。风笑天：《方法论背景中的问卷调查法》，《社会学研究》1994 年第 3 期。邹菲：《内容分析法的理论与实践研究》，《评价与管理》2006 年第 12 期。林彬：《实地调查研究：社会调查知识系列讲座之五》，《青年研究》1993 年第 6 期。

（43.8%）。在忙碌的工作生活中，多数人用于娱乐的时间很少，每个人每天都是如此忙碌，而没有时间去放松自己，长此以往，压力增大，身心俱疲。市民中60.9%的人没有感受到文化惠民政策，可以说是没有真正体会到文化惠民工程带来的益处，26.6%的人表示会使用附近的文化活动场所。

对于文化建设的总体感觉，42.4%的人表示感觉一般，28.1%的人表示不满意。对于兰州市文化建设中出现的文化设施，43.8%的人表示这些设施基本不能满足日常文化活动需要，25%的人认为可以满足，另有14.1%的人表示并不清楚这些设施。

第三节　对比分析

由图4可以看出，同处地级市区的白银和武都在农村书屋建设中也有区别，图4中处于兰白都市经济圈的白银比处于甘肃南部贫困地区的武都

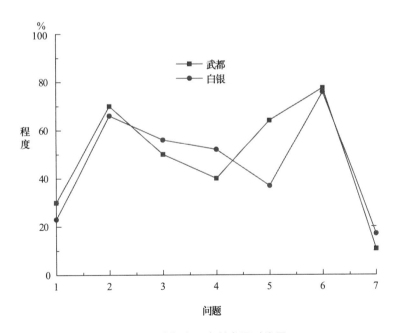

图4　两地级市区农村书屋对比图

注：1表示没去过；2表示不知道；3表示对图书不满意；4表示自己购买图书；5表示没时间；6表示文化建设满意度；7表示没兴趣。

总体情况略好，区别一在于武都群众对图书更加不满意，选择自己购买图书的比例也比白银高，体现出武都的农村书屋在图书构成方面的缺陷，村民偏好生活教育类、农业科技类、医疗卫生类及技能培训类图书，而现有图书种类并不能满足群众多样化的需求，致使农村书屋利用率低，没有更好地发挥其作用；区别二在于没去农村书屋读书的原因中，没时间去的比例武都低于白银，在这个问题上，白银则显示出大多数人没时间去农村书屋，武都群众则有时间而不去，归根结底是因为农村书屋吸引群众去阅读的力度不够。

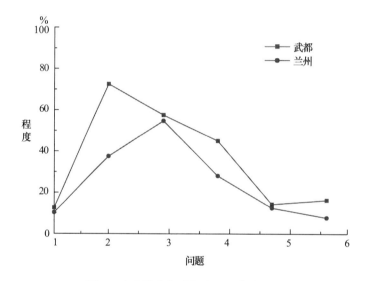

图5　省会城市与地级市区图书馆对比

注：1表示没兴趣；2表示没去过图书馆；3表示没参加过图书馆活动；4表示不满意；5表示没时间；6表示不知道图书馆地址。

以上农村书屋问题归纳如下：（1）农民需求多元，农家书屋图书配置无针对性，指导性的实用读物太少。（2）已有农家书屋之所以利用率低下，农家书屋常年锁门现象频现，就是因为缺乏有力的监督机制。（3）农民知识水平有限，读书意识不强，阅读能力较低。因此，为了促进农家书屋的发展建设，应该从根源上解决问题，改变农民落后的、传统的观念，转变生产方式，运用先进的科学技术提高劳动生产率，解放劳动力，给农民提供更多的学习空间。（4）书屋管理人员薪酬太低，难以维持生计。（5）有的农村书屋设置地点虽在村的管辖范围内，但远离居民生活区，多数村民感觉路途偏远，不能做到照顾每个社的村民。（6）农村青壮年常年在外务工，农村多为留守儿童和留守老人，老人多为文盲，年老眼花，儿童多喜欢漫画小说类图书，而书屋缺乏这类图书。

由图5可以看出，省会城市兰州明显比地级市区的整体情况要好，最明显的区别是在没去过图书馆的问题上，武都没去过图书馆的人明显高于省会兰州，另外在对图书馆的不满意度上武都也明显高于兰州。在没参加图书馆活动和没时间去图书馆的问题上两者则比较相近。

图书馆问题归纳如下：（1）地级市区（以陇南为代表）图书馆太偏太小，市民很难找到。（2）地级市区（以陇南武都区为例）图书馆开放时间太短，甚至正常开放时间内馆门紧闭。（3）图书馆活动的宣传力度不够，市民不知道有活动，想参加却不知道活动信息。（4）图书馆活动受众接受程度不高，参与度不高。

第四节　对策

农村书屋方面：

（1）保障农村书屋建设，设立政府与民众联合监督机制，定期考核，收集民意。

已有农家书屋之所以利用率低，锁门现象频现，就是因为缺乏有力的监督机制。应设立农家书屋管理人员的绩效考核机制，将农家书屋的宣传工作及相关民意调查也纳入进来，促进农家书屋功效最大化实现。

（2）在设立农家书屋管理人员的绩效考核机制的同时，政府应予以资金支持，提高书屋管理员薪酬。农村书屋的管理人员多由村干部担任，村干部的年薪工资只有象征性的两千多元，而他们也需要养家糊口，因此要求书屋管理员每日守着农家书屋也是不现实的。

（3）培养市民、村民的阅读习惯，定期组织读书培训会与交流会，发展电子阅读及有声阅读，开展读书竞赛类活动，并给予一定的奖金奖励。

农民知识水平有限，读书意识不强，阅读能力较低。因此，为了促进农家书屋的发展建设，应该从根源上解决问题，改变农民落后的、传统的观念，转变生产方式，提高劳动生产率，解放生产力，给人民群众提供更多的学习空间。鼓励出版企业开发和制作数字图书、数字报刊，发展电子阅读及有声阅读，增加市民、农民阅读兴趣。

（4）村民因个人喜好及自身条件限制，对图书种类的需求必然多样化，为了顾及大多数村民的喜好，设立定期民意收集制度。参考农村人员结构，以及人员变动情况，实时对书屋藏书结构进行调整，增加生活教育类、农业科技类、医疗卫生类及技能培训类图书，针对留守儿童多的农村，增加儿童读物和小说类图书。

（5）与邻村邻乡建立合作共享机制，定期互换图书，丰富图书种类，将农村书屋的功效最大化。例如，甘肃省兰州市为农家书屋配备了专门的图书流动交换车，定期在书屋与书屋之间、图书馆与书屋之间流动互换图书，有效地解决了农家书屋运行中图书品种少、资源匮乏的关键问题①。为了活跃农村书屋阅读氛围，建立村村联动共享图书机制。

（6）进一步地解决问题就需要全方位的配合，政府财政性的支持也是必要的，给相应的村镇一些经济补助，用于图书采购、交流。由县政府作为农村书屋的直接建设主体，省政府作为联合建设主体，按人口、配套比例依据地县不同经济情况为县政府提供建设经费补贴②，由县级政府依据本县以及农村的情况对农村书屋图书进行公开招标。

（7）给村民办理借书证，完善借阅机制。村民可借书、借光盘拿回家阅读观看，不仅仅局限于书屋内部翻阅。

（8）结合甘肃三地的实际情况，针对如何调动群众阅读积极性方面，定期引进专家讲座，指导农民阅读图书，并将其应用到实际务农等活动中，实施奖励措施，使农民尝到读书的甜头，从而调动其阅读积极性。

（9）合理规划农家书屋的选址，以方便群众阅读为原则；对已经建成的地理位置不合理的农家书屋，采取在每个社建立分站，方便村民读书借书。

城市公共图书馆方面：

（1）创新图书借阅模式，借鉴东部发达城市成功案例，拓展生存空间。

---

① 臧运平、宋桂娟、郑满生、牟肖光、姜仁珍、于良芝：《我国农村地区公共图书馆建设的诸城模式研究》，《中国图书馆学报》2012 年第 5 期。

② 同上。

创新图书借阅模式，调动借阅积极性，转变以单纯借阅为主的模式，参照深圳市的"构建图书馆之城"的成功案例，将基层图书馆建设成集图书借阅、报刊阅览、查询、远程数字教育利用于一体的综合性信息中心①。

（2）多措并举地举办图书活动，使群众真正享受到改革发展的成果。

沈阳大东区图书馆采取建立"流动书库"、承办"书香大东"系列活动等方式，送图书和知识进入社区村镇，就是一个成功的可做参考的案例。再例如，参考《发挥公共图书馆优势、推进农家书屋建设》（杨玉蓉，2010），可利用市县级图书馆活动及图书资源优势，帮助推进农家书屋的建设和发展。

（3）加大宣传，市、区、县三级联动，宣传阅读的好处。

扩大传播受众面，使群众知道农家书屋、图书馆在哪儿，怎么去，怎么参与，怎么互动。首先，各级政府、居委会需要对图书馆文化活动室展开宣传活动，通过传单、广播、现场推广等方式提高知晓度；其次，通过组织各类比赛，设立奖项，如读书活动、演讲比赛等方式调动群众阅读兴趣，扩大影响②。

结　　语

本章首先采用社会科学研究方法，大规模地对地处西北甘肃省的陇南市武都区、白银市和兰州市文化惠民工程情况进行了民意抽样调查，从整体到具体，再以小见大，从不同角度分析了农村书屋及图书馆公共文化图书服务个体工程的实施情况。然后分别对三地的调研数据进行分析和对比，不仅反映出民众对农村书屋及图书馆不知晓或者知晓度低，群众的需求有差别等情况，而且反映出政府对文化活动的宣传力度不够或疲于宣传，缺乏有力的监督机制的问题。最后通过与其他发达地区的对比，提出了用创新图书阅读模式等对策来加快农村书屋建设的进程。这就为政府相应政策的出台，提供了理论方面和实际方面的依据。此次战略研究虽然主

---

① 中共中央宣传部文化体制改革和发展办公室：《文化体制改革经验100例》，学习出版社2009年版。

② 李艳：《甘肃省农家书屋建设现状研究》，硕士学位论文，兰州大学，2011年。

要采用了问卷调研的方法，得到了一些相应的对策策略，但由于资金和人员的不足，只是对甘肃省的三个有代表性的市区进行了问卷调查，未能大规模地对省内各市进行问卷调查，这使得此次调研活动还存在一些局限性和不足，希望以后的研究能够更加全面和完善。

第十三章 甘肃省文明素质提升
工程调查分析

第一节 前言

2013 年，甘肃省文化部门深入学习贯彻习近平总书记系列重要讲话精神，认真落实党的十八大和十八届二中、三中全会精神，继续努力落实甘肃省第十二次党代会的工作指示，全力实施甘肃省文化大发展的五项工程，将文明素质提升工程、文化服务惠民工程、文化精品打造工程、文化产业培育工程和文化体制创新工程连为一体，整合资源，为着力打造华夏文明传承创新示范区建设提供长久的人文动力。

甘肃省文化大发展战略以弘扬社会主义核心价值体系为指导思想，以培育新时代好市民为重要目标，创新载体，拓展内涵，全面实施公民文明素质的多维度立体提升，为着力打造城市软实力和竞争力提供了长久的思想动力。

一 研究背景

"全国文明城市"，是中央文明委对在全面建设小康社会，加快推进社会主义现代化新的发展阶段，经济建设、政治建设、文化建设和社会建设全面发展，精神文明建设成绩显著，市民文明素质和文明程度较高的城市授予的综合性荣誉称号。文明城市不仅反映了一个城市的价值内涵、文化品位、人文精神和综合实力，更反映了一个城市的社会文明水平。创建文明城市是促进经济社会科学发展的有效载体，是培育和践行社会主义核心价值观的有力抓手，是群众广泛参与、社会普遍认可的工作品牌。自2004 年中央文明委出台《全国文明城市测评体系》、大张旗鼓命名表彰、持之以恒推进创建全国文明城市工作以来，先后表彰了三届53 个全国文明城市（区）和 94 个全国文明城市提名资格城市（区）。其中，甘肃省兰州、金昌、嘉峪关、庆阳市获得全国文明城市提名资格，这四个城市在培育和践行社会主义核心价值观、深化公民道德建设、促进城市协调可持续发展方面发挥了重要的"排头兵"、"晴雨表"作用，极大地激发了全省各族群众携手共建幸福美好新甘肃的积极性、主动性、创造性，为加快实现甘肃省与全国同步进入全面小康社会提供了强大的精神动力和坚实的道德支撑。2014 年，中央文明委将命名表彰第四届全国文明城市、文明村镇、文明单位，并就全国文明城市的申报和测评工作作出一系列重要调整。甘肃省委、省政府对甘肃省创建全国文明城市工作寄予深切厚望，省委主要领导多次听取汇报并作出重要指示，明确要求要在围绕中心抓创建、以人为本抓创建、为民惠民抓创建、凝心聚力抓创建上积极有效作为，在推动更多的城市奋力跨入全国文明城市行列上实现重大跨越，让人民群众切身感受到创建工作带来的巨大变化，共享创建工作带来的丰硕成果，为我们指明了方向、提供了动力。

兰州、金昌、嘉峪关、庆阳四个全国文明城市提名资格城市早动员、早安排、早部署，把创建全国文明城市工作作为"一号"工程纳入经济社会发展总体规划，举全市之力，一以贯之，狠抓落实；把突出中国特色社会主义和中国梦宣传教育、突出培育和践行社会主义核心价值观、突出诚信建设制度化、突出志愿服务制度化、突出提升公民出境游文明素质、突出勤俭节约宣传教育、突出未成年人思想道德建设作为中心任务，着力在增强创建思想内涵、强化道德要求上苦练内功，在突出实际效果、克服形式主义上真抓实干，创造了一批鲜活经验，如兰州市的凡人善举、好人评选活动，金昌市的文明餐桌行动，嘉峪关市的道德讲堂建设，庆阳市的中华优秀传统文化传承等，有力地提升了市民文明素质和社会文明程度；把为群众办好事、做实事作为出发点和落脚点，着力在改善民生、提高市民幸福指数上加大投入，在创造优美环境、优良秩序、优质服务上锲而不舍，形成了"文明城市大家创、创建文明城市为大家"的广泛社会共识，营造了廉洁高效的政务环境、民主公正的法治环境、公平诚信的市场环境、健康向上的人文环境、有利于青少年健康成长的社会文化环境、舒适便利的生活环境、安全稳定的社会环境和可持续发展的生态环境，市民对创建活动的知晓率、支持率、参与率不断提高。

甘肃省在继"五城联创"系列工作、文化大发展五项工程、华夏文明传承创新区建设、"12586"文明城市创建工程、"3341"项目工程、"1236"扶贫攻坚行动、"联村联户、为民富民"行动等各项重点工作的实施进程中，对于全省公民的文化道德素质提升做出了潜移默化的有利助力。社会经济的发展离不开个人的贡献，而每个普通百姓的自身素质则是社会发展、经济腾飞、文化繁荣的基石。

越是在经济发展迅速的时候，越要注重文明素质的提升工作，甘肃省在总结历史经验教训的同时，紧紧围绕党的十八大精神，放眼全国乃至全世界，将政府工作的重点归结为两个基本点：一方面，迫切希望完成经济的跨越式发展；另一方面，注重精神文明建设。

虽然甘肃省在文明素质建设方面取得了重大突破性进展，但是同一些经济发达地区相比，还是有很大的不足，为了改变这种状况，甘肃省委、省政府下定决心，将全省文化发展的战略提升到了一个新高度。

二　选题依据

1. 现实依据

甘肃省委、省政府和甘肃省文明办提出的建设文化大发展五项具体工程——文明素质提升工程、文化服务惠民工程、文化精品打造工程、文化产业培育工程和文化体制创新工程为本章提供了研究背景和现实依据。

2. 理论依据

党的十八大报告把"文化软实力显著增强，社会主义核心价值体系深入人心，公民文明素质和社会文明程度明显提高"作为全面建成小康社会和全面深化改革的目标之一，进一步提出兴起社会主义文化建设新高潮，要求深入开展社会主义核心价值体系学习教育，"倡导富强、民主、文明、和谐，倡导自由、平等、公正、法治，倡导爱国、敬业、诚信、友善，积极培育和践行社会主义核心价值观"[①]。

文明素质提升对人的全面发展有促进作用，对社会经济发展，社会和谐稳定，提升公民幸福感、存在感有促进作用。提升甘肃省公民文明素质，是建设美好新甘肃、争创全国文明城市的必然要求。唯物史观认为，社会存在决定社会意识，社会意识反映社会存在并对社会存在具有能动作用。

[①] 《十八大报告辅导读本》，人民出版社 2012 年版，第 206 页。

三　研究意义

公民文明素质是反映社会文明水平的一个标志，甘肃是历史文化名省，外界对甘肃人的评价，影响甘肃的经济发展，对甘肃省实现文化发展大省战略至关重要。全省各族群众竞相参与幸福美好新甘肃建设的积极性和创造性空前高涨，形成了聚精会神搞建设、一心一意谋发展的强大合力，为全省转型跨越发展提供了不竭的精神动力。但是，我们也要清醒地看到，伴随社会转型、经济结构调整和利益分配格局的变化，以及思想多元化的冲击，一些领域的道德滑坡、公德失范、诚信缺失等突出问题也逐步暴露出来，一些地方的封建迷信、黄赌毒等社会丑恶现象还没有销声匿迹，引起了广大人民群众的强烈不满，如果不坚决加以整治，必将对甘肃省经济社会发展产生负面影响。① 因此，文明素质提升工程在甘肃省文化发展战略中具有重要意义与作用，也是甘肃省实现经济腾飞的重要因素。

第二节　甘肃省公民文明素质调查分析

一　甘肃省公民文明素质调查总体情况

1. 样本选取

为减少抽样误差，本次调查采用分层、多阶段、概率与规模成比例抽样方案，抽样总体为甘肃省的 14 个市州，从中抽取 3 个样本市进行随机抽样调查，这 3 个市为兰州市、白银市、陇南市。

2. 样本量确定

兰州 100 份，白银 100 份，陇南 50 份。

3. 问卷投放对象及办法

样本单位为甘肃省内接受完成九年义务教育且年龄在 12 岁以上的公民（不包括智力障碍者）。样本投放采用职业分层的办法。样本分层为：A 农民；B 个体经营；C 企事业单位人员；D 公务员；E 退休人员；F 进城务工人员；G 下岗人员；H 学生；I 自由职业者；J 企业工人。

---

① 《扎实推进文明素质提升工程，着力助推文化提升行动》，《甘肃日报》2012 年 7 月 3 日。

二　甘肃省公民文明素质基本构成情况

1. 问卷可信度分析

问卷可信度也就是问卷的可靠性，是指对问卷测量结果准确性的分析，即对设计的问卷在多次重复使用下得到的数据结果的可靠性的检验。克朗巴哈系数（Cronbach's α）是一个统计量，是指量表所有可能的项目划分方法得到的折半信度系数的平均值，是最常用的信度测量方法，适用于态度、意见式问卷（量表）的信度分析，所以本章采用 Cronbach's α 信度系数检验问卷的信度。本研究通过 SPSS 19.0 分析软件对所获得的 250 份调查问卷进行信度检验，信度系数为 0.765，作为一般探索性研究，这个值具有较好的可信度。案例处理汇总见表 1。

表 1　　　　　　　　　　案例处理汇总表

		N	%
案例	有效	250	100.0
	无效 a	0	0.0
	总计	250	100.0

a. Listwise deletion based on all varia.

2. 性别分布

为达到客观地反映实际情况，我们在设计问卷的时候预先将性别比例调到了 1∶1（见表 2），便于在数据分析的时候将性别作为一个影响因子。

表 2　　　　　　　　　　性别

	人数	百分比（%）	有效百分比（%）	累计百分比（%）
男	125	50.0	50.0	50.0
女	125	50.0	50.0	100.0
总计	250	100.0	100.0	100.0

3. 年龄分布

甘肃省文明素质提升工程的重点是青少年，青少年是祖国的未来，是国家建设的栋梁，是社会主义建设的接班人。在实际走访调查的时候，考虑到文明素质提升工程的主力军集中在青壮年这个人群，我们主要对12—16岁的少年和17—30岁的青年人群做了问卷调查，占了总数的93.6%，见表3。31—50岁的人群，他们的生活习惯、道德修养相对比较稳定，故在调查中占了较小的比例。

表3　　　　　　　　　　　　　　　　**年龄**

		人数	百分比（%）	有效百分比（%）	累计百分比（%）
满意度	12—16岁	105	42.0	42.0	42.0
	17—30岁	129	51.6	51.6	93.6
	31—50岁	16	6.4	6.4	100.0
	总计	250	100.0	100.0	100.0

4. 文化程度分布

思想道德教育是一项长期的工作，不仅要对文化素质高的人群进行宣传教育，而且要对文化素质低的人群进行更加全面深入的培养教育。甘肃省少数民族数量比较多，农村人口比重大，相应的文明素质教育程度低，要达到全民素质提高的要求，必须认清不足，敢于面对工作当中的困难。在此次调查中，小学及以下文化水平的人数占了8.4%，初中占20.4%，高中、中专、中技占55.2%，大专占16%，见图1。

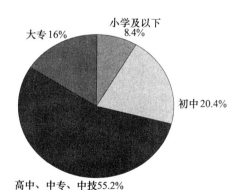

图1　文化程度

5. 当前职业或身份分布

农村人口和生活困难群众的素质提升是个难点，也是全民文明素质提升的一个标志，做好农村人口、进城务工人员、下岗失业人员、零就业家庭、非公有制经济组织等文明素质提升工作，是省委、省政府文化工作的重点。本次调查中，农民占12%，个体经营者占21%，企事业单位人员占4.8%，公务员占20.4%，退休人员占8.8%，进城务工人员占9.6%，下岗人员占4.0%，学生占13.6%，自由职业者占2.8%，企业工人占2.4%，见图2。落实社会主义核心价值观，亟须培养农民的现代政治、法治、伦理等文明素质。甘肃省农村尤其是偏远农村，多数劳动力文化水平偏低，整体文化素质、政治素质不高，导致农民对社会主义核心价值观的理解、接受、践行均受自身条件和农村环境的限制，农民参与社会政治的有效性也有待提高。以相应的知识文化水平和参与政治的能力，参与新农村、新道德建设，是新农村建设中社会主义核心价值观对农民的客观要求。具备了相应的人文社会科学知识、科学文化素养、现代政治经济法制伦理常识之后，农民才能清楚地知道自己的合法权利和义务，正确地理解现实政治、法制、经济、伦理对自己和乡村建设的要求，主动自主地学习探索，参与国家经济、政治建设，放

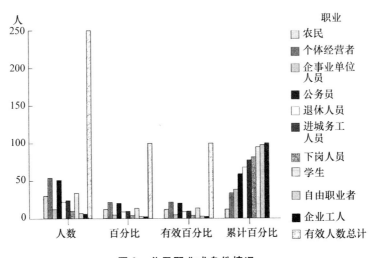

图2　公民职业或身份情况

眼社会，了解世界。①

从对调查样本的总体分布状况和信度分析数据来看，此次调查具有较高的可信度以及良好的覆盖率。

三 甘肃省公民文明素质存在的问题

公民文明素质是一个国家和地区的公民在改造自然和社会的过程中获得的思想、情操、体魄、智力、心理、科学、文化等的基本品质和达到的总体水平。当被问到"你对本市市民的素质整体上满意吗"时，只有6.4%的受访者对本市的文明素质程度感到很满意，而回答比较满意的人占27.6%。此外，回答一般和不满意的人分别占了41.6%和24.4%，见表4。数据表明，对当前三个城市而言，民众的满意度很低，市民文明素质有待提高。

表4 　　　　　　　　　对本市市民的素质整体满意度

		人数	百分比（%）	有效百分比（%）	累计百分比（%）
满意度	很满意	16	6.4	6.4	6.4
	比较满意	69	27.6	27.6	34.0
	一般	104	41.6	41.6	75.6
	不满意	61	24.4	24.4	100.0
	Total	250	100.0	100.0	100.0

1. 遵守交通规则

当被问及遵守交通规则的问题时，被测对象按照文化程度区分，有如下数据信息：小学及以下学历的公民有6.8%的人选择了大部分时间会遵守交通规则，而学历较高的如高中、中技、中专、大专等，共有71.5%的人选择了大部分时间会遵守交通规则，见表5。

进一步分析结果表明，遵守交通规则不仅和文化程度有关，还和职业有关，见图3、表6。

① 杨青、丁利锐、葛茂林：《以社会主义核心价值观提升河北农民的道德素质》，《河北学刊》2014年第1期。

表5 公民遵守交通规则情况

		文化程度			
		小学及以下	初中	高中、中专、中技	大专
你会遵守交通规则吗	大部分时间会	11	35	93	22
		6.8%	21.7%	57.8%	13.7%
	偶尔会	1	8	10	0
		28.0%	32.0%	40.0%	0.0%
	自由地见机行事	0	4	12	6
		0.0%	18.2%	54.5%	27.3%
	从来不会	3	4	23	12
		7.1%	9.5%	54.8%	28.6%
Total		21	51	138	40
		8.4%	20.4%	55.2%	16.0%

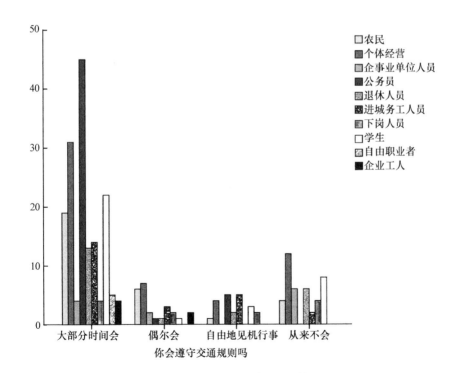

图3 公民遵守交通规则分职业情况

表6　　　　　　　　　　　公民遵守交通规则分职业情况

			职业									Total
			农民	个体经营者	企事业单位人员	公务员	退休人员	进城务工人员	下岗人员	学生	自由职业者	企业工人	
你会遵守交通规则吗	大部分时间会	人数	19	31	4	45	13	14	4	22	5	4	161
		你会遵守交通规则吗	11.8%	19.3%	2.5%	28.0%	8.1%	8.7%	2.5%	13.7%	3.1%	2.5%	100.0%
	偶尔会	人数	6	7	2	1	1	3	2	1	0	2	25
		你会遵守交通规则吗	24.0%	28.0%	8.0%	4.0%	4.0%	12.0%	8.0%	4.0%	0.0%	8.0%	100.0%
	自由地见机行事	人数	1	4	0	5	2	5	0	3	2	0	22
		你会遵守交通规则吗	4.5%	18.2%	0.0%	22.7%	9.1%	22.7%	0.0%	13.6%	9.1%	0.0%	100.0%
	从来不会	人数	4	12	6	0	6	2	4	8	0	0	42
		你会遵守交通规则吗	9.5%	28.6%	14.3%	0.0%	14.3%	4.8%	9.5%	19.0%	0.0%	0.0%	100.0%
	合计	人数	30	54	12	51	22	24	10	34	7	6	250
		你会遵守交通规则吗	12.0%	21.6%	4.8%	20.4%	8.8%	9.6%	4.0%	13.6%	2.8%	2.4%	100.0%

调查结果显示，遵守交通规则按照职业的不同，其概率分布也有不同，公务员在大部分时间会遵守交通规则的比例最大，为28%，而下岗人员、自由职业者、企业工人、企事业单位人员选择大部分时间会遵守交通规则的都不到5%。

2. 最常见的不文明行为（见表7）

表7　　　　　　　　　　　常见不文明行为

	人数	百分比（％）	有效百分比（％）	累计百分比（％）
语言粗俗，出口成脏	48	19.2	19.2	19.2
缺乏爱心，当别人需要帮助时袖手旁观	63	25.2	25.2	44.4
践踏花草、绿地，不爱护	34	13.6	13.6	58.0
随地乱扔垃圾，随地吐痰	105	42.0	42.0	100.0
合计	250	100.0	100.0	100.0

42%的人认为随地乱扔垃圾、随地吐痰是最常见的不文明行为，25.2%的人认为缺乏爱心，当别人需要帮助时袖手旁观也是常见的不文明行为。由表7中数据我们不难得出这样一个结论，要建设文明城市，市民不仅自身要做好爱护环境，不乱扔垃圾，不随地吐痰之外，还要有一颗爱心、热心，拒绝冷漠，要见义勇为，尽力帮助身边需要帮助的人，这样才能提高公民整体的文明素质。兰州由于外来人员较多，造成了全市市民素质较低的现状。城市的文明就是每个市民文明和城市各项活动有序的集中体现。而兰州人最缺乏的是"城市是我家，建设靠大家"的意识。在北京、上海等一些城市不准乱扔烟头、随地吐痰，若有不符合城市文明的行为，不但要受到严厉的处罚，更会招来众多当地人的鄙视和唾弃，这些城市已经形成了文明的氛围。而在兰州的大街小巷，不要说这些不文明的现象，就是随地大小便也没人过问，只顾自己的方便，根本不顾及社会公德，充分说明市民社会道德水准非常低下。在公交车里，专门设有老、幼、病、残、孕等专座，但由于市民素质低下，缺乏应有的尊老爱幼意识。当你看到年迈的老人扶着把手颤颤巍巍地站在坐在专座上的年轻人身旁时，不仅为占专座的人愤慨，更为这个城市的文明悲哀。小摊小贩为了自己的方便，残枝烂叶随手扔在马路上，他们的经营活动结束离开场所后便是垃圾遍地，一片狼藉，不仅给行人造成了行路难，严重污染了周边环境，而且还引发踩滑，造成对人身的伤害。曾经在媒体上报道了几起由于缺乏公共设施警示标志而引发严重人身伤害的事件，这些都是市民意识缺乏的表现。所以文明城市建设，首先要把文明市民的建设作为一项巨大的系统工程，把市民素质的提高作为重中之重，且要常抓不懈、持之以恒。全体市民要摒弃陋习，更新观念，为我们的家园建设做出一份力所能及的贡献。①

3. 文明素质方面的宣传或教育活动缺失

有一半的被测者认为自己没有参加过文明素质方面的宣传或培训等教育活动（见表8），这说明，甘肃省对公民的文明素质提升宣传教育工作还有待提升，在以后的工作当中应把宣传教育、培训等当作重点来抓。公益广告是一种非常好的对大众进行宣传教育的手段，但是我国的

---

① 封效、侯小莱、牛振全：《更新观念加快建设兰州文明城市的步伐》，《甘肃科技纵横》2014年第2期。

公益广告与国外相比还处于成长期，各方面都有所不足，甘肃省具有本土特色的公益广告更是少之又少。公益广告是企业或政府机构、社会团体向普通民众阐明社会责任与功能的一种方式。公益广告的目的不在于盈利，而是为了实现观众人文素质的提升，社会效益性明显，在现代社会中能够起到正确的引导作用。公益广告有别于商业广告，具有强烈的社会性。公益广告通过一些创意手法，在电视媒体上表现出来。现代社会几乎每个家庭都拥有电视，通过电视传播则会让更多的人感受到公益广告带来的作用，形成民众共鸣。我们经常从电视中看到的关于禁烟、禁毒的公益广告就是为了表明它的社会性质，烟与毒都是对整个社会有害的，需要全民参与，主动避免，相互监督。① 将"八荣八耻"、公民行为道德规范准则等运用动画片、宣传片等方式直观地展现给广大群众，这是提升文明素质的重要途径。

表 8　　　　　公民参加文明素质方面的宣传或培训等教育活动情况

	人数	百分比（%）	有效百分比（%）	累计百分比（%）
参加过	63	25.2	25.2	25.2
没参加过	126	50.4	50.4	75.6
没印象	61	24.4	24.4	100.0
合计	250	100.0	100.0	100.0

文化设施是开展群众文化活动的基础性条件。一方面，政府要加大投资力度，修建影剧院、文化活动广场、群众文化活动场所等，积极拓展文化阵地。另一方面，也要积极动员社会资本参与到文化设施的建设中，要按照"政府主导、企业参与、市场运作"的模式，积极调动社会力量，引导企业参与到基层文化设施建设中，扩大群众文化活动的覆盖面并提高其影响力。②

4. 不文明现象出现的主要原因

我们列出了不文明现象出现的四个主要原因（见表9）：城管制度不健全，缺乏有效的惩处措施；市民不注重自身修养，公德意识较差；

---

① 彭晶：《电视公益广告创作探讨》，《中国传媒科技》2014 年第 2 期。
② 李婷：《坚持"五个结合"推进海南群众文化健康发展》，《今日海南》2014 年第 4 期。

道理上明白，行动上跟不上；社会各界忽视了市民素质的重要性，宣传不够。统计结果表明，市民不注重自身修养、公德意识较差占 36.4%，道理上明白、行动上跟不上占 30.4%，而这两项的总百分比已经超过了 60%，将这两项提取关键词，会得出修养、公德、行动这三组词。要提升文明素质，重中之重是要找问题的关键，而在问题的关键之中，修养、公德、行动则是最重要的。在争创文明城市的过程中，抓住这三个工作重心，则会事半功倍。

表9　　　　　　　　　　不文明现象出现的四个主要原因

	人数	百分比（%）	有效百分比（%）	累计百分比（%）
城管制度不健全，缺乏有效的惩处措施	40	16.0	16.0	16.0
市民不注重自身修养，公德意识较差	91	36.4	36.4	52.4
道理上明白，行动上跟不上	76	30.4	30.4	82.8
社会各界忽视了市民素质的重要性，宣传不够	43	17.2	17.2	100.0

5. 文明素质最需要提高的人群

调查结果显示，公民对执法人员的素质最不满意，也最希望其提高，占 50.0%，其次是 17.6% 的人认为出租车司机需要提高文明素质，有 13.2% 的人认为外来务工人员需要提高文明素质，而认为学生和其他人员需要提高文明素质的则分别占 8.4% 和 10.8%，见表10。随着我国经济社会的快速发展，新生代农民工在物质层面融入城市的问题已得到基本解决，当前迫切需要解决的是精神、文化和心理等深层次的融入问题，从发达国家城乡融合的实践来看，这需要一个长期持续的过程。这一过程中，作为传播教育、文化和信息，保障农民工基本文化权益、提供文化精神食粮、追求精神生活幸福的重要载体的图书馆，要创新管理与服务模式，发挥社会教化与文化建构的强势功能，助推新生代农民工实质性地融入城市生活。①

---

①　程孝良：《图书馆助推新生代农民工城市融入的实践模式》，《图书馆理论与实践》2014 年第 2 期。

表 10　　　　　　　　公民认为素质最需要提高的几类人

		人数	百分比（%）	有效百分比（%）	累计百分比（%）
满意度	学生	21	8.4	8.4	8.4
	执法人员	12.5	50.0	50.0	58.4
	出租车司机	44	17.6	17.6	76.0
	外来务工人员	33	13.2	13.2	89.2
	其他	27	10.8	10.8	100.0
总计		250	100.0	100.0	

6. 网络精神文明存在巨大隐患

如今，上网已不再是少数人的专利，人们的工作学习和交流越来越离不开网络，有各种社交软件如 QQ、微信、飞信和微博等，人们在网络上发信息、发状态、购物、做生意、玩游戏等。如调查结果所显示，56.4%的人在休闲的时候，主要的娱乐方式就是看电视或者上网（见表11），因此网络文明值得密切关注。以互联网为代表，新兴媒体的社会影响力已经不容小视。很多事件是先从网络上发出声音，然后慢慢酝酿，再引发传统媒体关注。① 例如抢盐事件、抢蜡烛事件等网络谣言的兴起，我们对待网络毒瘤应该更加重视和谨慎。

表 11　　　　　　　　公民休闲时的主要娱乐方式

		人数	百分比（%）	有效百分比（%）	累计百分比（%）
娱乐方式	打牌、打麻将	50	20.0	20.0	20.0
	看电视、上网	141	56.4	56.4	76.4
	跳舞唱歌	29	11.6	11.6	88.0
	读书看报	30	12.0	12.0	100.0
总计		250	100.0	100.0	

第三节　甘肃省公民文明素质提升的对策建议

甘肃省已经开展了丰富多彩的文明素质提升活动，如兰州市乡村学校

---

① 艾琳：《守护网络　传播文明》，《中关村》2014 年第 3 期。

少年宫和城市学校少年宫建设、"凡人善举、和你一起"兰州好人推荐评选活动，金昌市城乡共建精神文明、"千名党员进万户"创建全国文明城市主题宣讲活动；平凉市"善行计划"、"孝星"评选、"和谐五星"创评活动；嘉峪关市"我们的节日"活动和"五星美德少年"评选活动；酒泉市"酒泉好人"推荐活动、未成年人"日行一善"主题活动；庆阳市长环线区域精神文明创建、"十星级文明户"创评；张掖市"八大文明行动"；天水市"五争一创"活动；陇南市文明长廊建设和生态文明新农村建设；白银市中华经典诵读比赛、"五星道德小标兵"创评活动；武威市区域创建"五大创建"活动；定西市文明单位和联系村结成"同创共建"帮扶对子；临夏州农村"四帮一"帮扶创建工程、"道德模范在身边"宣传活动；甘南州"六改六进村"等活动各具特色。

从总体来说，可以分为三个层面：宣传教育；实践落实；监督监管。

一　宣传教育

1. 广泛开展"讲文明树新风"公益广告宣传

要按照中央的统一部署，在全省各大媒体集中刊播"讲文明树新风"公益广告。要紧扣主题，围绕培育社会主义核心价值观、社会道德行为规范、生态文明建设和与人民群众生活密切相关的交通安全、食品安全、健康知识等内容，突出思想内涵；要增强感染力，组织专业设计人员和机构，精心制作创意新颖、体现不同媒体特点的公益广告；要形成声势，各地各级各类媒体都要行动起来，确保在黄金时段、重要版面刊播。认真做好思想道德公益广告征集、评选、免费刊播和公益广告牌制作悬挂工作；要纳入考评，全省各级文明办要充分发挥协调指导职能，协调各级主流媒体按要求持续刊播公益广告，把公益广告制作宣传按分值纳入文明创建工作目标考评之中。电台、电视台、门户网站每天刊播，报纸按每天一个1/4版的数量刊登，保持力度、保持热度，提高质量、提高水平。

2. 大力开展新甘肃新形象宣传

大力宣传全省上下建设幸福美好新甘肃的生动实践，展示陇原大地新变化，提高甘肃美誉度；大力开展形势政策教育、国情省情教育、民族团结进步宣传教育以及爱党、爱国、爱家乡教育，营造齐心协力促跨越的良好氛围；大力宣传"人一之，我十之；人十之，我百之"的甘肃精神，塑造"坚韧智慧、开明开放、求实创新、勇于争先"的甘肃新形象。

3. 树立"最美人物"典型

要发挥广大人民群众的积极性，在全社会发现美、挖掘美、宣传美，引导人们把做"最美的甘肃人"作为崇高的追求，以"最美事迹"感动人、"最美人物"鼓舞人、"最美精神"塑造人，激发社会正能量，让人们更加直观地感受到身边能够看得见、能够摸得着、能够学得到的凡人善举，激发起见贤思齐、一心向善的力量，在全社会形成知荣辱、讲正气、作奉献、促和谐的良好风尚。

4. 组织好道德模范学习宣传活动

结合第三届全省道德模范表彰宣传和第四届全国道德模范评选推荐，在全省广泛深入开展道德模范评选表彰和学习宣传活动。继续举办道德模范巡讲活动，组织开展道德模范与身边好人交流活动，集中宣传一批道德模范和时代楷模的优秀事迹，构筑起甘肃"精神高地"，展现陇原儿女坚韧不拔、奋发有为、团结协作、无私无畏、改革创新的时代风貌。积极帮扶生活困难道德模范，体现好人有好报，在全社会形成学习模范、关爱模范、争做模范的良好氛围。

5. 传承和发展甘肃省非物质文化遗产，让遗产"活"起来

花儿、环县道情皮影戏、甘南藏戏入选联合国"人类非物质文化遗产代表作"，舞台表演有临夏松鸣岩花儿、陇剧、秦腔、张掖裕固族民歌、甘南藏族民歌、庆阳唢呐、华亭曲子戏、华亭打乐架、灵台灯盏头戏、崇信陇东民歌、庄浪花儿、泾川王母赐福、泾川民间道灯、崆峒笑谈、静宁打花鞭、阿阳民歌等；广场表演有崆峒派武术、泾川春官歌演唱、庄浪舞龙舞狮、华亭威风锣鼓、崇信跑旗、崆峒山艺术团及社团组织演唱；展览展示部分则有国家级、省级非遗保护项目的甘南藏族唐卡、甘南藏医药、甘南卓尼木雕、甘南舟曲织锦带、临夏砖雕、保安族腰刀锻制技艺、庆阳环县道情皮影戏及香包绣制、西峰泥塑、定西岷县洮砚制作技艺、定西剪纸、酒泉夜光杯雕、酒泉蒙古族服饰、酒泉敦煌彩塑、嘉峪关石砚、张掖裕固族服饰、天水雕漆等。

二　实践落实

1. 开展"讲文明树新风"四项行动

坚持以"做文明有礼的甘肃人"主题活动为载体，着力开展文明交通、文明引导、文明餐桌和文明传播四项行动，在全社会大兴文明礼仪、

读书学习、勤俭节约之风，引导人们在言谈举止、公共场合、邻里相处、行路驾车、旅游观光、网上交流文明有礼，树立文明中国、礼仪之邦，文明甘肃、和谐之省的良好形象，推动良好社会风尚不断形成。

2. 以"五个一"为重点，深入开展文明单位创建

文明单位创建工作要紧紧围绕"一堂、一队、一牌、一桌、一传播"的"五个一"重点来开展，"一堂"是指建好用好道德讲堂，"一队"是指建立常态化的学雷锋志愿服务队，"一牌"是指设置与环境相融合的尊德守礼提示牌，"一桌"是指开展文明餐桌行动，"一传播"是指建立有效发挥作用的网络文明传播志愿服务小组。这"五个一"既是文明单位的目标，又是文明单位的特征，还是文明单位的条件。国家级和省级文明单位要率先建立健全"五个一"，深化拓展文明单位创建工作。充分发挥《全国文明单位测评体系》《甘肃省文明单位测评细则》的杠杆作用，推动交通运输、公安、卫生、食品、银行、旅游等行业系统创建并深入发展。

3. 以利民惠民为宗旨，着力提升文明城市创建水平

文明城市创建工作以提升市民文明素质和城市文明程度为目标。在创建文明城市过程中，尤其要重视把文明城市创建做成民生工程，变成便民、助民、乐民、化民的具体事情；尤其要重视把文明城市建成"德"城市，全面提高市民的思想道德素质。创建文明城市要重点抓好"塑造好形象、塑造好品质"两项任务，其中：塑造好形象，就是应对工业化进程，建设优美环境，引导人们崇尚自然，善待生态，平衡心理；应对城市化进程，建设优良秩序，引导人们明礼守法，谦恭友善，和谐相处；应对市场经济进程，强化优质服务，引导人们以义为先，诚信为人，礼貌待人。塑造好品质，就是在深化内涵上下功夫，建设"德"城市，引导人勤劳善良、见贤思齐、正心诚意。

4. 以"美丽乡村"为主题，大力加强农村精神文明建设

建设美丽中国，最艰巨、最繁重的任务在农村，美丽乡村建设是美丽中国建设的根本。农村精神文明建设要以"美丽中国"为主题，继续着力抓好环境改善和乡风文明两项工作。要运用城乡共建、部门联动、依靠农民三个途径，用城乡一体化的思路、举措推进农村精神文明建设，涉农部门统筹安排、协同推进农村精神文明建设，依靠农民自强不息、艰苦奋斗建设农村精神文明。基本方法就是：城里办，由城市负责抓好农民工培

训；往下送，把城里的科技文化、医疗卫生送到农村；能人带，发挥农村各类能人的带动引领作用。坚持以"联村联户、为民富民"行动为牵引，坚持把创建文明户作为农村精神文明建设的细胞工程，把创建文明村镇作为农村精神文明建设的基础工程，把创建文明集市作为农村精神文明建设新的增长点，把建好用好农村文化广场作为农村精神文明建设的新亮点，不断深化以文明户、文明村镇、文明集贸市场、农村文化广场为载体的农村精神文明创建活动。各级各类文明县、文明村镇要当好榜样、做好示范。同时继续推广甘肃省各地开展的"六新"、"五村"、生态文明家园、小康文明示范村、文明新村、文明长廊走廊、"四村"建设和五星文明户、十星文明户、"和谐五星"农户、"好儿媳、好公婆、好女婿、好夫妻、好邻居"评选等好做法，创造出一批有影响的活动品牌，大力推动乡风文明建设，培育文明健康的生活方式，提升农村文明程度。继续做好农村文化惠民工作，实施好"绿色电脑进西部"和西部开发助学工程。

5. 大力普及志愿理念，弘扬志愿精神，营造志愿服务的浓厚社会氛围

要在全社会广泛普及"学习雷锋、奉献他人、提升自己"的志愿服务理念，在全社会叫响做志愿者、积德行善。要进一步弘扬奉献、友爱、互助、进步的志愿精神，积极培育志愿服务文化，打牢志愿服务的思想根基。要通过多种方式传播志愿服务的精神和理念，使人们在潜移默化中受到志愿理念和志愿精神教育，激发人们内心深处的志愿服务意识，唤起更多的人关注、支持、参与志愿服务活动。

6. 深化"中华经典诵读"进校园活动

与教育部门配合，组织中小学生开展中华经典诵读活动，用中华优秀文化传统育德育人。紧紧围绕以文化人、以文育人目标，本着贯通古今、学以致用的原则，引导未成年人在背诵上下功夫，熟记名篇名段；在吟诵上下功夫，以声求情、入脑入心；在运用上下功夫，把道德文化变成道德实践，诵中华经典、做有德之人。要在春节、元宵、清明、端午、中秋等重要民族传统节日期间，积极开展"我们的节日"主题诵读活动，增进未成年人对中华民族重要传统节日文化内涵的感悟理解，对优秀传统文化的认知认同；在寒暑假等假期，依托乡村（社区）学校少年宫等课外活动阵地和青少年宫等校外活动场所，把经典诵读活动纳入进去，对诵读活动的内容形式加以规范引导，丰富未成年人的精神文化生活。

7. 精心组织实施好乡村学校少年宫建设项目

乡村学校少年宫是一项造福亿万农村未成年人的惠民工程和幸福工程，是新形势下加强和改进农村未成年人思想道德建设的重要举措，是构建农村未成年人文化活动阵地网络的迫切要求，是管护、教育农村留守儿童的重要手段。各地要按照"全面部署，重点推进，因地制宜，突出特色，务求实效"的工作思路，积极开展选点、申报和实施工作，确保2015 年甘肃省乡村学校少年宫的建设目标如期、顺利完成，确保每所都建得好、用得上、效果大，使之成为影响广泛的德政工程、惠民工程、示范工程。要广泛宣传乡村学校少年宫的重要意义和乡村学校少年宫的建设进度、活动效果，总结推广成功经验，营造全社会共同支持农村未成年人思想道德建设的浓厚氛围。同时，要让县级领导干部充分认识建设乡村学校少年宫的重大意义，真正将其作为一项民生工程抓紧抓好。要按照"花钱少、抓得住、覆盖广"的目标要求，结合实际、量力而行、稳步推进。要建立常态化工作机制，紧紧围绕"以乐促智、以技促能、以读养德"三项重点内容，尽可能地丰富农村未成年人每天放学以后、节假日和寒暑假期间的文化娱乐活动。要健全完善乡村少年宫管理机制，在规范化管理、常态化运作上下功夫，切实加强项目资金的监督和检查。各地要结合各自实际，在完成中央下达的建设任务的同时，全力以赴地推进乡村学校少年宫自主建设，通过各级财政支持、文明单位支持、社会各界支持、挖掘自身优势等方式，想方设法拓宽乡村学校少年宫建设投入渠道，确保乡村学校少年宫工作在面上顺利推开。在推进乡村学校少年宫建设的同时，要积极将学校少年宫的模式推广到城市。要坚持把乡村学校少年宫建设的成效列入未成年人思想道德建设和文明县、文明城市测评体系，不断加大督促检查力度，考评结果作为评优评先、补贴运行经费的重要依据，作为下一年度少年宫指标分配的重要依据。

三　监督监管

1. 未成年人心理健康教育和净化社会文化环境工作要继续在做深做细做实上下功夫

心理健康教育方面，要积极建立一些面向社会、具有公共服务特点的未成年人成长指导中心或心理健康咨询辅导站。净化社会文化环境方面，要针对两个重点，即在互联网领域深入推进整治网络淫秽色情和低俗信息专项行动，在广播电视、书报刊和文化市场领域深入开展抵制低俗之风行动。

2. 大力加强文明网站建设，做好网上文明传播工作

要深入开展文明网站创评活动，营造良好的网络舆论环境。要充分发挥《中国文明网联盟网站考评办法》的杠杆作用，建设用好文明网站，有条件的市州也要积极加入中国文明网联盟，充分利用网络媒体加大信息发布力度、加强重点工作宣传和主题宣传，利用网络大力开展"我推荐、我评议身边好人"、"我们的节日"和道德模范评选等网上活动。要做好网络文明传播志愿者工作、建好爱心帮扶平台。要健全完善考评机制，坚持把文明联盟网站建设纳入城市文明程度测评内容。要大力发展网络文明传播志愿者，认真做好网络文明传播工作，壮大网上传播的正能量。各地各级文明办要加快组建一支既了解精神文明建设工作，具有一定写作能力，同时还要熟悉网络传播，掌握一定的网络评论、博客、微博、论坛讨论以及 QQ 应用等技巧的网络文明传播志愿者队伍，采取中央、省、地市分级管理方式，建立相应工作体系，明确专人负责日常联络组织工作，提供必要的工作条件，组织文明传播志愿者，围绕精神文明建设中心工作，积极参与各级文明办组织的重大活动，结合当地实际组织富有特色的文明传播活动，大力建设文明传播 QQ 群。中央文明办要求省、市两级文明单位要在本地文明网建立网络文明传播志愿者户头，全国文明单位要在中国文明网建立网络文明传播志愿者户头。中央文明办就这项工作每季度对文明城市和资格提名城市进行考评，作为城市文明程度测评的依据之一。①

3. 深化"我推荐、我评议身边好人"活动，彰显"好人有好报"的价值导向

这是一项在文明网上持续开展的宣传教育活动，已经形成活动品牌，在全省有着广泛的社会影响。这项活动利用网络优势，发动广大群众在熟悉人群中推荐好人、在日常生活中发现好事，按助人为乐、见义勇为、敬业奉献、诚实守信、孝老爱亲五个类别，由网民推荐入选中国文明网"中国好人榜"。甘肃文明网的"陇上好人榜"是"中国好人榜"的递进平台。全省市县文明办要同省文明办密切配合，上下一条线，齐心协力，动员全社会的力量，天天推、月月评，发现和推选群众身边的凡人善事，

---

① 艾琳：《守护网络　传播文明》，《中关村》2014 年第 3 期。

将大量的好人推选到"陇上好人榜"和"中国好人榜",引导更多的人崇德向善,营造学习道德模范的浓厚氛围,把这项品牌活动做成公民道德建设的重要抓手和常态项目。

4. 深入开展道德领域突出问题专项教育和治理

着眼于推动科学发展、促进社会和谐、增进人民幸福、增强道德自信的高度,充分认识开展专项教育和治理工作的重要意义,以道德建设的实际成效推动形成良好社会风尚。要着力解决诚信缺失和公德失范两个问题,集中在与人民群众生活关系密切的食品行业、窗口行业和公共场所三个领域上下功夫。认真做实五件事情,即:做实道德教育,建好管好用好道德讲堂,引人遵纪守法、遵德守礼;做实道德评议,由人大代表、政协委员、道德模范、市民代表等组成道德评议委员会,到食品行业、窗口行业和公共场所明察暗访,对道德状况作出评估,督促整改,形成有力的道德约束;做实道德引导,组织志愿者深入广场、车站、机场、码头、公园、景区、影剧院、体育场馆等,劝阻不文明行为,引导人们讲究公德、谦恭有礼;做实道德治理,完善规章制度,切实加强管理,综合运用经济、行政、法律等多种手段规范人们的行为,公安、工商、质检、商务、食品安全等部门要发挥职能作用,依法依规整治;做实道德宣传,宣传遵德守礼典型,针砭失德现象,树立有德光荣、缺德可耻的导向。

第十四章 微传播时代文化共享工程的对策研究

第一节 前言

来自中国互联网络信息中心（CNNIC）的报告显示，截至 2013 年 12 月，我国互联网普及率为 45.8%，我国网民中农村人口占比 28.6%，整体网民规模增速保持放缓的态势。[①] 互联网的低普及率以及网民增速的逐渐放缓，对于以信息技术发展为依托的文化信息资源共享工程（以下简称"文化共享工程"）来说，影响无疑是负面的，但是这并不意味着文化共享工程的发展将进入死胡同。截至 2013 年 12 月，我国手机网民规模达 5 亿，网民中使用手机上网的人群占比 81.0%，手机成为第一大上网终端，未来手机上网依然是带动中国网民增长的重要因素。[②] 很显然，人类已经走进一个微传播的时代。移动通信技术与互联网技术相互融合是这个时代的支撑平台，微信、微博等平台是这个时代的信息传播主流方式。对于文化传播来说，新的时代需要新的传播方式，才能使其更好地为大众服务。

为迅速改变我国基层文化建设现状，保障基层群众的基本文化权益，全面提升基层文化单位的公共服务能力，扭转互联网上中文信息匮乏的情况，逐步消除中国不同地区在获取文化信息资源上的不平等，缩小数字鸿沟，[③] 2002 年 4 月，国家文化部、财政部联合下发《关于实施全国文化信

---

① CNNIC：《2014 年第 33 次中国互联网络发展状况统计报告》，http://www.199it.com/ar-chives/187745.html，中国互联网数据资讯中心。

② 同上。

③ 于群、李国新主编：《中国公共文化服务发展报告》，社会科学文献出版社 2012 年版，第 254—255 页。

息资源共享工程的通知》、《全国文化信息资源共享工程实施方案》（文社图发〔2002〕14 号）、文化部制定下发的《全国文化信息资源共享工程管理暂行办法》（文社图发〔2002〕26 号），标志着文化共享工程的正式启动。①

文化共享工程旨在利用"云计算"和"三网融合"等现代先进信息技术②，依托各级图书馆、文化馆等公共文化设施，通过互联网、卫星网、广播电视网、无线通信网等新型传播载体，整合包括图书馆、博物馆、美术馆、艺术院团、研究机构等现有的文化信息资源，建立中华文化信息资源中心和各级分中心，依托覆盖全国的网络传输系统在全国范围内广泛传播先进文化，把优秀的文化传送到城市社区、边远山区、边防哨所等基层文化单位，把群众喜闻乐见的优秀文化作品通过互联网方便快捷地传递到广大人民群众身边，填补基层文化需求的空白，以先进的文化占领基层思想文化阵地，丰富活跃基层群众的文化生活，提高人民群众的思想道德素质和科学文化素质，在全国范围内实现中华优秀文化信息资源的共建共享。③ 文化共享工程针对我国东西部地区之间、中心城市和偏远农村之间、经济发达和欠发达地区之间文化发展不平衡的实际，通过多种服务方式，将整合起来的丰富的优秀数字文化资源传递到基层，通过互联网等技术手段和各种公共文化服务设施（如公共图书馆、文化馆、文化站及社区、村文化室及公共电子阅览室等）与公益性网站，免费向所有公民提供丰富的数字文化服务，让人民群众及时、方便、快捷地享受到更多的文化成果，直接惠及广大群众，特别是基层群众。④

第二节 文化共享工程的发展现状

通过近十余年来的发展，文化共享工程取得了显著的成绩，伴随着传

---

① 文化部：《全国文化信息资源共享工程介绍》，http：//www. ndcnc. gov. cn/gongcheng/Jie-shao/201212/120121212_ 495375. htm，2013 年 2 月。

② 文化部：《文化部"十二五"时期公共文化服务体系建设实施纲要》，http：//chc. wenming. cn/wmbb/201301/t20130122_ 496464. html，2013 年 1 月。

③ 王红：《关于"全国文化信息资源共享工程"建设的思考》，《图书馆学研究》2004 年第 1 期。

④ 张彦博、刘惠平、刘刚：《文化共享工程建设与服务》，北京大学出版社 2013 年版，第 3 页。

播技术的突破、传播手段的革新，截至 2011 年年底，"文化共享工程已建成 1 个国家中心、33 个省级分中心、2840 个县级支中心、28595 个乡镇基层服务点、60.2 万个行政村基层服务点，数字资源总量累计达到 136.4TB，建成地方特色专题资源库 207 个，各类视频资源 55670 部，服务惠及农村、社区、校园、军营、企业、机关，累计服务人次超过 12 亿"①，近两年的发展更是不言而喻。根据我国文化部关于印发《全国文化信息资源共享工程"十二五"规划纲要》的通知，到 2015 年，文化共享工程数字资源总量达到 530 百万兆字节；服务网络实现从城市到农村的全面覆盖，公共电子阅览室基本覆盖全国所有乡镇和街道、社区，入户率达到 50%。

在快速跨入数字化时代后，信息传播的通达性、便捷性、丰富性等已经得到了人们的普遍认可，新媒体时代的传播方式因此备受文化共享工程青睐，试图以一种全新的方式将优秀的文化资源传播、共享。文化信息资源共享工程是一项高科技项目，虽然促进了文化资源的合理配置，理论上可以满足所有用户的信息需求，有效规避"信息富人"与"信息穷人"的现象产生。但是，终端设备的普及、使用这一现实问题是很难解决的，地位高低、贫穷富裕、文化程度的差异所造成的"不平等"结果在这一点上表现明显，缩减了"共享"的覆盖面，影响到了共享工程的有效实施。

此外，文化共享工程在实际建设中也会遇到来自地方政府方面的某些阻力，在信息通达度、网络覆盖更加完善的今天，人们接触到的各类信息层出不穷，不少人认为文化共享工程的建设属于重复投资，实际收效不大，因此投入的积极性不够。

对于文化共享工程的认识，大多集中在人数很少的专业领域，比如，"100 万册件文献"的适用人群主要集中在相关领域的研究者，普通大众并不是完全了解这一工程的内容、价值之所在。必要的宣传介绍工作没有完全跟进，造成了文化资源的大量闲置，其规模与投入同目前所达到的应用比例不相符合，这一工程的功效也未充分发挥出来。

新媒体时代文化共享工程的发展需要尽快解决上述问题，否则文化信

---

① 中国广播网，http://china.cnr.cn/gdgg/201212/t20121218_511582025.shtml，2012 年 12 月 18 日。

息资源的共享只能半途而废或者是并未尽到其当初所设想的职责。它所针对的使用群体是位于基层的、相对弱势的，若因内容上的空洞、宣传上的不到位，甚至是硬件设施的制约而使这一重大的文化信息工程胎死腹中，实为憾事。

第三节　新媒体时代文化共享工程的发展之路

一　利用新媒体，拓展文化信息共享平台

新媒体是一个动态的概念，其内涵伴随着技术革新而不断发展，既包括新的媒体形式，也包括传统媒体的新应用。新媒体不断触及人们的日常生活，改变着人们的生活方式。如通信技术的不断发展也赋予了手机超越通话交流功能之外的其他拓展功能。从即时通信工具到手机上网，再到手机电视，手机已经逐步演变为一个可移动、个性化的传播载体。随着4G业务的拓展和WiFi上网技术的发展，手机网民群体在不断扩大。手机作为文化传播载体的最大好处就是机随人动，没有场地空间限制，可实现时间分割和断点续传，利用分散的时间来达到文化信息消费的目的。即时通信、网络论坛、网络视频、SNS社区等推陈出新的网络媒体新应用，不再停留在技术更新的层面，而是全方位渗透到人们的日常生活中，逐步改变人们的沟通方式、交往方式、信息获取方式以及自我表达方式。手机、网络等新媒体正在逐步取代传统纸质媒体，成为受众面更大、传播更迅捷的信息交流工具。因此，文化传播和文化消费绝不能忽视新媒体这一战略阵地，应利用既有用户信息消费的习惯，以及微信、博客、短信、QQ、论坛等新媒体沟通形式，强化精品意识和策划意识，利用好新媒体的优势，以文字、图片、图表、音频、视频等多媒体表现形式，及时、直观地发布和交流更具个性化的信息，使优秀的文化资源得到最充分的生产，然后再与共享的消费渠道合流，以达到文化共享工程的普惠目的。

二　紧跟城市发展步伐，建设综合文化信息资源库

城市化水平越高，城市人口所占比例越大，对于文化产品的要求也越高。然而，目前全国文化共享工程主要的着眼点在农村，信息资源也以农业科技为主，这与目前城市发展的步伐存在一定的差距。举行多种形式的文化活动，如农民才艺大赛、农民书法展（摄影展）、外企文化节等，将

这些文化信息资源通过网络（互联网、手机网）媒介让更多的人知晓和分享，并选择参与。文化是一个潜移默化的过程，文化互动是文化融入的前提。因此，针对面广的广场文化活动、大型文艺演出和公益文化讲座更能体现文化的包容性。目前，文化共享工程以市图书馆为主，已经搭建起较为完善的网络数字平台；市文化馆也有自己的网站，发布相关的文化信息；各地的报纸手机版也已经运行；三网融合工程正在逐步启动。事实上，我们完全可以借助目前结构和体系都已完备的文化共享工程，借三网融合这个技术东风，通过丰富文化内容和拓展传播载体，来达到内容丰富全面、传播快捷有效的最佳目的。

总体而言，可与新媒体对接的数字文化资源较为丰富，条件也已成熟，适时开发短、平、快的手机文化信息网络以及综合文化资源互联网平台，扩大文化传播的涉及面，切实达到文化信息资源共享的目的。

三 加强文化部门间的信息沟通与合作，建立综合文化信息交流共享机制

以市图书馆、市文化馆等文化部门为主体，整合各文化部门的文化信息资源，建立综合文化信息中心网站，在机制上形成交流互补互促，在信息发布上形成及时、全面、互动的信息共享平台。打破部门间的隔阂和壁垒，变竞争为合作，借助文化共享工程搭建的较为完善的硬件设施和数字信息渠道，以各地本土文化资源为基本素材，建设本地特色文化资源信息库，以完善文化共享工程，实现共建共享这一主旨。

以互联网、手机移动媒体等新媒体为主要开发对象，建立综合文化信息中心网（互联网络版和手机网络版），包括各层次文艺演出活动的预告和回顾，文化教育资讯，各文化设施演艺场所的运行状况，结合未来的博物馆、剧场建设，可逐步增加展览信息和剧场票务信息，设置文化信息论坛以方便文化交流和意见反馈。结合视频点播，并与文化共享工程联网。与传统的纸质媒体及广电传播结合，形成双向、互动、网络式、球面型的立体传播模式。

加强部门间的合作，实现文化资源共享。各地文化部门应积极开展自我创新，努力开发文化信息资源共享工程文化节目。市文化馆的城市故事、市图书馆的市民大讲坛等文化讲座，以及本土大型文艺节目都极富吸引力和文化欣赏价值，这些节目如能纳入本地文化信息资源库并放入各地

综合文化信息中心网平台，那么它的文化效益将会以数量级增长，实现文化联动，真正实现文化资源的共建共享。

建立综合文化信息交流共享机制，完善文化信息共享平台建设。把综合文化信息中心网建设纳入文化共享工程和公共文化服务体系建设中。把信息的及时性、完善度、信息反馈的有效性、文化资源共建共享效益等纳入文化建设的表彰评估机制中。

加强人才队伍建设，完善长效管理机制，提高服务水平。在时代的高起点上推动文化内容形式、体制机制、传播手段的创新，充分利用新媒体的快捷性和互动性，搭建一个更为广阔的文化信息共享和交互平台，加快城市平衡发展的步伐，丰富社会主义和谐社会事业建设的内涵。

文化共享工程于 2002 年启动，其将主要的传播方式定位于电视、家用电脑等固定场所的终端连接，其资源信息的技术处理也主要集中于此。现阶段，手机等移动通信工具在国内已基本普及，随着内置软件的不断改进，其功能相对完善，加之随身携带的便捷性、连接网络的灵活性，在获取信息资讯上已逐渐超越广播、电视，甚至是家用电脑。鉴于此，共享工程的信息传播方式应同现阶段人们获取信息的主要途径保持一致，主要有以下三方面的内容：

第一，通过通信运营商，发送手机短信息。这一传播途径有着天然的硬件设备优势，可以将其传送至每个人，通达性高，能够有效地规避电视、家用电脑在传播中的不利因素。由于电视的不可移动性和电脑网络在西部等较落后地区的覆盖率低下，使得文化信息资源的传播有所局限。政府可以与当地的通信运营商合作，组织专门人员编写信息，定期免费为每一位手机用户发送有关文化资源的相关信息，包括文化内容、获取途径等，文字图片占用存储空间较小的可以在编写内容后直接发送，音像资料较大的可以介绍获取途径，有需要者通过电视频道或家用电脑再次获得自身所需资源，以此扩大资源共享的受众面和信息的有效传播。

第二，通过网络运营商，增加信息板块。随着智能手机的推广应用，门户网站及其他大型网站的点击率快速上升，"上网"群体逐渐庞大，政府在推广这一工程的同时，应积极与大型网站的运营商展开协作，在门户网站等人们常用的网站页面添加"文化信息资源共享"的专栏版块或者链接，以便人们在满足其他信息需求之后能够快速便捷地锁定该内容。借助大型网站的吸引力和影响力，将这一工程的内容充分展现，使更多的人去关注、品味经典文化资源，传承优秀的文化传统，形成良性循环，借助新型传播方式激活已有文化的活力，实现资源共享，将该工程的终极目的落到实处。

第三，开通"文化信息资源共享"微博、微信，实现文化资源互动。政府应组织专业人员编写优秀文化资源的相关内容，借助微博、微信平台，及时发布信息，在传播信息的同时与人们互动，同时实现人们之间的互动，更深层次地实现文化交流。这一平台的使用人群较为广泛，因其"互动"作用明显而普受欢迎，发布某一信息资源能引起人们的积极参与，或在深度分析中长知识，或在轻松调侃中明哲理。

四　提升文化基层服务效果

基层服务效果普遍不佳的原因除了图书馆自身服务水平低、硬件状况及软件使用和资源获取困难等之外，主要是读者对"共享工程"认识不足，不了解文化信息网站上都有些什么资源可以利用，以及怎样充分利用。

公共图书馆基层"共享工程"服务点要充分发挥积极性和创造性，不断地拓展"共享工程"的服务方式，充分利用"共享工程"的载体，开创基层文化工作的新局面。目前，有的区县图书馆利用"共享工程"开展了一些丰富多彩的服务活动，如电影晚会、科技讲座、农民夜校、读书报告会、送电影下乡、送戏下乡等，丰富了基层群众的文化生活，受到了广大群众的欢迎。此外，还可以加大服务的力度，使共享工程资源和服务进入学校、进入社区、进入农村、进入军营等，创造"共享工程"的服务品牌，最大限度地发挥"共享工程"的社会效益，要充分发挥"共享工程"资源的优势，扎扎实实地抓好服务工作。

此外，腾讯公司研发的QQ聊天软件也有着较为广阔的市场，可以利用这一交流工具发送文化资源方面的消息。全方位、多途径的信息传播，使得文化信息资源在不间断的传播中实现共享，以传播的手段带动资源的运作，实现资源的充分利用。

结　　语

文化信息资源共享工程作为国家公共文化服务建设的一项重要工程，

经过十余年的建设取得了巨大进展，其历史意义不言而喻。然而，在媒介传播形式急剧变化的今天，文化共享工程的建设思维、策略、方式等应该随之修正或转变。本章主要结合当前通信工具的改进所引发的信息传播方式的改变，对新媒体时代文化共享工程的共享"路径"做了简要分析。当然，随着技术的进步，信息的传播方式还会发生很大的改变，文化共享工程作为一项服务民众的公益性项目，其传播路径也理应随其更新，这样才能保证工程的可持续发展。

案 例 篇

第十五章　融媒时代西部广播电视的发展困境及对策研究

——以甘肃省广播电视的发展为例

党的十八届三中全会《中共中央关于全面深化改革若干重大问题的决定》指出，"加强国际传播能力和对外话语体系建设、推动中华文化走向世界"。当前，全国有近2000家地方广播电视台，然而它们的经营和对外传播现状却不容乐观，如此现象在西部地区更为严重，这对于媒介资源浪费极大，对维护地方媒体的公信力以及对国家的外在传播形象和国际传播极为不利。本章以甘肃的广电媒体为案例，探讨当前西部地方台运营存在的问题和对策。尽管甘肃省广播电视获得了长足发展①，但是相对于丰厚的资源优势和广阔的市场前景，甘肃省广播电视业发展的潜力还远远没有被挖掘和发挥出来，甘肃广播电视业的发展目前还存在着一定的困难和不足。

第一节　甘肃省广播电视发展的困境

一　经济基础薄弱

甘肃文化产业整体规模小，结构不合理，政府对于文化产业的支持力度过小，分摊到广电业更是寥寥无几。全国文化艺术产业平均增加值

---

① 2013年，甘肃省秦腔数字电影《锁麟囊》获中国电影最高奖——第十五届中国电影华表奖优秀戏曲片奖；专题片《阳关夫妇》获中国广播影视大奖广播电视节目奖；纪录片《敦煌伎乐天》被国家新闻出版广电总局推荐为2013年优秀国产纪录片；3件作品获中国新闻奖，12件作品获中国广播影视大奖及提名奖，5部作品获中国广播剧奖，4件作品获全国法制好新闻奖，2件作品获中国旅游电视周优秀作品奖；2013年上推中央电视台播出新闻稿件1700余条，其中《新闻联播》201条。2014年年初，甘肃广播新闻中心荣获"2013年中央人民广播电台新闻报道突出贡献奖"。

占国内生产总值的比重为 2.75%，甘肃省仅为 1.26%。这不仅低于全国的平均水平，也低于同处西北地区的陕西的 2.82% 与宁夏的 1.95%①。经济的欠发达，已经严重阻碍了甘肃影视产业的发展与创新。甘肃省广电产业收入主要依靠广告，产业结构单一，链条短，总量小（2013 年甘肃广电经营总收入为 2.9 亿元②，同为地方台的湖南广电集团 2013 年经营总收入为 183 亿元③，是甘肃广电的 63 倍），整体实力较弱。

二　精品节目缺乏，资源浪费严重，节目创新不足

以 2014 年 4 月 3 日甘肃电视台上线节目为例，本章通过对甘肃电视台 1 卫视 6 频道当日上线栏目进行统计后得出，甘肃卫视当日上线栏目 20 个（健康类节目占 6 个），各频道共上线 35 个。④ 对这 55 个栏目进行内容分析后发现，甘肃广电在内容方面主要存在以下几个问题：一是节目制作乏力，影视剧凑数现象普遍，缺乏特色精品节目。中国电视满意度"博雅榜"自 2012 年首届开办以来，各项评比前十名甘肃台均无上榜节目，节目质量相比其他地方台还有很大差距。经济频道当日仅上线栏目 2 个且播出时间为 18:30—19:00，其他时间皆为电视剧填充。作为展示甘肃风貌窗口的甘肃卫视，却用大量的电视剧及健康节目来填充时段，特色栏目仅有《午间 20 分》获 2012 年度甘肃广播影视奖电视新闻节目新闻编排奖一等奖，其他 6 频道也仅有公共频道的《百姓有话说》获 2012 年度甘肃广播影视奖电视新闻节目栏目奖三等奖。特色精品栏目极为缺乏，难以形成特色栏目群，很难形成甘肃广电在全国的品牌影响力。二是频道资源利用率差，资源浪费严重。除甘肃卫视外，其他 6 个频道都存在大量的空白时段或者电视剧填充时段（凌晨时段除外）。笔者于 2014 年 4 月 3 日统计，甘肃电视台 1 个卫视 6 个频道上线的 51 个自办栏目中，新闻类节目只有《午间 20 分》《甘肃新闻》《新闻晚高峰》《今日聚焦》，占比

①　中共甘肃省委宣传部：《甘肃省第十二次党代会精神学习辅导读本》，甘肃人民出版社 2012 年版，第 136 页。

②　甘肃省广播电影电视总台（集团）：《总台进一步深化改革总体方案及相关资料汇编》，2014 年 2 月，第 20 页。

③　湖南广播电视台：《社会责任发展报告（2010—2013）》，2014 年 3 月 21 日。

④　《甘肃电视台节目单·电视猫》，http://www.tvmao.com/program/GSTV，2014 年 4 月 3 日。

仅为 7.8% 左右。① 由于覆盖范围的不同，甘肃台的频道频率在设置上都大同小异，节目上也极为类似，这就造成了人力、物力、资源的极大浪费，从根本上影响了甘肃广电的做大做强。②

三　本地突发事件报道"失语"，在国内外难以形成舆论影响力

甘肃台已经建立了突发事件报道应急体系，但由于种种原因，无法高效地将突发事件的相关信息第一时间报道给受众。以 2014 年 4 月 11 日突发的"兰州市'4·11'局部自来水苯指标超标事件"（以下简称"事件"）为例，直至 4 月 11 日新华社首发消息，距离事发已有 18 小时，此前的甘肃媒体却无任何声音。当事件已扩散至全国乃至世界，成为全球事件，而甘肃媒体对此事件的报道却一直显现乏力。笔者将甘肃媒体报道情况与国内其他主流媒体报道情况进行交叉对比，发现甘肃媒体在面对重大突发事件报道时存在以下问题：（1）本地资源优势缺失。根据笔者对事件报道的多日跟踪分析，发现国内外其他主流媒体，如人民网、新华网、《香港大公报》、香港文汇网、华尔街日报、FT 中文网、BBC、NHK 等媒体报道的消息来源没有一条来自甘肃媒体，这对作为事发一线阵地的甘肃媒体来说打击重大。（2）甘肃电视台播发重大突发事件时效性差且力度不够。在新华社播出该消息后，甘肃卫视《午间20 分》节目在 4 月 11 日中午的节目中才（转）播出了新华社的消息，之后至当晚 6 点 30 分的《甘肃新闻》开播前则没有任何相关报道。（3）甘肃媒体报道突发事件模式老旧，不适应时代发展。甘肃媒体报道此次事件形成了"一片倒"的形势，纸媒、网络媒体、电视媒体皆统一偏向政府，将报道主力大面积地放在了政府措施、领导指示、政府发布会等方面，忽视了民众的呼声。相较于甘肃媒体，《南方都市报》2014 年 4 月 13 日的 A02 版中，发布了独家社论解读《自来水真相：不能瞒报亦不能迟报》，角度尖锐，立足民众，代民众向政府问责。（4）甘肃媒体报道内容受关注程度过低。

---

① 《甘肃电视台节目单·电视猫》，http://www.tvmao.com/program/GSTV，2014 年 4 月 3 日。

② 安治明：《媒介生态环境变迁下的广电内容生产策略研究》，硕士学位论文，暨南大学，2011 年。

四 高精尖领军人才匮乏，基层员工福利少，工作积极性有待提高

甘肃省广电系统员工队伍结构呈现金字塔形，底端岗位员工偏多，其知识面偏窄、技能单一、发展后劲弱；高端技术型、复合型人才，如公众影响力强的评论员、创意能力突出的策划人、擅长综艺类节目制作的优秀制片人和编导、具有高度影响力的主持人、传媒经营管理人才等匮乏。截至 2013 年，全国广播电视"十佳百优"理论人才奖已经开办五届，5 年来，甘肃广电集团近 2000 名员工中仅有 6 人入围"百优"，"十佳"零入围。甘肃广电集团"高精尖"人才的匮乏问题显见。

人才机制陈旧老化导致无力胜任工作或多余人员无法按照正常程序从机构中剥离，急需的人才因为部门编制等问题无法正常引进。所谓的人员调整也主要是在那些无正式聘用关系、无长期合同关系的人员中进行，这种引进人才的对策对人力资源整合来说并无意义。与此同时，近年来，一些原有的业务骨干都担任了领导职务，较少深入一线节目制作，许多业务人员都是刚刚工作不久的，甚至是临时工，骨干、领导只是起到节目审查的作用，都行政化了，很少有人愿意下功夫搞广播电视业务了。与此同时，因为体制造成的不同用工形式，部分优秀的人才流失严重。甘肃广电总台现有的用工形式有三种：正式编制、台聘和派遣，这其中正式编制人员年龄偏大，大多属于中层以上管理人员，后两种人员的档案关系都保留在人才交流中心，和甘肃广电总台只是简单的雇佣关系。后两种员工目前大多处于采编一线，有很多是业务骨干。身份的不同，导致待遇差距很大。在这样的环境里，一线的骨干员工很难获得事业的成就感和相对应的工资薪酬，事业留人、待遇留人就是一句空话，"给别人培养人才"的尴尬长期存在。

五 新媒体初试不理想，难以形成传播阵营

2013 年，手机上网用户在甘肃农村地区的普及率就已经达到了74.6%①，且呈现出直线上升的趋势。为适应新媒体环境，甘肃省广播电视总台及兰州市广播电视总台也开办了甘肃网络广播电视台等网络视频网站以应对新媒体冲击，但是影响力不尽如人意。据笔者 2014 年 4 月 14 日

---

① 李博威：《新媒体在甘肃农村地区发展现状调查》，《新闻世界》2013 年第 1 期。

统计，甘肃网络广播电视台头条新闻以"兰州市'4·11'局部自来水苯指标超标事件"为主题，历时两天，点击量仅为 3 次，传播效果极不理想。① 究其原因，首先，甘肃网络广播电视台视听信息特征不明显，受众很难在第一时间抓住网站重点。其次，页面核心位置大多为政策动向，鲜见民众关心的节目内容，观众意愿被忽视。最后，视听信息被混同在一般信息中，电视台网站的优势未被凸显。

六　直播能力亟待提升

电视新闻现场直播越来越成为电视新闻频道的命脉，也是电视新闻报道中最能体现技术含量、制作水平与电视魅力的一种报道形式。CNN 的创始人特德·特纳说："新闻应该由 TODAY NEWS TODAY! 变成 NOW NEWS NOW!"也就是说，电视新闻报道应该由记录、报道最近发生的新闻事件转到直击、记录、追踪报道最新、正在发生着的新闻事件上来，而这个任务正是需要由电视新闻现场直播来完成的。甘肃广电目前在直播中存在的问题有：（1）设备基本能保障直播，但是便携式、机动性强的小型设备依然不足，导致有些设备不能及时到达新闻现场。（2）直播设备管理存在问题。目前，各电视台较普遍的做法是直播设备由新闻中心来管理，遇到突发事件需要直播时人员设备可以有效衔接，大大缩短到达新闻现场的时间，而甘肃广电总台目前的做法是，设备管理和调试使用归制作中心，而新闻直播任务由新闻中心来承担，这就存在部门之间协调人员和设备的问题，浪费时间不说，因为分属不同部门管理，平时也没有时间和条件对直播队伍进行磨合训练。（3）直播队伍水平较低，包括主持人和整个直播团队。（4）经费制约。

第二节　甘肃省广播电视未来发展策略

面对这些困难和不足，甘肃广电需要在以后的发展中深入研究，积极探索，着力破解。以甘肃为代表的欠发达地区广电业的发展怎样立足本土、背靠全国、面向世界，将欠发达地区广电发展带入全球化、市场化、移动化、网络化、数字化的轨道中去，是欠发达地区广电发展必须要探索的道路。

---

① 甘肃网络广播电视台，http：//www.gstv.com.cn/，2014 年 4 月 14 日。

一　创新内容，打造甘肃元素品牌栏目，走本土化发展之路

甘肃广电应大力培育富有地域特色的本土作品的创作，使广电产业与地域文化资源、创意元素结合，形成产业竞争力提升的可能途径。通过建立"内容先导型"发展模式、积极引进战略合作、建立以智力资本为股本的高端人才引进机制、鼓励自主研发创新、健全综合评价体系和强化激励等措施，认真研究受众需求，准确把握频率频道定位，合理科学设置栏目节目，全面提高新闻质量，提高品牌化发展水平，形成品牌栏目群，提升媒体影响力和美誉度。通过专家指导、市场调研、方案征集、激励培育等措施，有效发挥甘肃广电总台顾问团队的作用，建立节目研发及培育机制，建设栏目节目方案储备库，促进广播电视节目的内容创新、形态创新和手段创新，使节目（栏目）创新成为常态。① 对现有媒体资源进行深度挖掘开发，提高内容原创能力，加大对经济文化类广播电视栏目（节目）、"西部片"电影、纪录片、广播剧、中国花儿、地方戏剧等的品牌打造，加强影视节目版权保护和开发，完善内容产业链，推进集约化、规模化、产业化发展。

二　完善突发事件报道应急系统，做到直播常态化

第一，完善突发事件报道专栏或专题页（直播，最好形成直播常态化），及时、动态、全面地向社会公众公布事件情况，做到详尽、深度报道。

第二，端正媒体报道角度，做到客观、公正报道。面对突发事件，媒体应尝试多角度去报道，真正成为党和人民的耳目喉舌。既在第一时间将党的声音传递到千家万户，又第一时间对突发事件本身进行及时跟进，将事件本身的进展信息及时、全面地告知公众。

第三，完善突发事件报道应急系统，充分发挥本地媒体优势，抓住突发事件报道的首播权，利用危机传播造势从而扩大影响力，树立媒体公信力。

第四，立足客观事实，敢于质疑。例如，《南方都市报》社论《自来

---

① 甘肃省广播电影电视总局：《甘肃纪录片大省建设文件资料汇编》，2013 年 7 月，第 26 页。

水真相：不能瞒报亦不能迟报》中指出"此次兰州自来水苯含量严重超标事件，无论企业还是政府，在信息公开的速度上都远未达到公众要求，这也使得兰州市当地领导郑重表示'未瞒报'的声音，显得有些文不对题"。这正是甘肃媒体所缺少的敢于质疑的声音。[①]

三　积极探索多渠道广电投融资机制

坚持多种经济成分共同发展，对甘肃广电总台和所属企业的资产进行评估，搭建投融资平台，面向资本市场，采取政府补贴、银行贷款、商业信用和融资租赁等多种方式筹集文化产业发展所需资金。具体可做好以下几方面：第一，努力在影视领域培育以读者集团、文化发展集团为代表的各类投资主体。第二，建立甘肃省广电精品节目专项资金，通过以奖代补的方式，鼓励广电精品节目的创作生产。第三，探索实行股权激励机制和特殊管理股制度，积极发展国有资本、集体资本、非公有资本管理层等交叉持股、相互融合的混合所有制经济，落实股权董事、监事职能，维护出资人权益。第四，鼓励本地金融机构加大对广电业的支持力度。

四　建立高校智囊团，打造"甘肃传媒人才基地"

要实现甘肃广电的跨越式发展，人才资源是必不可少的。仅仅凭借吸取其他地区的优良经验，对于甘肃广电业的发展虽然可以起到一时的促进作用，却无法保证长远的发展，从"输血"的发展模式转向"造血"的发展模式是必然选择。人才的培养一靠外部引进，二靠自身高等教育的供给。甘肃广播电视总台可以借助其主流媒体的影响力，与省内外一流高校的相关专业联手打造"甘肃传媒人才培训基地"，培养出更多更好的传媒人才。

五　优化人力资源配置，加强科学管理，提高一线员工收入

精简内设机构，科学设岗，提高一线采编人员、重要直播岗位人员收入，激发大家的工作主动性和创造性。对重点题材要组建专门创作生产团队，采取"项目部制"运作模式，对在节目创作生产、推介营销、招商

---

① 《自来水真相：不能瞒报亦不能迟报》，《南方都市报》2014年4月13日，http://epaper.oeeee.com/A/html/2014-04/13/content_2053405.htm/。

引资方面作出突出贡献的团队和个人，通过项目补贴、以奖代补等方式，给予资助和奖励；对于获得重大奖项的节目应给予重奖，以激发员工的积极性。

六　打造以受众为核心的网状传播模式

未来电视的传播将不再是基于频道和栏目（节目）的单向线性传播，而是基于碎片化信息的、由电视媒体及其受众两大主体共同完成的多级传播。在以互联网为代表的新媒体平台上，观众成为电视信息传播的一大传播主体，观众需求必须得到重视。甘肃电视台网站应当以自身原创信息为基础，有效整合其他新旧媒体信息，利用电视台在视听信息采集和加工方面的独特优势，凸显视听信息，建设权威的、特色鲜明的视听信息网站。甘肃电视台网络平台应积极拓宽台网联动的渠道，利用权威外网的传播平台，扩大本台影响力，可以借鉴央视网与新浪、搜狐、腾讯、百度、猫扑等网站结成网络联盟的拓展模式。新媒体环境下，甘肃电视台应利用各种论坛、人际社交网站、博客、微博客、即时通信工具，形成以受众为中心的网状多级传播模式。[1] 通过打造甘肃电视台特色网站、发展网络电视和手机电视、建设广播电视新闻客户端（如甘肃新闻手机 APP）等措施，推动传统媒体和新兴媒体融合发展，构建全媒体传播体系，从内容与渠道的角度出发，把新媒体视作内容产品的"为我所用"的传输平台。新媒体与网络技术的迅猛发展，使广播电视信息的跨界共享成为了可能，如手机广播、微电台等新兴广播形式的兴起给广播市场注入了新鲜的血液。[2] 随着平板电脑、智能手机等移动终端的日益普及，"多屏共存、跨屏传播"将成为甘肃广电业发展业务的新方向。

---

① 周勇：《电视会终结吗？——新媒体时代电视传播模式的颠覆与重构》，《国际新闻界》2011 年第 2 期。

② 黄小雄、张雯宜、刘婧婷：《媒体运用与新生产格局：电传媒的机遇与挑战》，《新闻大学》2012 年第 6 期。

第十六章　融媒时代甘肃省文化艺术产业发展困境及对策研究

近年来，媒介融合越来越多地受到了人们的关注。随着科技的迅速发展，曾经停留在口头上的媒介融合，对经济与社会的发展则有了非常直接的影响。媒介融合为文化艺术产业价值链的每一个环节都提供了变革的可能，其中很多变革已经变成了现实。在理论上，媒介融合作为工具或者平台使得文化资源在内容生产、传输渠道，以及接收终端等方面可以实现资源共享、优势互补，使各种资源可以得到更大限度的整合和利用，使文化艺术产业的价值链不断延伸和拓展，使受众需求可以通过多种方式得以满足。在文化艺术产业中，许多文化产品都可以通过全媒体平台进行传递与流通，而且这种流通的跨时空化比物质流通更大、更广、更快。

对于不同的地区而言，媒介融合的水平和基础不尽相同，文化艺术产业的发展水平也不尽相同，而且媒介融合带给各地区文化艺术产业的影响也大不相同。那么如何利用媒介融合这一新的科技趋势，大力发展文化艺术产业，应是当代研究新媒体与传媒产业的专家、学者的担当。近年来越来越大的数字信息鸿沟及其带来的危害，已经成为制约我国社会发展及稳定的重要因素。对于我国西部落后地区的文化艺术产业而言，媒介融合带来了哪些影响，西部地区的文化艺术产业如何借助媒介融合的机遇缩小与东部地区的差距，是传媒学者尤其是西部地区的传媒学者应当研究和思考的重要命题。

本章将以甘肃省的媒介融合现状和文化艺术产业发展现状为例，探讨媒介融合条件下甘肃省发展文化艺术产业的困境和机遇，进而提出发展策略，让落后地区的文化艺术产业在媒介融合这一科技翅膀的带动下走上跨越式发展道路。

第一节　甘肃省的文化艺术产业现状

一　甘肃的文化艺术产业非常丰富且很重要

甘肃历史跨越上下八千年，是中华文明的发源地之一，也是古代中西方文化交流、融汇的地方，是西北乃至全国的重要生态安全屏障。同时，还是汉族与多个少数民族相互交往、共同居住的地域（甘肃有 55 个少数民族），在长久的民族融合中创造了独特的文化。此外，甘肃省位于青藏高原、内蒙古高原、黄土高原三原交会处，自然地貌多样，风景秀丽，文化丰富。甘肃省拥有的敦煌文化、大地湾文化、丝路文化、始祖文化、黄河文化、香包文化、皮影文化、剪纸文化、民族民俗文化、红色文化交相辉映，是中华民族的文化资源宝库。甘肃文化艺术产业对于促进西北地区民族团结、繁荣发展和边疆稳固，具有不可替代的重要作用。

二　甘肃文化艺术资源的生存状况亟须改善

甘肃省的文化艺术资源的生存状况令人担忧。2010 年，全国文化艺术产业增加值突破 1.1 万亿元，甘肃省只有 52.08 亿元，仅占全国的 0.5%。[①] 可以看出，甘肃省文化产业不仅是开发和利用非常落后，更为可怕的是，近年来甘肃省有一部分文化资源正在悄然消失。以戏剧为例，截至 2009 年，据文化部公布的消息，甘肃境内已有 75 个民间舞种悄然消失。[②] 所以，抢救与发展甘肃省文化艺术产业，不仅仅是甘肃省建设文化大省的重要举措，也是抢救、保护传承、创新中华民族优秀传统文化，增强国家文化软实力的重要举措，还是推动社会主义文化大发展大繁荣的重要战略。

三　甘肃省文化艺术资源开发的困境

现阶段，甘肃省文化艺术资源的开发主要有四点困境。首先是市场机制较弱，行政主导性过强，很难将文化产品推动至文化商品。目前，甘肃

---

① 中共甘肃省委宣传部：《甘肃省第十二次党代会精神学习辅导读本》，甘肃人民出版社 2012 年版，第 136 页。

② 郭兰英：《甘肃 75 个民间舞种悄然消失》，《兰州晚报》2008 年 9 月 10 日。

省现有的文化管理体制较多还在沿用计划经济的管理模式，对文化企事业单位人、财、物的管理仍旧处于旧体制束缚状况。行政机构交叉重叠、条块分割、多头管理，很难协调统一①。其次是整体规模小，结构不合理。发达国家文化产业占 GDP 比重平均在 10% 左右，美国达 25%，其在世界文化产业市场中所占份额则高达 43%②。全国文化艺术产业增加值占国内生产总值的比重为 2.75%，甘肃省仅为 1.26%。这不仅低于全国的平均水平，也低于同处西北地区陕西的 2.82% 与宁夏的 1.95%③。其原因主要是甘肃的文化艺术产业结构偏向初级利用，文化产品深加工不充分。再次是产业开发不足，大量优质文化资源被忽视、盗用。艺术产品开发处于自发状态，没有自觉指导。最后是甘肃省内经济发展区域差异大，文化艺术产业发展易走向不均衡。省会兰州地区的文化产业远远超过了其他地区的文化产业。

第二节　甘肃省媒介融合的现状

总体来说，甘肃省的媒介融合是比较落后的。甘肃的广播人口覆盖率为 92%，电视人口覆盖率为 91%，互联网宽带接入用户 112.2 万户（甘肃省总人口约 3000 万）。④ 2010 年 6 月 30 日，国务院办公厅发出了《关于印发第一批三网融合试点地区（城市）名单的通知》，全国第一批 12 个城市试点中甘肃省没有一座城市位居其中；2011 年 12 月 30 日，《国务院办公厅关于印发三网融合第二阶段试点地区（城市）名单的通知》公布的第二批三网融合的 42 个地区（城市）中，甘肃省只有一座城市——省会兰州位居其中。可以看出，和全国的其他地区或城市相比，甘肃在媒介融合方面的地位在当前是比较靠后的。

另外，甘肃省在三网融合方面的基础建设与规划也非常落后。不要说与东部沿海发达地区相比，仅与同处西部地区的重庆相比，就可以看出其

---

① 郁小龙：《甘肃文化艺术产业发展的若干思考》，转引自甘肃文化艺术研究网站，http://www.gsart.cn/ysky/xslt/20120815/905.html。

② 罗姣婍：《"软"文化将成全国两会"硬"新闻》，《新华每日电讯》2012 年 3 月 3 日。

③ 中共甘肃省委宣传部：《甘肃省第十二次党代会精神学习辅导读本》，甘肃人民出版社 2012 年版，第 136 页。

④ 甘肃省工信厅：《甘肃省"十二五"信息化发展规划》，转引自陇南市工业和信息化委员会网站，http://www.lngxw.gov.cn/e/action/ShowInfo.php? classid = 99&id = 1229。

落后性，见表1。

表1　　　　　　　　甘肃省与重庆市三网融合建设情况

发展目标	甘肃省①	重庆市②
城区发展目标	基本完成城镇宽带多媒体信息网络建设，建成比较完善的城市空间基础地理信息系统	全市城区实现光纤入户全覆盖，宽带能力达到100兆，实际使用宽带普遍达到20兆以上。主城区实现无线宽带覆盖
农村发展目标	宽带骨干网线县（区）级以上覆盖率达到100%，宽带入户率达到30%，互联网用户超过300万户	农村基本实现宽带全覆盖，宽带接入能力达到4兆，3G信号覆盖至所有乡镇和行政村，区县（自治县）城区的重点区域实现无线网络覆盖
其他发展目标	信息安全的保障能力及应对突发自然灾害和公共事件的应急通信保障能力显著增强	有线电视网络全面完成数字化、双向化升级改造，全市形成全程全网

从表1中不难看出，甘肃省和重庆市在三网融合基础建设方面已出现了很大的差异。重庆市的发展已经由基本建成走向深化拓展，由基础建设走向全面提升；而甘肃省仍旧在为信息化初步全面建成而努力。

第三节　媒介融合背景下甘肃省文化艺术产业发展的对策

一　媒介融合的基础平台建设

1. 充分利用并积极争取国家政策，调动社会资源，建立现代化传媒体系

借助媒介融合推动文化艺术产业发展，第一步必然是建立完善的媒介融合基础条件。据统计，2012年甘肃省工业和信息化重点项目总投资中，信息化重点项目仅有13.57亿元。③ 这对于一个底子薄、连接中西、贯通南北的大省来说显然是杯水车薪。甘肃省虽然也制定了《甘肃省推进信息化与工业化融合发展实施方案》，采取以区域推进策略、支柱产业推进

---

① 甘肃省工信厅：《甘肃省"十二五"信息化发展规划》，转引自陇南市工业和信息化委员会网站，http：//www. lngxw. gov. cn/e/action/ShowInfo. php？classid=99&id=1229。
② 《重庆市三网融合试点实施方案》，渝府发〔2012〕69号。
③ 《2012年上半年工业和信息化重点项目建设进度统计表》，甘工信发〔2012〕645号。

策略、企业推进策略相结合的发展规划，通过示范园区引导工程、循环经济综合利用工程、小企业成长工程、公共服务平台支撑工程、信息安全保障工程、专业人才队伍建设工程等一系列快速发展策略，推动媒介融合的发展[①]。然而，没有雄厚的资金、充足的人才以及科学的管理支持，上述方案的实施效果不得不让人们质疑。所以，在此方面，甘肃省必须争取和借助国家政策的大力支持和之前地区有效的经验技术，积极吸取教训、享受优惠，从而大步发展。除此之外，由于甘肃省传统的数据通信业务规模不大，没有旧有的繁重包袱。若国家在信息化战略上能给予超常规支持，利用国家的高标准媒介融合标准及相关要求，甘肃省有可能跨越上一代信息基础落后的鸿沟，直接利用新技术进入高科技阶段。

2. 重视高速信息传播网络的建设

对于媒介融合以及附属的规划来说，信息高速传播是不可或缺的一个环节，是媒介融合的基石。目前，甘肃省已确立以兰州、天水、酒泉等区域中心城市信息基础设施为重点，积极发展基于通信网、计算机网、有线电视网的各类宽带接入。推进光纤到商业楼宇、住宅小区的建设，实现重点发展区域的高带宽接入，满足重点商务区、医疗教育科研等机构的高带宽接入需求。扩大光纤到户的试验范围，积累相关经验，逐步推进光纤到户。对于全省其他地区，则采取扩大光纤到户的试验范围，积累相关经验，逐步推进光纤到户的策略。甘肃拟以甘南、临夏等民族地区和广大农村地区的通信信号的广域覆盖为难点，以建设全省骨干通信网和有线电视网为依托，集数字、语音、视频服务于一体，逐步实现网络的融合，技术上向着数字化、宽带化、分组化及接入的无线化方向发展，普及上向着民族地区、边疆地区、落后地区延伸。[②] 然而，可以看出，上述发展成果及战略有些还停留在设想和试验层面，其顺利完成需要国家和东部地区的大力支持。

二　媒介融合之上大力发展文化艺术产业

其一，立足本地文化优势，借助媒介融合带来的多元化和深加工发展优势，建立原创文化基地，拓展文化艺术产业的经济效益。

---

① 甘肃省工信委：《甘肃省推进信息化与工业化融合发展实施方案》，甘政办发〔2010〕176 号。

② 甘肃省工信厅：《甘肃省"十二五"信息化发展规划》，转引自陇南市工业和信息化委员会网站，http：//www.lngxw.gov.cn/e/action/ShowInfo.php?classid=99&id=1229。

发展文化艺术产业，只有真正立足于本地文化，创建属于自己的文化艺术产业内容，文化艺术产业才能茁壮成长。以日本为例，2006 年动漫产业产值已经超过了声名显赫的汽车工业。① 个中缘由与其立足于日本文化，并在此基础上多元化、深加工的策略是分不开的。

媒介融合意味着文化艺术产业突破传统的单一媒介模式，打破地区、语言、平台、行业之间的限制，同时文化资源得到深加工。这对于甘肃来说是一个极大的机遇。甘肃是文化大省也是文化弱省。作为文化大省，甘肃省拥有大量的优秀文化资源；作为文化弱省，甘肃省的优秀文化资源长期得不到有效的开发。若能利用好媒介融合，必然会对文化艺术产业发展产生巨大的推动作用。

对于甘肃省来说，立足本省文化，发展文化艺术产业，最主要的应当是大力发展文化创意产业集群。2012 年 5 月 18 日，兰州国家级文化和科技融合示范基地获国家审批通过。2012 年 8 月 28 日，兰州新区成为我国第五个国家级新区。新区中，文化创意产业已经成为兰州市规划的重点。但是这样的示范基地在甘肃毕竟太少。对于繁荣甘肃省文化艺术产业来说，需要国家在此方面给予更多的政策与财力支持。通过国家的政策及财力支持，利用媒介融合所带来的优势，打造多个规模化、集约化、产业化、国际化的文化艺术产业创新、示范、研发基地，形成集培训、研发、制作、市场于一体的完整产业集群。

其二，将媒介融合带来的广泛传播优势与文化艺术产业产品相结合，使得甘肃文化艺术产业"走出去"，避免被优势文化消蚀。

德国社会学家赖纳·特茨拉夫曾说过，大多数发展中国家与发展中民族、欠发达和不发达地区，似乎都将成为"全球化的消极接受者，他们毫无保留地听任边缘化命运的摆布"②。这反映了社会学上文化的"优胜劣汰"现象，即先进文化在经济发达的强势地位上，最终会对弱势文化和群体进行侵蚀。严重的，甚至会同化弱势文化。全球化时代，对于落后的甘肃来说，其文化资源也面临着被国内外、省内外文化侵蚀的威胁。媒介融合无疑会加速这种现状。近年来，甘肃省在这方面已经做出了一些努

① 吴晓珍：《媒介融合与中国传媒产业发展研究》，硕士学位论文，湖南师范大学，2009年。

② ［德］赖纳·特茨拉夫主编：《全球化压力下的世界文化》，吴志成、韦苏等译，江西人民出版社 2001 年版，第 12 页。

力，试图振兴文化产业。比如，甘肃敦煌艺术剧院的舞剧《丝路花雨》，通过和四川五粮液集团的合作，利用媒介融合广告渠道，拓宽了文艺演出的领地。①《读者》杂志充分利用手机平台的终端优势，和联通、移动等公司达成手机杂志合作协议。② 这些尝试是甘肃省继续"走出去"的重要借鉴。但是，这些举措毕竟只是零星的，没有形成规模。再者，丝路文化以及敦煌文化都是在广泛知名的前提下进行开发的，而不是自我创造。读者集团也是 20 世纪发展起来的，近年来甘肃省再没有发展出像读者集团这样的全国性传媒集团。所以，利用媒介技术与平台，开发具有当前时代特色的甘肃文化，对甘肃省文化资源进行全国性的、世界性的传播，从而发展壮大甘肃省文化艺术产业，避免本地文化被外来侵蚀，这一问题显得格外急迫。

三　媒介融合之上实现"两库"建设

1. 建立媒介融合与文化艺术产业综合实验基地，培育文化艺术人才库

要实现甘肃文化艺术产业的跨越式发展，人才资源是必不可少的。仅仅凭借吸取其他地区的优良经验，对于甘肃省文化艺术产业的发展虽然可以起到一时的促进作用，却无法保证长远的发展。要想推进可持续文化艺术产业发展，从"输血"的发展模式转向"造血"的发展模式是必然选择。当地必须拥有推动文化艺术及传媒发展的人才，尤其是创意人才、营销人才和管理人才。只有按照甘肃省实际，培养出大批的精业务、懂市场、会管理的人才，甘肃省的文化艺术产业才能得到长足发展。人才的培养一靠外部引进，二靠自身高等教育的供给。然而，在当前一个"孔雀东南飞"的大背景下，在一个 GDP 稳居全国末位的省份，靠引进人才是不现实的。所以，培养媒介融合人才的重任只能依靠当地的高校来解决。然而，相较于国内其他大学，甘肃省从教育理念和教育环境上，都处于较为落后的地位。教育理念上，新的教学方法和专业设置在甘肃省开展得很晚，传统的教学方式占主导地位；早在 2007 年，一个远离省会城市的汕

---

① 郝相礼：《以文化产业化促进产业文化化》，《中国文化报》2004 年 5 月 14 日。
② 肖安鹿、段建玲：《文化产业发展与文化大省建设》，甘肃文化出版社 2012 年版，第 232 页。

头大学就已经与美国密苏里大学新闻学院合作，成立了媒体融合实验室①。反观甘肃，至今没有一个媒介融合实验室。所以，立足本土，建立媒介融合与文化艺术产业综合实验基地，培育懂得新媒体运营的文化艺术人才显得异常迫切。

　　2. 建立数字文化艺术资源库

　　新媒体科技具有使文化艺术转型提升，更广泛、更多元地促进文化生产与消费，高效率产生社会效益与经济效益，更好地适应和满足现代受众不断增长的文化艺术需求的重要杠杆功能②。甘肃拥有丰富的文化遗产，若能将其深加工并数字化，以影像和文字方式整理、存储，并利用媒介融合的优势在各大传播平台（如报纸、期刊、移动手机、平板电脑、网络、视频播放平台等）上加以传播，其文化资源的优势便会呈现出来。目前，甘肃省正在着手做这方面的工作。以《甘肃省文化艺术研究资源库》（以下简称《资料库》）为例，该项目的内容涵盖甘肃戏剧数据库、甘肃曲艺杂技数据库、甘肃民间文学数据库、甘肃民间音乐数据库、甘肃民间舞蹈数据库、甘肃艺术科研数据库、影音数据库、图片数据库等 10 个子数据库共 76 个分库的数字资源系统，录入文字资料 30 余万字，音视频资料数百小时。同时，《资料库》推出了一系列具有鲜明特色的丛书③。但是，这毕竟是甘肃省文化库中的一个很小的点，甘肃其他文化资源库的建设，仅靠甘肃的经济实力是完不成的，还需要国家在经济、政策等方面加以大力支持。

　　媒介融合对文化艺术产业的发展无疑具有很大的促进作用。但是，另一方面，它也促进了文化艺术产业的跨行业、跨地区以及跨媒体整合。整合也就意味着优胜劣汰，也就是说，对于落后地区的文化艺术产业而言，媒介融合既提供了成长的机遇，也带来了竞争与威胁。

---

　　①　徐文婷：《媒介融合背景下传媒教育改革探讨——以"5W"模式为分析框架》，《新闻世界》2011 年第 7 期。

　　②　吴信训、狄锐：《新媒体科技是文化艺术转型提升的有力杠杆》，《新闻记者》2012 年第 4 期。

　　③　顾善忠：《关于甘肃省文化艺术研究资源库的系统建设及相关思考》，《艺术百家》2012 年第 3 期。

第十七章　中国原生民歌大赛宣传策略简析

第一节　前言

在当代全球化语境下，各种文化正处于一种胶状的"杂糅"状态，纯粹的民族文化或"原生态"已经不存在。① 随之而来的问题是传统文化也陷入一个十分尴尬的境地，优秀的传统文化很难广泛地传承，已成为文化界当下一个不可回避的严峻问题。民歌是民族音乐的重要体裁之一，它直接反映了一个民族的历史、社会、劳动、风土人情、爱情婚姻、日常生活。歌曲既是人民生活的亲切伴侣，劳动中的助手，社会斗争中的武器，交流情感、传播知识、娱乐消遣的工具，也是认识一个民族的历史、社会、民风民俗的宝贵资料，具有人文研究价值和民众的精神、情感的需求，因此极具传播的社会现实性和重要价值。②

为展示和弘扬我国各具特色的民间歌曲，促进各民族民间音乐的交流与发展，经中宣部批准，文化部与陕西省政府在前三届"南北民歌擂台赛"的基础上，联合主办"中国原生民歌大赛"，由文化部民族民间文艺发展中心、陕西省广播电影电视局、陕西电视台联合承办。③

2014年6月26日，由国家文化部主办，文化部民族民间文艺发展中心及甘肃省省委宣传部、省文化厅、省广电总台、临夏州政府联合承办，

---

① 雷文彪：《论全球化语境下民歌艺术的生存与发展 ——以南宁国际民歌艺术节为例》，硕士学位论文，广西师范大学，2007年。

② 刘旭昊：《传统音乐文化传承的现代选择——浅论民歌的电视传播》，《西北民族大学学报》（哲学社会科学版）2008年第1期。

③ 合肥市文化广电新闻出版局：《盛事欢歌——中国原生民歌大赛》，2007年12月24日，http://www.hefei.gov.cn/n1105/n32756/n175391/n176590/1362386.html。

临夏州委宣传部、临夏州文化局、临夏电视台、和政县政府协办的第七届中国原生民歌大赛在风景如画的和政县国家 4A 级景区——松鸣岩正式拉开序幕。①

据介绍，本届中国原生民歌大赛共有来自全国 31 个省（区、市）、48 个院校的 362 组节目报名，选手 1098 人，涵盖 32 个民族。经大赛组委会、评委会评比、筛选，共选出 54 组节目、167 名歌手正式参赛。根据传统民歌的特殊性，大赛分为独唱及重唱、对唱组，多人组合组，院校组和民歌改编组四个组别。经过 4 天的激烈角逐，在由樊祖荫、田青、乔建中等国内知名艺术家组成的专家评委团的评判下，大赛共评选出独唱及重唱、对唱组，多人组合组，院校组和民歌改编组四个组别的金、银、铜奖和优秀演唱奖、优秀组织奖、组委会特别奖、优秀传承奖。②

大赛期间举办"花儿音乐保护学术研讨会"，邀请近 40 位在民族民间音乐研究方面有造诣、有影响的专家学者，与大赛评委会的专家一起，围绕花儿等传统音乐的保护、传承进行学术交流。同时，将举办中国·和政古动物化石保护与开发学术研讨会、临夏州第二届花儿艺术节、"金色和政·书画摄影大赛"、招商引资项目推介洽谈会、义拍筹集公益文化经费等活动。③

甘肃是华夏文明农耕文化的重要发祥地之一，悠久的历史和深厚的文化底蕴以及独特的地理位置孕育了当地丰富多彩的民族民间文化。世代传唱于汉、回等多民族之间的花儿是其中最具代表性的艺术形式。2006 年，花儿入选首批国家级非物质文化遗产名录。2009 年，花儿被联合国教科文组织列入人类非物质文化遗产代表作名录，成为甘肃省第一个世界级的非遗项目。④ 甘肃省将借助这个平台，更好地保护和发展特色文化资源，不断打造甘肃省独具风格和具有影响力的文化品牌，为全面推进华夏文明

---

① 尹始学、马霞、刘红红：《松涛回响迎嘉宾，大山放歌唱盛世——第七届中国原生民歌大赛在和政县松鸣岩景区隆重举行》，《民族日报》2014 年 6 月 27 日。

② 李斌：《第七届中国原生民歌大赛在和政县闭幕》，《民族日报》2014 年 7 月 1 日。

③ 《第七届中国原生民歌大赛开幕 167 名歌手放歌松鸣岩》，《甘肃经济日报》2014 年 6 月 26 日。

④ 《第七届中国原生民歌大赛开幕 参赛选手共 1098 人》，搜狐娱乐，http：//yule.sohu.com/20140627/n401457801.shtml。

传承创新区和丝绸之路经济带甘肃黄金段建设打造文化根基。①

　　此次大赛举办成功，在活动规格上进行了提高，组别设置上有了进一步的变换，有许多可圈可点之处。但作为我国规格最高的民歌大赛，中国原生民歌大赛在宣传策略上并未取得良好效果。

第二节　中国原生民歌类节目的发展现状

　　迄今为止，在中国内地，最具有代表性的全国范围的原生态民歌赛事分别是西部民歌电视大赛、青年歌手电视大奖赛、中国原生民歌大赛。其中，中国原生民歌大赛（2002 年首届）是最早举办的一项全国性的民歌赛事；2003 年年底直至 2004 年年初，中央电视台西部频道举办了西部民歌电视大赛，成为中国内地电视历史上首个以原生态民歌传播为宗旨举办的大型原声民歌音乐赛事；之后的 2006 年，在中央电视台举办的青年歌手电视大奖赛上增设了"原生态唱法组"这一版块。在这三项赛事中，前两项赛事已经成为过眼云烟，西部民歌电视大赛只举办了一届，便戛然而止；中国原生民歌大赛是目前仅存的一项全国性的原生态民歌赛事。

　　除了主要赛程之外，大赛还开展了以下活动：

　　（1）研讨会。例如，第二届中国南北民歌擂台赛在山西左权举行赛事后进行的民歌研讨会，由此还引发了原生态与学院派的"花雅之争"；第六届中国原生民歌大赛在湖北武当山举行复、决赛的期间，举办了题为"中国多样性传统音乐文化的现代教育传承"学术研讨会。

　　（2）展演、晚会等活动。例如，第二届中国南北民歌擂台赛后，于 2004 年 8 月 29 日、30 日在北京北展剧场上演的零票价的"天籁之音——中国原生态民歌演唱会"；第六届中国原生民歌大赛复、决赛后，2012 年 9 月 9 日在湖北武当山举办"歌飞武当——第六届中国原生民歌大赛暨第十二届全国村长论坛颁奖盛典"。

　　（3）电视专题片的制作与播出。例如，第四届中国原生民歌大赛期间，陕西卫视制作了 20 集纪录片《中国原声民歌文化发现之旅》并在电视台进行播出；第六届中国原生民歌大赛期间，湖北卫视制作了 14 集民

---

　　① 尹始学、马霞、刘红红：《松涛回响迎嘉宾，大山放歌唱盛世——第七届中国原生民歌大赛在和政县松鸣岩景区隆重举行》，《民族日报》2014 年 6 月 27 日。

歌专题片《天籁·寻找中国最美乡野歌声》，并在电视台进行播出。①

第七届中国原生民歌大赛作为我国民歌大赛的最高级赛事，力求创新，在之前的比赛基础上做出了一些可喜的变化，主要表现为：

（1）活动规格提高。尽管名称有所变化，但整个比赛的宗旨不变，即以比赛的方式，展示和交流各地、各民族的原生民歌，推动民族民间文化的保护与传承，弘扬中华民族优秀文化。经中宣部批准（中宣办发函〔2007〕120号），文化部、陕西省人民政府同意，本届比赛名称改为"中国原生民歌大赛（陕西西安·2007）"，由文化部和陕西省人民政府联合主办。这是我国政府文化主管部门第一次举办的原生民歌大赛，充分体现了党和政府对原生民歌和优秀民间歌手的高度重视和关怀。与前三届"擂台赛"相比，本届"中国原生民歌大赛"规格提高了，奖励的级别也相应提高了（参加决赛的歌手都将获得文化部颁发的奖状、证书），比赛将更加规范，竞争也会空前激烈。名称虽然有所改变，但活动宗旨没有变化，而且"中国原生民歌大赛"的称谓更加准确、科学、权威地体现了活动的宗旨。

（2）在参赛选手的推荐、选拔上，范围更加广泛，质量更高。除继续由各地文化主管部门推荐选送外，艺术院校负责"院校组"节目和歌手的推荐、选送。此外，增加了"寻歌"环节，组委会派出5路摄制组，分赴原生民歌较为集中的东北、内蒙古、新疆、西南、西北等地区，考察、记录民间歌手的情况，并向评委会推荐，确保参赛选手的质量和代表性。这也增加了该比赛的独特性和可看性，也为观众在现实生活中保护这种传统文化做出了有力的示范。

（3）组别设置更加科学、合理。本届大赛分三个组别。为使比赛更加公平，民间歌手分成"独唱及对唱组"、"多人组合组"；为鼓励各类艺术院校师生向民间歌手学习，也为年青一代接触我国传统文化提供了一个更为真实和更为广阔的平台，促进教育传承。大赛增加了"院校组"，由各类艺术院校负责推荐选送，这也使得民歌这一源于民间的艺术形式正在和我们的高等教育进行进一步的接轨，从而使得它的过去、未来变得更加

---

① 尹始学、马霞、刘红红：《松涛回响迎嘉宾，大山放歌唱盛世——第七届中国原生民歌大赛在和政县松鸣岩景区隆重举行》，《民族日报》2014年6月27日。卢佳慧：《音乐传播视域下的原生态民歌活动研究》，硕士学位论文，新疆师范大学，2013年。

有章可循。

尽管表面上看来，原生民歌大赛进行得如火如荼，但是背后依然存在着一些不能回避的问题。

第三节　中国原生民歌大赛传播困境

一　赛事规模表面提高，品牌效应实力不足

一个比赛要有大规模的影响力，才能够达到其预期的效果。而要做到有大规模的影响力，就要在这个新媒体发达的数字时代做到有效传播，将该比赛做到品牌化。

2011 年，甘肃省新闻出版业、广播电视电影服务业、文化艺术服务业实现增加值 29.79 亿元，占甘肃省文化产业增加值的 56.20%，较上年提高了 4.11%；文化信息传输业、文化创意和设计业、文化休闲娱乐业实现增加值 12.69 亿元，占甘肃省文化产业增加值的 23.95%，较 2010 年降低了 8.52%；工艺美术品的生产、文化产品生产的辅助生产、文化用品的生产、文化专用设备的生产实现增加值 10.52 亿元，占甘肃省文化产业增加值的 19.84%，与 2010 年相比，提高了 4.41%，文化产业结构比重出现较为明显的变化，但重点行业的主导地位仍未变。[①] 尽管中宣部、文化部以及地方政府对于这一赛事非常重视，但是由于甘肃广播电视服务业相对于全国较为滞后，所以原生民歌大赛的宣传和制作仍然显得平庸粗糙。

CCTV 青年歌手电视大奖赛，其充分利用央视的平台将自己打造成为国家级歌唱比赛的龙头品牌。青歌赛举办的每一年，从主持人的指定到选手的去留，都是街头巷尾热议、居民收视的焦点。而中国原生民歌大赛在策划源头便出现了动力不足、创意不足、资金不足，重视有余、行动不够的尴尬局面。

二　宣传结果差强人意，资金引进没有落实

互联网技术环境的变化为品牌传播创造了更为便利的条件。3G 网络、智能终端、丰富的软件应用等构成移动互联网时代的重要元素，而具有移

---

① 高宇：《甘肃省文化产业发展现状及对策研究》，硕士学位论文，兰州大学，2013 年。

动性和宽带化传播特征的互联网传播成为品牌传播的重要传播途径，也就是说，移动宽带互联网为品牌传播提供了新的创新空间。① 然而在新浪微博综合搜索"中国原生民歌大赛"，仅有445条结果；百度搜索"第七届中国原生民歌大赛"的新闻，也仅有163条链接；而其视频信息仅有相关的第六届中国原生民歌大赛"歌飞武当"的全系列视频。中国大陆以外的宣传结果更是数量很少，谷歌搜索"Chinese native folk songs contest"，仅有3条完整的链接线索，且皆为中文，唯有一则来自台湾华夏经纬网新闻报道——《中国原生民歌大赛：留存现代文化背景下的乡愁》。而全球访问量最大的网站之一 Twitter 上搜索结果显示，也只有4条相关信息，其中3条来自于新华网，日期局限在2014年的6月26日、27日两天，内容则是大赛开幕新闻链接，另外一条则为国内用户发布。作为我国原生民歌最高级赛事，第七届大赛的这一结果不禁令人咋舌。在这个新媒体发达的数字传播时代，主办方没有能够充分利用新媒体进行铺天盖地的宣传为比赛造势，使得这一民族性、地域性较强的比赛输在起跑线上。比赛全程，没有地方卫视的参与直播，也鲜有相应纸媒全程跟踪，一场本应引人注目旨在宣扬传统风土人情的音乐大赛，却在浩瀚的信息海洋中"哑然失声"。

　　大赛在甘肃和政县举行，由于地方财政预算有限，舞台设施、人员配置以及现场状态十分简陋，比赛场地设在室外，参赛选手们露天演唱，让人质疑该赛事的专业性。甘肃对文化产业的投资少、融资渠道单一，这主要是由于政府财力有限，不能将其全部用于文化产业的投资，而其他投资者对文化产业发展前景并不看好，致使民间资金没有大量地注入到甘肃文化产业发展建设中来。甘肃2006年文化产业实际投资额为37384.9万元，占固定资产投资总额的0.4%，远远落后于全国其他省市。民间投资力量更是薄弱，私营单位的实际投资总额只有14579.1万元。吸引外商的投资更为有限，仅有606万元。资金缺乏是制约甘肃文化产业发展的重要因素之一。② 而在2006年，隆力奇投资5606万元独家冠名了即将开赛的第十二届CCTV青年歌手电视大奖赛③，2009年

　　① 付玉辉：《融合传播：移动互联网时代的品牌传播观》，《广告大观》2001年第8期。

　　② 姜明媛：《甘肃文化产业发展模式研究》，硕士学位论文，兰州商学院，2012年。

　　③ 何建昆：《借助央视平台　打造时尚品牌——隆力奇以5606万元独家冠名第十二届CCTV青年歌手电视大奖赛》，《科技日报》2006年4月4日。

青歌赛的冠名权则已高达 7909 万元，再创历史新高。从长远来看，青歌赛在艺术比赛中已经形成了一种文化，凝聚成了一种符号，其文化价值和附带所产生的经济价值是很难衡量的。① 而这种品牌和资金互惠互利的方式，才是一个比赛或者节目想要长期健康发展的解决途径，也正是我们所缺乏和需要的。

三　民族文化差异较大，比赛标准难以界定

中国原生民歌大赛中有来自广西、云南、福建、贵州等 18 个省、市、区，以及省内外 16 个高等院校的 35 个代表队共 200 多位选手参加。由于地区和民族各有差异，专业和业余也有不同，不同的演唱方式到底应该使用怎样的评审标准，这一问题一直伴随着比赛的进行。不仅仅是中国原生民歌大赛受此困扰，自青歌赛在 2006 年引入"原生态唱法"这一版块之后，业内于此一直争执不下。高等院校组的加入，一方面是为了彰显民歌的传承早已进入校园，然而原生民歌的自然性、随意性和花腔、假嗓子，以及声音的通透、高亢、明亮，都带有很大的民间性、田野味，学院庙堂化的音乐教育能否凸显原生民歌的泥土味还是一个未知数，何况学院派的音乐审美标准与民歌的审美标准存在着一定的空间和距离。② 所以高校组和业余组之间的评比标准，也同样引人注意。

第四节　中国原生民歌大赛未来传播策略

面对以上问题，中国原生民歌大赛的主办方应当在今后的发展中深入探索、勇于创新、大胆突破，将一档全国少有的民歌大赛做到专业化、市场化、网络化以及全球化，将大赛的宗旨"为弘扬中华民族优秀文化，展示各地原生态的民间歌曲，促进各族民间音乐的交流与发展，推动先进文化建设，丰富人民群众的文化生活，探索旅游与民间文化结合的新形式"落到实处。

---

① 杜靓：《艺术比赛的社会效益和经济效益——以 CCTV 青年歌手电视大奖赛为例》，《艺术科技》2012 年第 4 期。

② 李泽生：《中国原生民歌的炉火与香火——由第六届中国原生民歌大赛透视东方民歌的传承》，《中国艺术报》2012 年 9 月 19 日。

一　提升品牌实力，塑造良好形象

从中国南北民歌擂台赛升级为中国原生民歌大赛，可见大赛的革新对于原生态民歌的传播影响起到了积极推进的作用，政府的奖励性行为对于民歌文化的传播是有益的，这也是把这一赛事打造成为品牌的良好开端。因为仅仅凭借比赛本身并不能够为原声民歌的传播起到直接的作用。只有将大赛打造成为一个具有实力的品牌，使它具有更大规模的影响力，才能够唤起和进一步促进当地人民对本民族传统民歌文化的信心和关注。因此，只有大赛信息传播越广泛，品牌越响亮，受众群体才会越大，才越能接近和实现其初衷。全国有 34 个省区市，此次参加大赛的只有 18 个，其他省区市未能参加的原因有很多。比如：地理位置较为落后，未能接收到赛事信息通知；少数民族相对较少的地区，很难找出懂民歌的选手参加比赛；了解赛事信息，但因为资源条件所限，难以参与报名等。因此，未来中国原生民歌大赛的关注中心和重点应当放在之前未能参加比赛的省市地区，全面扩散其影响，不应因举办的地方而使参加的范围受限。品牌是包装的核心，它是对电视节目整体形象进行一种外在的形式要素的规范和强化。比赛的包装亦是如此，因为包装能强化赛事的个性特征，确立并增强观众对赛事的识别能力。发展文化产业，形成品牌效应，是大范围和长期的艰巨工程。我们应该立足"原生民歌"，在政府政策的引导下，通过实施一系列新举措，积极引进资金，将其与市场接轨、奠定基础之后，利用其辐射作用和带动效应，进一步融合，才能在此基础上达到预期的效果，进而逐步实现整个赛事品牌化的全面发展，把民族文化资源优势转化为文化产业的品牌优势。首先，实施保护名牌的政策和措施，集中力量保护本地区的民歌文化。其次，在品牌宣传上给予高度重视，引进专业的品牌策划人才对大赛进行市场化的设计与营销，全方位地推动其品牌的塑造。最后，加强对品牌的维护，发挥文化品牌的影响力，纵深开发文化品牌潜力，推进文化品牌与其他产业的联合开发，延长品牌产业链。①

二　加入新媒体宣传手段，积极扩大影响

要实现品牌化效应，当务之急便是做好宣传工作。互联网技术环境的

---

① 高宇：《甘肃省文化产业发展现状及对策研究》，硕士学位论文，兰州大学，2013 年。

变化为品牌传播创造了更为便利的条件。3G 网络、智能终端、丰富的软件应用等构成移动互联网时代的重要元素，而具有移动性和宽带化传播特征的互联网传播成为品牌传播的重要传播途径，也就是说，移动宽带互联网为品牌传播提供了新的创新空间，① 我们可以加以利用的手段多变、多种、多样。除了建立官方微博进行赛前宣传和实时报道之外，微信公共平台也是我们不能忽视的另一阵地。微信公众平台对品牌来说绝不仅仅是一个发布信息和做广告的地方，而是为品牌和企业与消费者的连接提供了一种新的方式，在这里品牌不再是一个冰冷的符号或机构，而更像是一个与受众一样的活生生的个体。② 除了依靠此类新兴的传播手段之外，对于其他传统媒体，我们依然应当坚守阵地。由于民歌大赛的参赛者多有地理位置较为偏远的特性，针对此类情况，也应在广播宣传上下足功夫，让比赛的信息和进程辐射到每一个角落。对重要赛事进行录制，在重要的地方台进行播出，对于总决赛应该采取直播形式。比赛设在地方，但影响绝不仅仅局限于地方。打破这一局面的方式就是在电视台进行及时的播出，从而才能够更加直接地扩大其影响，真正做到走出地方，走向全国。

三　开展衍生活动形成产业链，大力引进资金

比赛终究只是一个外在的形式，举办比赛的初衷在于使民族遗产得以传承。每次赛前的中国原声民歌学术研讨会应该继续邀请名家如期举行。在比赛开始之前，应有之前几届选手的友情展演活动，加强观众对这一活动的了解。地方政府也应积极筹划，借比赛契机，拍摄有关地方原生民歌的专题片作品。并在赛前投入当地卫视紧急播放，方便其他地区的观众了解当地文化，并对此产生兴趣，扩大其收视效应。在大赛的包装制作方面，应该积极引入资金，包装冠名，并利用比赛产生积极的经济效应。比如：增加观众参与比重，观众通过短信来参与互动，选出自己喜爱的歌手，并发送祝福等内容，资费的产生就是一种经济效益；积极邀请赞助单位，由此产生的赞助费用等；利用周边商城的建立和产品的生产，如歌手的画册、写真、专辑等的销售都会产生经济效益；优胜的选手也可以积极

---

① 付玉辉：《融合传播：移动互联网时代的品牌传播观》，《广告大观》2011 年第 8 期。

② 张弥弭：《基于网络自媒体平台的品牌传播模式研究——以微信公众平台为例》，硕士学位论文，厦门大学，2014 年。

开展巡演，在宣传文化的基础上，形成资金链的互动。

四 高级评审坐镇，增加观众投票环节

推广大赛还有许多方面要做。优秀的评审团队不仅可以增加赛事的专业性，同时也可以借助这些专家自身的声望为比赛带来附加的宣传价值。例如，青歌赛每年实力强大的评审团（阎肃、金铁霖、李双江等）和他们精准到位的评述是该比赛重大的看点之一。第六届中国原生民歌大赛也邀请到了杨澜这样的重量级主持坐镇。只有学术和政策同时导向该比赛，才能得到更好的宣传效果，从而实现市场化，使原生民歌大赛和观众形成良好的互动，不再只是一厢情愿地单向输出。面对选手们来自不同的民族和地域如何做出最公正的评价，除了邀请顶级专家之外，观众参与投票也是一个积极解决的办法。观众投票的机制，不仅可以带动比赛的场外收入，提高收视率，还可以根据观众的喜好，选出更具公平性的优秀作品。

五 扩大海外影响，加强自我推介

作为国内仅存的一档原生态民歌类节目，要想长久地把这一品牌做下去，同样也应放眼海外市场。要赢得更多的听众观众，从而取得更大的影响力，提高比赛质量，增强民族性和感染力是根本之策。作为整个媒体进行自我推介，在广大海外听众观众中提高原生民歌大赛的知名度，也是增强我国文化软实力和竞争力以及影响力的十分必要的措施。今后应以广告等形式在境外主流电台播出历届中国原生民歌大赛精华和网站地址等信息，建立海外宣传站，加强与观众的交流，积极开展与境外媒体、观众组织、友好团体等的合作，举办多种形式的活动。

第十八章　中国·嘉峪关国际短片
电影展的数字化传播策略

第一节　前言

一　研究意义及背景

在数字化极为发达与普遍的信息时代，媒介延伸呈多元化形态，媒介融合已成趋势，"根据中国互联网络信息中心的最新数据，截至 2013 年 12 月 31 日，我国拥有网民 6.18 亿，其中手机网民 5 亿"①。因此，运用新媒体进行文化传播，实现文化"走出去"战略，成为各地文化建设的首选。城市举办电影展活动，推动当地文化对外交流传播，促进举办城市经济发展，为文化传播提供平台。随着市场化、全球化、数字化、多维化的时代潮流，文化传播呈现多种途径以及多种途径的联动。甘肃省地处西部，相对闭塞，借助电影展等节展活动把当地的文化传播出去，更是当务之急。中国·嘉峪关国际电影展已举办 3 年，积累了一些经验，同时也存在很多问题。本章试从数字时代文化传播的角度探索电影展在甘肃优化发展之路，以期对未来本土电影展的举办起到一定指导作用。

二　研究思路及方法

本章结合传播学相关理论运用内容分析等方法，把中国·嘉峪关国际短片电影展看作一项特殊的传播活动，从微观角度切入，结合有关数据，对影展现状和机遇进行剖析总结出现阶段出现的问题，探讨影展存在价值与传播效果，在数字化、网络化、多维化、市场化、全球化、多平台化等

---

① 中国互联网络信息中心，http://www.cnnic.net.cn/hlwfzyj/hlwxzbg/。

方面对电影展做全面和前沿的解剖。结合大数据时代会展传播的相关知识，试提出数字时代电影展的传播策略，透析甘肃影视产业在推动"丝绸之路经济带"文化产业建设中的作用，以期更好地推动甘肃影视产业发展，打造甘肃作为纪录片大省的符号、标志，树立甘肃本土影视品牌。

第二节 中国·嘉峪关电影展传播现状

一 电影展价值

电影节的功能，通常是指电影节对社会和人类产生的影响、效应和效能。电影节（展）具有信息交流传播的特征，笔者认为电影展属于会展的一种，西方学者把会展活动称为"财富平台"、"信息冲浪"、"知识会餐"、"城市经济拉力器"等。[①] 会展的定义为：有一定规模的人群在特定的时空内围绕特定的主题进行信息交流与传递的社会活动。[②] 会展业常被称为"朝阳产业"和"无烟工业"，它使全世界每年收益 2800 亿美元，而会展业本身产生的经济收入与它所带动的关联行业收入之比达到 1:9。[③] 由此，电影展的功能也可视为一定规模的人群在特定时空内围绕影片的交流推介等进行信息交流与传递的社会活动，是文化传播资本整合市场交易的平台或媒介，为文化、经济、社会的资本整合提供新的路径。

二 中国·嘉峪关电影展概述

截至 2014 年，嘉峪关国际短片电影展共举办三届。经过前两届的成功举办，电影展得到了业界知名专家的肯定，引起了海内外影视机构的广泛关注和积极参与，已成为国内外影视短片交流、合作、交易的平台和体现"甘肃特色、西部元素、中国立场、世界表达"主旨的品牌文化节会。作为中国短片电影界一股奋发有为的新生力量，为促进中国电影全面均衡可持续发展进行了有益的实践。同时，影展也是甘肃对外宣传推广自身的一个窗口，对招商引资，提升品牌形象作用巨大。短片电影展的举办也充

---

① 杨晓娟：《我国电影节管理模式与发展对策研究》，学位论文，暨南大学，2010 年。
② 闵德霞：《大型会展的跨媒体传播策略研究》，硕士学位论文，重庆大学，2013 年。
③ 朱秀凌：《我国会展传播的 SWOT 分析》，《漳州师范学院学报》（哲学社会科学版）2009 年第 2 期。

分体现了甘肃省委、省政府高度重视文化建设，确立符合本地实情、富有地域特色的电影文化体系的远大目标。

三 嘉峪关国际短片电影展传播现状分析

1. 数字时代的会展传播

从传统的传播学理论看，会展传播是指组织与公众以会展为媒介相互沟通的过程。会展传播的过程也符合拉斯韦尔的信息传播"5W"模式，即"传播者（Who）→信息（say What）→媒介（in Which channel）→受传者（to Whom）→效果（with What effect）"①，同时也符合香农—韦弗数学模型。

新媒体时代的电影展媒介呈融合全息趋势，一是多种媒体联动整合使用，即跨媒体。二是多种媒体融合为一种媒体，即"所谓的媒介融合首先是传播技术的融合，即两种或多种技术融合后形成某种新传播技术。由融合产生的新传播技术具有多种技术特点又有其独特性，由融合产生的新传播技术和新媒介的功能大于原先各部分之和。传播技术融合的核心是数字信息技术"②。鉴于此，传播中使用了种类繁多的媒介：短片本身是媒介，与会者的人际传播，印刷宣传品的文字图像传播，报纸、广播、电视、手机、网站媒介，甚至流媒体、户外媒体及自媒体等媒介。

2. 内容及媒介分析

自2012年第一届中国·嘉峪关国际短片电影展举办以来，电影展综合运用了传统媒体、网络媒体、户外媒体等多种传播手段，对电影展进行了立体化的传播，笔者主要对网络媒体的传播进行了统计分析。

数字时代网络媒体已成为传播的主力军，在新浪微博综合搜索关键词"嘉峪关电影展"有669条结果；微信搜索关键词"嘉峪关"电影展共有78条新闻；百度视频搜索关键词"嘉峪关电影展"有218767条视频，谷歌搜索关键词"China jiayuguan international short film"有9条相关链接。

以百度为搜索引擎，输入关键词"中国·嘉峪关国际短片电影展"相关链接有469000个，并对前20条检索记录以媒体名称进行分类整理，

① 朱秀凌：《我国会展传播的SWOT分析》，《漳州师范学院学报》（哲学社会科学版）2009年第2期。

② 蔡斯韵：《广州亚运品牌的跨媒体传播策略研究》，硕士学位论文，华南理工大学，2010年。

检索结果见表1。

表1　　"中国·嘉峪关国际短片电影展"媒体报道百度搜索前20名

序号	媒体	标题	时间	新闻来源
1	中国甘肃网	第三届中国·嘉峪关国际短片电影展获奖作品揭晓	2014 年 10 月 17 日	中国甘肃网
2	中国甘肃网专题	第二届中国·嘉峪关国际短片电影展（网站）	2013 年 9 月 18 日	中国甘肃网
3	搜狐视频	第三届中国·嘉峪关国际短片电影展征集短片通知	2014 年 7 月 8 日	搜狐娱乐
4	新华网	首届中国·嘉峪关国际短片电影展开幕	2012 年 10 月 17 日	新华网
5	每日甘肃网	第三届中国·嘉峪关国际短片电影展启幕 10 余国家作品参展	2014 年 10 月 16 日	每日甘肃网
6	中新网	中国·嘉峪关国际短片电影展首邀中亚国家参加	2014 年 9 月 4 日	中国新闻网
7	大公资讯	第三届中国·嘉峪关国际短片电影展下月兰州开幕	2014 年 9 月 4 日	大公网
8	大公网	中国·嘉峪关国际短片电影展开幕	2012 年 10 月 18 日	大公网
9	网易新闻	中国·嘉峪关国际短片电影展在兰开幕	2013 年 9 月 26 日	《甘肃经济日报》
10	中国视协	关于第三届中国·嘉峪关国际短片电影展征集影视纪录短片的通知	2014 年 7 月 15 日	中国视协
11	每日甘肃	嘉峪关国际短片电影展 16 日开幕	2014 年 10 月 16 日	每日甘肃网
12	新视界	关于第三届中国·嘉峪关国际短片电影展征集纪录片拍摄方案的通知	2014 年 9 月 9 日	新视界
13	中国兰州网	第三届中国·嘉峪关国际短片电影展颁奖盛典	2014 年 10 月 17 日	中国兰州网
14	人民网	中国·嘉峪关国际短片电影兰州开幕 首次邀请中亚国家参加	2014 年 10 月 16 日	人民网

续表

序号	媒体	标题	时间	新闻来源
15	光明网	第三届中国·嘉峪关国际短片电影展在兰开幕	2014 年—10 月—17 日	《兰州晚报》
16	中国广播网	第二届中国·嘉峪关国际短片电影展在兰州开幕	2013 年—9 月—25 日	央广网甘肃快讯
17	甘肃省新闻出版广电局（网站）	短片电影展实施方案——第三届中国·嘉峪关国际短片电影展实施方案	2014 年—10 月—17 日	甘肃省新闻出版广电局
18	国务院新闻办公室门户网站 www.scio.gov.cn	第二届中国·嘉峪关国际短片电影展启幕	2013 年—9 月—25 日	每日甘肃网
19	人民网	第三届中国·嘉峪关国际短片电影展在甘肃兰州开幕（视频）	2014 年—10 月—16 日	人民网—人民电视
20	中国广播网	首届中国·嘉峪关国际短片电影展昨晚盛大开幕	2012 年—10 月—17 日	中国广播网

从媒体角度看，20 个媒体中，甘肃本地媒体占 5 个，网站占 2 个，主流媒体占 11 个，行业性媒体占 2 个，可见此展传播力度较好，传播面较广。从传播标题来看，大多都是电影展开展的消息新闻，在内容报道上，媒体的报道内容不够精彩，推广效果还没有达到最佳，还需要深挖更加吸引人的内容，以内容吸引受众。从门户网站的传播来看，两个网站分别都是国家权威型网站，电影展自己的网站链接并未出现在靠前的位置，门户网站的建设在数字时代是有利的窗口，必须围绕电影展本身设计吸引人的网站，并进行各类线上传播及短片交易，而行业性的媒体为影展带来专业性的形象塑造。从新闻来源看，甘肃本地媒体发出的新闻较多，在会展媒体的要求上还要再扩大。

以第二届中国·嘉峪关电影展为例，第二届电影展举办后，甘肃省广播电影电视局的主页，2013 年 10 月 10 日 17：58 的新闻《新闻媒体齐为中国·嘉峪关国际短片电影展造势聚力》，本届展会活动，共有中央、甘肃省内和香港地区的 30 多家报纸、广播、电视、网络媒体，通过会前、会中、会后三个阶段，利用消息、评论、特写、侧记、专题、访谈、开幕式倒计时、滚动字幕等多种形式，进行了全方位、高密度、多角度、深层次、立体式宣传报道，营造了甘肃隆重热烈办展会和开放开发建设纪录片大省的浓厚舆论氛围。据不完全统计，各媒体共刊播相关报纸稿件20多篇，广播电视消息30多条、专题4期、滚动字幕40多条次，网络稿件40多篇次。

对于整个电影会展的传播，运用了媒体整合联动、跨媒体传播、多维立体式的传播，形成了"1+1＞2"的传播影响力。但大多还是运用了传统媒体传播方式，对新媒体的利用仅仅在新闻文本和图片上运用较多，新媒体主要作为平台来使用，在文本内容本身的生产上稍显不足。运用新媒体进行宣传的能力较弱，传播效果并未达到最大化。

3. 电影展传播的效果评估

表2　　　　　　　三大搜索引擎网站对嘉峪关电影展的检索情况

搜索引擎	搜索结果（条）	位居头条	第二条	第三条
百度	529000	首届中国·嘉峪关国际电影展（网站）	嘉峪关国际短片电影展——百度百科	嘉峪关国际短片电影展16日开幕
雅虎	40600	嘉峪关短片电影展将年年办	第二届中国·嘉峪关国际短片电影展昨日闭幕	嘉峪关国际短片电影展凸显新亮点
搜狗	3297	嘉峪关电影展在线观看	嘉峪关电影展纪录片拍摄方案推介活动举行	嘉峪关电影展：六位著名国际制作人坐镇"大师面对面"

由此看出，三大搜索引擎对于嘉峪关电影展的推介，主要是引导用户对电影展官网的关注、影展详情的了解，三大搜索引擎都拥有巨大的用户群，通过搜索引擎推广电影展是一种快速有效的方式。

从内容上来看，几乎所有的媒体都有对活动内容进行了介绍，在省内进行撒网式宣传，包括举办形式、作品内容、主题等的介绍，但各媒体又各有侧重。各媒体对同一则新闻的报道侧重点不同，既带有记者的主观色彩又带有本媒体的固有特点，但前者更为明显。

同时，综合性网络媒体的报道基本一致，专业性网络媒体的报道字数取决于其专业特点。另外，网络媒体的报道字数整体高于报纸媒体，这一点是由新闻的重要性和版面大小决定的，网络媒体无版面限制。从各媒体消息的来源渠道上来看，报纸媒体都有明确的来源渠道，为现场报道，且多来源于政府及其新闻发布会。网络媒体虽多未指明具体消息来源渠道，但从内容上可以看出，消息仍多是来源于开幕式现场或政府新闻发布会。而新华网的消息是直接由政府传递，可见政府对外消息的宣布，也是更多地依赖于更迅速、更普遍的网络媒体。

由于文化传播不同于大众传播，其意识形态更为复杂，传播方式更呈现一种杂乱的网状循环传播，这正符合互联网的传播方式。因此，文化传播在数字时代显得如鱼得水。

第三节　中国·嘉峪关电影展市场竞争力分析

一　国内外产业发展空间

据《中国广播电影电视发展报告（2014）》（广电蓝皮书）显示，2013 年中国纪录片生产制作共投入 13.03 亿元，同比增长近 3 倍，实现行业总收入约 23 亿元，比 2010 年增长 127.8%。2013 年，全国共生产纪录片 11000 多小时，同比增长 6.8%。首播节目量增长 12.5%，年产量增长 26.4%，自制节目比重增长 14.8%，行业盈利率增长 88%。并且，中国纪录片产业超过一半的收入来自广告，但 2013 年纪录片的总收入中，来自国际国内联合制作或委托制作等方面的合作收益占 30%，国内节目销售和海外节目销售分别占 8% 和 5%，而音像发行和电影票房收入占 0.15% 左右。

欧盟国家也通过法律的调整引导视听新媒体机构整合。2012 年 4 月，德国的 Zweites Deutsches Fernsehen 等电视公司联合成立了 Gold GmbH 公司，作为视听新媒体的公共播放平台，向合作者及第三方提供视听内容的点播服务。这一平台在 2012 年年底正式运行。之前的 ProSiebenSat1 等公司提出的类似计划曾经被德国监管机构否决，但此次获准通过，也是放松管制，允许视听新媒体市场更加开放的一个表现。[1]

从甘肃影视产业现状看，"截至目前，全省影视制作公司多达 100 余家，电影产量逐年递增，从年产一两部达到年产七八部的发展势头，50%

---

[1]　WDR Mediagroup, "Pressemitteilung der WDR Mediagroup", April 25, 2012.

以上的影片在央视电影频道播出，以独特的电影语言讲述着美丽新甘肃"①。

二　影展地域人文民族民俗优势

甘肃地形地貌复杂，自然景观丰富多样，多民族杂居，各种宗教信仰碰撞，地处"丝绸之路经济带"。为促进甘肃影视业的繁荣发展，也为了抓住战略机遇，加快甘肃文化大省建设，加大对建设华夏文明传承创新区的力度，进一步挖掘甘肃省历史、自然、人文、科技等文化资源，提升甘肃文化影响力和竞争力。

古丝绸之路不仅包括北方的丝绸之路，也包括海上丝绸之路，因此习总书记在提出陆路丝绸之路之后，又在印度尼西亚巴厘岛提出了"21世纪海上丝绸之路"建设的构想，现在所提到的"一带一路"就是习总书记2013年相继提出来的"丝绸之路经济带"与"21世纪海上丝绸之路"。

从市场营销看，"大数据"营销引领市场营销潮流。"在电影消费领域同样也存在着'碎片化'趋势。一切电影营销分析的第一步都是要找到影片的目标受众，从而确定媒介投放策略。因此，以数据挖掘、数据分析作为技术后盾，大数据时代电影营销媒介购买的核心要义是'买人'，这完全颠覆了传统的买时段、买位置的媒介购买方式。"② 运用"大数据"来进行电影营销，落实到具体操作上，目前而言，已经初步投入应用的数据来源主要集中在以下几个地方：一是搜索平台，如百度等；二是社交平台，如微博、人人网、豆瓣等；三是电商平台，如淘宝、京东、当当等；四是视频网站，如优酷土豆、乐视网等；五是百度指数、新浪微指数、淘数据、优酷指数等。

第四节　中国·嘉峪关电影展的传播困境

一　用户意识薄弱，项目的媒体策略陈旧单一

从媒体融合的角度看，面对新媒体的冲击，传统媒体需要改变。新技

---

① 周丽宁、曹丕玉、孙周秦：《兰州与中国电影》，中国电影出版社2014年版，第114页。
② 刘婧雅、文田：《大数据时代的电影营销》，《电影艺术》2014年第1期。

术带来用户观，观众不再是被动接受的"受众"，他们更喜欢参与、需要更多交互式媒介体验。各媒体如果不及时整合资源，运用新技术创新，塑造品牌竞争力，就会被市场抛弃。

从报道内容来看，各媒体对该电影展的报道还停留在表面，仅是对活动形式和结果的报道，仅有为数不多的对活动背景和当前情况的分析和介绍。报道不精彩，推广效果未达到，各媒体的报道内容有不少雷同现象，可见记者们并未深入活动内部，深挖活动中真实有趣的事件，提升活动关注度。

无论是网络媒体还是报纸媒体的报道，都是松散的，多从宏观上介绍电影展。

在门户网站的建立上，对比已经颇有经验的广州纪录片节，甘肃还有很多要学习的地方，在网站的使用与满足上还未达到要求，网页的设计比较单调，缺乏互动，用户意识薄弱。

本次影展由政府带头，有很大的局限性。报道的消息几乎都直接或间接来源于政府，对短片内容的选择相比前两届也相对单一。政府的立场性很强，使得短片节的内容选择、宣传和参与对象都比较单一、片面。

二　缺乏跨界发展的产业化思想，不能形成一套完整的产业链

甘肃省作为西部腹地，相较于东部发达地区经济基础薄弱，思想相对保守，政府资金投入有限。电影虽然是艺术，但首先是商品。营销策略的落后，没有一系列产业链的形成，就无法将影视文化产业做大做强，从而无法带动整个的文化建设。

要将文化产业做大，产业融合是关键。"纪录片需要跨界，正是为了形成纪录片产业集成，把甘肃建成纪录片大省。"中国教育电视台副总编、中线传媒总经理陈宏对甘肃纪录片大省的提法很感兴趣。

三　需以进一步开放的姿态广泛对外合作

从文化传播的方面看，影片拍摄题材既要继承历史的遗存，还要善于发现很多和当下生活产生共鸣的题材。长期以来，对文化强调意识形态属性，大打安全牌，缺乏大胆开拓的精神，是西部地区在文化开掘上需要注意的问题。

文化传播推广意识薄弱。纪录片也需要重视观众和市场需求，《中国广播电影电视发展报告（2014）》指出，中国纪录片"走出去"主要面临

着海外营销模式不够成熟有效，具备"走出去"实力的精品纪录片缺乏、中外文化差异导致的价值诉求冲突等问题。

从自身的立场来看，中国故事讲出去的渠道仍需拓宽。

四 品牌意识有待加强，宣传和执行方面还需要进一步做好对接工作

甘肃是文化大省，在文化品牌的树立上有着天然的优势，电影展在业内形成了一定的影响，但还需在全国范围内树立品牌影响力。必须对本土文化有足够的自信自豪，我们有太多可记录的人和事物。

在孵化营环节中，和国外纪录片导演的沟通交流还存在一定的对接差距，在双发观念的表达和碰撞上明显表现为沟通不利，导致双方的意见和思想没有完整有效的沟通传达，出现文化上的差异、审美品位和喜好上的差异等现象。

第五节　中国·嘉峪关电影展的新媒体传播策略

一　传统媒体和新媒体的联动传播

政府应通过各种渠道关注活动在民间的反馈。网络媒体应充分利用自己交互性强的特点，充分调动人们的积极性。而报纸媒体应充分发挥网络媒体没有的特点，即力求更深入地报道该活动。政府对于这类关乎地区发展的消息应在一定程度上引导省外媒体的报道，加大宣传力度。可在宣传方式上进行创新，除了充分利用微信、微博等新媒体，在宣传片的拍摄方式上增加创造性、互动性。利用多媒体融合运作，即时新闻与独家内容同时进行，用不同的平台面向不同的受众传播，利用新媒体平台的双向性和互动性，使传播更方便和贴近个人的喜好。培养强烈的用户意识，让用户自己生成信息，增加网页内容所占比例，实现信息互补。

二　长尾中的影视产业化，从传统媒体走向融媒体

长尾（The Long Tail）理论是由《连线》杂志主编克里斯·安德森在2004年10月的《长尾》一文中最早提出的，简单地说，就是指只要产品的储存和流通的渠道足够大，需求不旺或销量不佳的产品所共同占据的市场份额可以和那些少数热销产品所占据的市场份额相匹敌甚至更

大，即众多小众市场汇聚成可产生与主流相匹敌的市场能量。"长尾理论全面性的又一个表现在于，它不仅是关于商业的新经济学，也是关于文化的新经济学。"① 由此受众对非主流商品有着无限需求，小众题材、民族题材影片市场无比巨大，无边无际。受众几乎关注所有东西。"尽管近十年来少数民族题材电影发展态势良好，每年都有相当数量的民族电影以不同的方式被不同的电影机构生产出来，但在商业化电影体制内，少数民族题材电影遭遇到商业电影观念与体制的冲击，多数无法上商业院线，成为名副其实的'小众电影'。"② 影视产业的商品属性以及甘肃本土电影或纪录片在少数民族题材的选择上极为丰富，从题材到内容，相对来说是小众的，从规模上也无法与院线电影相抗衡，在全媒体时代，小众文化的传播通过多种媒介进行。传播学理论认为，按照受众接受范围的大小与性质，可将传播分为大众传播和小众传播。自20世纪末以来，新兴媒体的兴起打破了传统媒体垄断的地位，网络媒体不仅实现并突出了其个性化的传播特点，而且也使"广播"变成"窄播"。③

首先，充分利用长尾带来的价值，要促进媒介融合，打造全媒体信息平台。通过微信、微博的推广营销，小众网站的宣传（如豆瓣网），深挖社会资源，建立新锐团队，内容为主，走本土化发展之路的同时紧紧围绕市场打造项目。线下活动方面，可以利用咖啡馆放映的方式聚集群体。

其次，加强建设新媒体平台，实现传播的多屏化。新媒体时代，互联网为小众商品的传播提供了无限空间市场，任何曾经创造的内容原则上都将在网络中永生。2007年12月，英国广播公司（BBC）正式推出打通各种播出终端的在线内容回看平台 iPlayer，用户可在个人电脑、iPad 等平板电脑和部分手机上回看、点播7日内 BBC 所播出的音视频节目。2012年8月，iPlayer 访问量最高达到1.96亿次，其中移动终端访问量1900万次。④ 传统媒体在传播的过程中，从经济利益考虑，不可能去经营太多商业性不够强、盈利效果一般而艺术性、文化性又比较强的作品，在数字化

---

① ［美］克里斯·安德森：《长尾理论》，乔江涛译，中信出版社2006年版，第162页。
② 胡谱忠：《北京民族电影展纪事》，《中国民族》2013年第4期。
③ 刘雅：《展会与媒体互动研究——以"2012第五届青岛秋季国际车展"为例》，硕士学位论文，中国海洋大学，2013年。
④ Performance Pack, June to August 2012, http：//downloads. bbc. co. uk/mediacentre/iplayer/iplayer - performance - jun - aug - 12. pdf.

时代，互联网平台为这些长尾小众商品提供销售市场，也给影视艺术家们提供了机会，个性化被突出出来。"网络独特的交互性是其他媒体望尘莫及的。这不是交流形式的革命，这是交流本质的革命。"① 在制作和传播上，数字时代，通过互联网，制作者可以有效地将自己的作品传播开去，而点击量是很好的印证。

在门户网站的建设方面，嘉峪关电影展的网站页面不够丰富多彩，互动性不够强，在网页设计方面要注重创意和策划。嘉峪关电影展的网站主题尚算明确，是关于影展的传播推广，但在细分版块上，严肃庄重有余，灵活以及国际性概念的推广不足，与市场接轨方面做得没有广州纪录片节尽善尽美，在广州纪录片节大会上，优酷土豆网纪实频道宣布上线并与中国纪录片网达成了战略合作，这正是顺应纪录片在新媒体环境下的新的成长模式。② 在网站的 CI 设计上，个人认为 LOGO 和色彩的运用不够鲜活，主色调不够突出。在互动性上，客户可以激励用户自己提供生成内容，如BBS 社区、聊天留言、邮件列表、线上交易或评论等。在广告投放上，可以与大型门户网站，如百度、搜狐等合作。

三　整合营销与形成跨界发展的产业链

"20 世纪 90 年代的技术爆炸改变了一切，从根本上改变了经营和传播的方式。整合营销传播正是在这样的动荡的环境下诞生的。"③

整合纪录片人才和项目资源，做出有影响力的产品。提升人均效能，改变纪录片从业者孤芳自赏的创作心态，吸收观众思维与互联网思维，投入到那些充满创新的开放性实践中去。打造纪录片投资、制片、营销平台，在财务模型上，从仅仅依靠传统的单一的营销模式，转向新模型、新渠道，以强大的原创力、营销力、整合力形成品牌力，打造华语纪录片领先品牌。

在长期合作方面，影展可与《国家地理》等杂志签约合作，以丰富的自然风光等资源优势，吸引各国摄影师前来拍摄风光片、宣传片、纪录

---

① ［英］大卫·菲利普斯：《网络公关》，陈刚、袁泉译，北京大学出版社 2005 年版，第 1页。

② 傅思聪：《中国广州国际纪录片节的启示》，《视听纵横》2014 年第 1 期。

③ Don Schultz, Heidi Schultz. IMC, The Next Generation. New York：McGraw - Hill Professional，2003：Preface.

片等，以达到双赢的目的。跨界资本市场及电商是当前较为前沿的跨界发展方式。做强纪录片必须跨界，而地产是更直接、更快捷的跨界。甘肃是华夏文明摇篮之一，把纪录片元素集中到一个地方，集中成为一个产业，有后期制作，有纪录片国际论坛、纪录片云计算、五星级酒店等，制片人可以在这里逗留、研讨。把甘肃打造成中国甚至是世界纪录片高地，可实现多方面融合，尤其是地产的融合与跨界。在影展对地域的形象传播方面，可以借鉴同是西部的美国好莱坞的发展历程，利用地域优势，建设影视基地，吸引各类剧组前来拍戏。

　　将多种产业融合，将实物产业和无形的精神生产相融合，实现无形依托有形，将实物产业人文化，文化产业实体化，吸引更多投融资，同时面向社会集资，通过企业投资，比如与读者集团这样的省内龙头文化企业合作，延伸多条产业链。

　　从国内看，广州国际纪录片节自 2003 年创始以来，作为国内唯一具备纪录片投融资、交易功能的国家级专业平台，是中国纪录片产业脉动风向标，是国家产业政策和国际发展趋势的官方权威发布平台，专注纪录片节展十二载，已形成集评奖、预售、培训、论坛、市场内容于一体的综合文化盛会，促进了城市文化产业的发展。近年来，国家已将纪录片定为"中国文化走出去"最重要的文化战略之一。广州作为中国海上丝绸之路的发祥地，鉴于此，嘉峪关国际短片电影展可以学习其办展所积累的经验，总结其不足，找准自身优势，将西部文化推向全世界。如学习广州国际纪录片节高度服务于交易功能的专业化、着眼全球合作的国际化、交流发布的前沿化、长足发展的品牌化。

四　政策护航以及培养频道运营的高端人才

　　针对纪录片专门人才少、资金缺乏、团队建设不强、作品收益少的情况，在政策方面可以建立财政补贴甚至放宽政策，对学生或体制外人才的培养注入资金，加大对外宣传的力度，多办电影展这样的活动。同时，在短片节发展到一定水平后，即有一定的国际影响力后，政府应逐步放权，使该节会逐步商业化、市场化，这样更能制造话题、扩大宣传，也更能深入人心，媒体也更能找到新闻点并且自如地报道。同时，政府也不能完全放手不管，应给予本地短片适度的保护，让其成长、发展，即所谓的"有形的手"与"无形的手"相结合。

五　建立网络数据库，发展线上影展

甘肃省有丰富的自然人文影像资源，在素材管理方面，可以建立大量资源素材库。在全媒体时代，纪录片融资的来源、出口都变得非常多元。还可以推出致力于纪录片资源整合的"影像西部"APP。以互联网的思维实现纪录片创作者、投资者和播出机构的跨界交流和平等对话，以基金形式扶持创作者并支持其享有版权收益。建立基金会为拥有创意的人提供经费，创意本身可通过 APP 进行售卖。目前，国际纪录片产业通行规则是，资金提供方以纪录片导演制作的视频短片和项目企划书为依据，决定是否为其提供资金支持，而基金会资助可以把资助起点前置到创意阶段，为纪录片导演进一步降低拍摄门槛，助力其实现梦想。同时支持纪录片拍摄者与投资者同时拥有版权，打破纪录片工作者给资本打工的现状，有利于纪录片产业的人才培养和产业发展。APP 是跨界沟通的渠道。苹果公司借助App Store、iTunes Store，索尼借助 Play Station Store 都成为重要的视频发布平台。苹果 iTunes 电影商店目前已在 62 个国家运营，覆盖全球27.02% 的人口。[①] 在此方面，甘肃可以积极和它们合作，或自建一个APP 平台发布系统，也可以和读者集团合作开发一个 APP 平台发布系统。

在线上办展方面，学习借鉴"网上中国电影周的运作模式，树立品牌优势，成为甘肃文化传播的阵地。视听节目是最适宜实现跨文化传播的内容之一。以互联网为代表的新媒体是各类媒介形式的聚合体，是融视、听、写于一体的多媒体"[②]。以在线展播为主，与对象国知名网站合作，通过授权播映，在合作网站上进行为期一周的中国电影展映。[③]

在纪录片制作上可以做到越艺术越商业，越艺术越有关注，越关注越有市场，越有市场越有产业化保证。在国内市场，互联网是一个非常重要的信息播出频道，特别是移动互联碎片化的方式也催生了微纪录这种新的纪录片形式。纪录片呈现的方式更加多元，从而也更为普及。未来可以做在电影院播放的纪录片，试图进入大屏，从手机到影院，甚至到未来的

---

① MacStories, "Mapping the Entertainment Ecosystems of Apple, Mcrosoft, Google & Amzon", Oct. 16, 2012.

② 庞井君:《视听新媒体蓝皮书　中国视听新媒体发展报告 2013》，社会科学文献出版社2013 年版，第 6 页。

③ 同上。

IMAX，让人们看到纪录片播出的屏幕在拉伸。

六　利用数据可视化方式丰富传播内容

新科技的影响与日俱增，使流动与互动通信日渐重要，在媒体策略上优先发展使用流动平台进行传播，数字时代影音及图表内容成为主流，极大地丰富了传播内容和图像，文字信息也处理得更吸引人和容易消化，使传播形象生动多元化。可视化使得新闻报道简洁直观、深入浅出并且引人入胜。在对电影展的报道中，媒体大多使用了文字配图片的形式，单调乏味，缺少互动性。数据新闻的生产过程可分为数据、过滤、视觉化、故事四个步骤。数据新闻可以在地图、时间轴、树状图、气泡图、网络图、散点图、热力图、标签云、流程图等丰富的形式中进行选择。① 所以可以组建相应的数据新闻可视化制作团队，充分发挥数据挖掘、数据可视化设计方面的能力，在设计上注重用户体验和图表叙事。

影视产业作为文化产业的一部分，要迈入全球化、市场化、移动化、网络化、数字化的发展轨道，必须要整合优势资源，转换机制，注重对专门人才的培养；形成跨界发展的产业链，走规模化发展之路；寻求长尾中的影视产业化，从传统媒体走向融媒体；探索西部纪录片多元化发展之路；注重对国际性选题的挖掘；重视甘肃本土文化的品牌意识以及影视人类学意义，探索挖掘出适合发展西部文化产业建设的长久之计。

---

① 王武彬：《如何用数据讲一个好故事——从 2013 年数据新闻奖作品〈傻瓜的艺术品市场〉说起》，《新闻与写作》2014 年第 4 期。

第十九章　新媒体时代下伏羲文化的传播困境及对策

数字信息化传播的新媒体时代为文化的传播提供了新的历史机遇，新媒体是一个全民参与信息共享活动的平台。新媒体通常是与传统媒体相互区别的信息传播媒介，是 21 世纪人类通过广播、电视、网络传播信息，实现信息共享的媒介工具。新媒体时代的到来，消解了文化的阶层性，突出一种文化平等参与共享的地位，使受众都可以平等地加入到文化的生产与传播中，大众性成为新媒体时代的突出特征。如何在新媒体时代中传播与弘扬我国的传统文化，使每一个媒体参与者都可以用一种新的思维方式重新思考文化传播的问题，这应当是今天我们媒介研究者所要探讨的话题。伏羲文化是我国华夏文明的本源文化，如何在今天大力提升国家文化软实力、传承国家经典历史文化、弘扬传统文明精神，是我们文化宣传工作者研究的重点，合理科学地研究"伏羲文化"的传播工作，对于今天做好文化传承工作具有极其重要的意义。

第一节　前言

在中国古代传统民族文化中，伏羲文化是华夏文明的源头，据相关文献资料记载，伏羲是华夏民族的祖先，故名为龙族。伏羲，始开天地，肇启文明，演绎八卦，创立人间婚丧嫁娶礼仪制度，教授人类结网捕鱼、耕地修生等生产技能，这在一定程度上提高了人们生活的水平，促进了地区氏族之间文化与经济的交流，对后世影响深远，故后世万民尊称他为"太昊伏羲、人文始祖"，位居三皇之首、百王之先。早在晋代，就有记载伏羲文化的文献，皇甫谧在《帝王世纪》中论述道："太昊帝包牺氏，风姓也，母曰华胥，燧人之世，有巨人迹出于雷泽，华胥以足履之，有妊，生伏羲，长于成纪。"[1] 按照皇甫谧的记载，伏羲的出生的确带有很浓的民间传奇性色彩。伏羲的出生地成纪，即今天的天水，早在汉代就已立县。在郦道元《水经注》一书中就记载："成纪水古渎，东径成纪县，故帝疱牺氏所生处也。"[2] 后世所说的成纪县即指今天的天水境内一带。据资料考证，伏羲的确是存在于天水境内的真实人物，只不过随着历史时间的延续，因伏羲对人类的贡献巨大，人们将其神化。至今，在天水市仍保存着多处伏羲文化的遗迹：天水秦州区市内有始建于汉时的太昊伏羲庙；位于市郊三阳川，有伏羲画卦的卦台山遗址。每年政府都会举办大型伏羲文化祭祀活动，其中农历六月二十二日伏羲公祭大典现已正式列入世界非物质文化遗产名录，受到中央政府的高度关注，成为中国最具文化影响力的祭祀性大型活动之一，每年前来参加祭祀的政府官员及嘉宾人数多达上万，受到中央政府以及省委、省政府的高度关注；同时天水市每年民间自发举行祭祀活动：农历正月十六和七月十五，伏羲诞生和仙逝的祭日都会举行规模盛大的活动，参加祭祀的群众达到万余人。

伏羲所创制的八卦与太极图阵，不仅是伏羲文化的一种代表，更是中华传统文化的象征与代表。华夏先民们运用高度浓缩与概括的八卦太极信息符号，在论证宇宙万物的发展运动变化之中，形成了一整套系统完整严密、富有民族地域特色和阴阳变异的逻辑哲学体系，深刻地影响了中华民族的思维方式。其中，八卦太极图代表着我们中华民族的创新、团结、踏实与拼搏进取的精神，这些文化符号意义对于我们中华文化的发展与精神的形成具有重要的价值。

伏羲位居三皇之首、百王之先。他的功绩与地位是在中华民族世代通过勤劳耕作的基础上脚踏实地的实践中逐步形成的。伏羲各个氏族部落在他们原始生活的早期，就已经开始相互合作，积极进取，创造了一个又一个的人类文明。无数海外华人前来寻根祭祖，这为增进海峡两岸的友谊，促进海峡两岸交流具有重要的文化意义。

第二节　伏羲文化的传播现状

中华传统与现代文化的发展，有其自身内在的延续性的规律，如果我

---

[1]　李建成：《伏羲文化概论》，甘肃文化出版社 2004 年版，第 56 页。
[2]　刘雁翔：《伏羲庙志》，甘肃文化出版社 2005 年版，第 62 页。

们对中国传统文化"究其趣而探其归"，会不难发现：中国传统文化的最初发祥的源头就是"伏羲文化"，其中包括了伏羲自强不息的奋斗精神以及被物化了的以伏羲精神文化为载体的物质文化遗产，并被后世人不断延续和传承，今天我们将这一远古的文化称为"伏羲文化"。这一历史文化，无疑是历史文明给甘肃乃至全中国遗留下来的一笔宝贵的历史文化遗产资源，这既是中华民族传统文化史上的一笔精神财富，同时还是给现代中国遗留的珍贵的物质财富。然而，传统文化遗产在今天新媒体传播语境中的生存发展状态如何，这一问题引起了我们研究者的反思。

21世纪是新媒体娱乐大众文化逐渐兴起的时代，大众更多的是追求一种快乐轻松的文化享受与平面化的快餐式消费，对于传承文化产业这一观念意识淡薄，许多有价值的传统历史文化资源未得到有效的开发与使用，对诸如伏羲文化的开发仅仅停留在一些史学家和文化学者的开发与研究层面上，多数游客仅停留在走马观花式的观赏伏羲景点之上，这在很大程度上阻碍了伏羲文化的传播，因此使得许多游客并没有感受到传统文化的精髓和它无法估量的文化艺术价值。

尽管伏羲文化是中国的源头文化，但是它并没有像其他类似的文化遗产一样获得具有丰厚的经济价值的传播效益。甚至就在甘肃省内，它也无法与敦煌石窟、《读者》、兰州牛肉拉面这三大甘肃文化经济品牌产业相互抗衡，对天水的经济贡献似乎收效甚微。这一现象的出现，令我们研究者陷入沉思之中。出现这种现象，笔者认为原因可以归结为一点：伏羲文化这一资源在某种程度上仍然未引起政府、民间足够的重视。他们没有认识到伏羲文化，不仅是一种文化的资源，同时它更应当是一种特殊的无形经济资源。打造伏羲文化强势精英文化品牌，提升伏羲文化资源所带来的经济效益，传承经典文化，这应当是我们省市政府联合重新开发文化资源，提高经济价值的一项重要任务。

一 2014年伏羲公祭大典活动祭祀概述

2014年伏羲文化公祭大典在6月22日上午9时举行，主题为"同根同祖、中华共祭"，在重点举行公祭伏羲大典外，还围绕祭祀活动举行2014中华伏羲文化论坛、"同根同祖"——全球百名华侨寻根祭祖行、大型舞蹈《一画开天》演出、"伏羲颂"音乐晚会等文化活动，展示伏羲文化的精髓及中华民族传统文化的魅力，提升伏羲文化在海内外的影响力，推动华夏文明传承创新区建设。本次祭祀活动仪式，特别选择海峡两岸同时举行祭祀，这在一定程度上增强了民族的向心力。

2014年天水市非常重视对节会的世界宣传力度，特别邀请中央、境外、省内外30多家主流媒体对公祭大典进行系列新闻宣传和专题报道。甘肃卫视和人民网、新华网、中新网、中国甘肃网、甘肃人民广播电台、天水电视台、天水人民广播电台、天天天水网、天水广电网、天水在线等10多家中央、省、市媒体对伏羲公祭大典进行现场直播。同时，中央电视台中文国际频道《走遍中国》栏目将拍摄《人祖伏羲》系列专题节目，这在一定程度上提升了天水在国内的知名度。①

二　伏羲文化在新媒体语境下的传播路径研究

西方著名传播学者拉斯韦尔提出事件的传播是一种"5W"式的传播框架，即：Who，谁传播策划活动事件；What，事件活动的具体内容是什么；Which channel，通过什么媒介渠道传播信息；to Whom，事件传播的对象；What effect，事件产生了怎样的传播效果。这"5W"传播因素构成了一套完整的事件传播模式。接下来，笔者将伏羲文化节会活动放置于这"5W"事件传播框架之中，探讨节会活动存在的问题，并提出改进的策略。②

1. 媒体报道内容的渠道方式——Which channel

媒体在事件活动传播过程中所发挥的作用，不仅是媒体报道内容的载体，同时还是受众与媒体交流的平台。伏羲文化节内容的报道较多地采用大众传播媒体（报刊、电视、广播等）发布活动信息，宣传活动事件，采用媒体记者采访，召开不同规模的新闻发布会，以及现场直播的形式。

通过对2014年全年节会期间媒体报道渠道和方式的总结归纳发现，一般集中于重点宣传报道伏羲文化节会活动内容的主要媒体大致可以分为三类：一是天水市本地区的媒体，如《天水日报》、《天水晚报》、天水市电视台、天水在线等；二是省内媒体，如《甘肃日报》、甘肃省电视台、每日甘肃网；三是国内与国外媒体，如《人民日报》、新华社、搜狐、新浪等，香港《大公报》、香港《每日通讯》等。

---

① 伏羲文化领导小组发〔2014〕003号，甘肃省中华伏羲文化开发建设领导小组文件。
② ［美］沃纳·赛佛林、［美］小詹姆斯·坦卡德：《传播理论——起源、方法与应用》，郭镇之等译，华夏出版社2006年版，第68页。

　　为了具体考察媒介对事件报道的内容，笔者特别选取 2014 年媒体新闻报道相关内容对其做出统计和分析，按照方便获取信息内容的归纳原则，特将报道划分为三大类媒体内容：报纸、网络、电视。其中，电视媒体多进行深度的电视新闻报道，直播大典仪式活动和对伏羲专题片的宣传。纸媒中，更多是《甘肃日报》与《天水日报》《华商报》《兰州日报》等，虽然选取新闻报道的媒体很多，但是我们通过比较发现，同一篇新闻报道在不同纸质媒体上出现相同转载的情况是很多的。

　　为了具体分析，特建立媒介内容分析表以供大家参考，见表1。

表1　　　　　　　　　　　媒介内容分析表

报道角度	涉及内容	报道数量
伏羲文化	伏羲文化的起源和产生	共计19篇
	伏羲文化在当代的发展	
	对伏羲的介绍	
	伏羲文化的学术研究成果	
	伏羲文化的现实意义	
伏羲文化旅游节筹备情况	安全保卫工作	共计43篇
	媒体宣传	
	氛围营造与布置	
	邀请与接待工作	
	市容市貌的清洁整治	
	各项节会活动预告与安排工作	
伏羲文化旅游节召开情况	节庆各项活动	共计75篇
	节会嘉宾	
	群众参与度	
	节会整体氛围与规模	
天水城市形象	境内旅游观光景点	共计39篇
	历史文化	
	市容市貌	
	农业及装配制造业	
节庆成果	对外宣传效果（城市知名度）	共计5篇
	旅游产业	
	文化活动	
	重点项目签约	

　　注：在不同报纸上刊登相同内容报道，只记为一篇。

通过上述分析，我们可以总结如下的传播现状：

（1）涉及对伏羲文化的相关报道论文研究数量虽然少，但是篇幅一般都是很大的。

从统计选取的论文数量上来看，在总数上约占 1/3，这种报道非常有力度地宣传了伏羲文化，长篇有利于人们对伏羲文化的深度理解，但是天水新闻对这种深度报道在数量上是很匮乏的，更多地停留在简短消息的播送，现有的新闻报道并没有突出天水与其他地区的节会活动策划的区别，在一定程度上反而制约了天水伏羲文化外向化的传播力度。

（2）对天水——伏羲诞生地的介绍过于简单，对相关信息的传播很少。

一次成功的节会宣传不仅需要传播文化，同时还应当借助节会平台塑造提升该地区的文化影响力。天水自古以来就是丝绸之路的重镇，有着深厚的历史文化积淀，但它地处我国西北地区，受国内外媒体的关注很少，然而依托每届伏羲文化节宣传的机会，可以提高天水文化和旅游在国内的影响力度。但是，媒体宣传没有深度挖掘伏羲文化深层次的内涵以及对经典文化的传播影响。

2. 新媒体文化传播下的受众（to Whom）

受众是新闻活动传播下的主要参与者和作用的对象。广大市民是参加伏羲文化节活动的主体，具有对节会内容的主观能动性的选择和评价能力。

在伏羲文化活动的传播之中，将受众分为两类：本地居民和外地游客。本地居民通常是指居住在天水附近的居民，他们对自己生活城市形象的建设和维护有着强烈的兴趣；外地游客通常是来天水办事，或是专程前来参拜伏羲的，可以通过他们来天水的旅游考察向外传播天水文化旅游印象，扩大外界对天水的认识，这一类人群应当是我们节会媒介宣传所重点要关注的受众群体。

通过对节会受众的采访与调研比较发现：天水市本地居民更多地选择从传统媒体（报纸、电视）上阅读活动消息（见图1），获取对节会活动的认识和了解；外地游客则会更多地关注新媒体（网络）上关于节会活动的信息，同时他们还会通过微博、微信等形式将自己对节会的印象在第一时间传送给自己的朋友圈受访者以供大家分享。通过调查，受众认为伏羲公祭大典是一次很不错的、具有极高文化影响力的节会，但是很多群众虽有强烈的到现场参加活动的欲望，却因门票等各种因素的限制，无法进入会场而表示遗憾。同时，当地市民群体还建议举行一些具有民间地域特色的演出，让更多的人加入到活动中，感受伏羲文化的精神。伏羲文化利用媒体技术传播手段正逐渐向外进行报道宣传，提升并扩大伏羲文化的影响力，让更多的人来了解认识伏羲文化。但是，由于天水市地处西北地区，信息传播渠道不畅通等各种特殊问题严重制约了伏羲文化的传播发展。

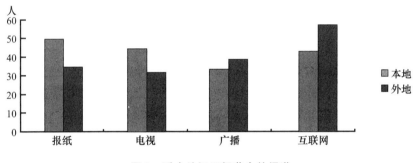

图 1　受众认识了解节会的渠道

3. 媒介效果分析

2014 年伏羲公祭大典，天水市政府配合省委、省政府提前两个月召开新闻发布会，扩大宣传的影响力，向中央以及一些省级媒体发出前来报道与参观天水的邀请。政府通过开展形式多样的展览、文艺演出活动，丰富了祭祀活动。同时政府通过邀请国内知名媒体团队对伏羲文化活动的持续深度报道，提高了天水在国内文化旅游跨文化、跨地区的媒介传播的影响力。

通过对 2013 年与 2014 年伏羲文化节受众对网络信息搜集数据的比较研究发现，第 24 届天水伏羲文化旅游节在参祭规模、嘉宾规格、公祭程序、媒体数量、祭祀范围上都较上一届有了很大的改进。运用谷歌、百度、搜狗三个搜索引擎对 2013 年、2014 年天水伏羲公祭大典的媒体报道数量进行统计（如图 2、图 3、图 4 所示）。单纯从数量上看，2014 年，对节会活动信息的关注程度较 2013 年有明显上升趋势，大多受众自觉地了解伏羲文化节会。

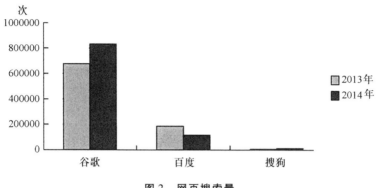

图 2　网页搜索量

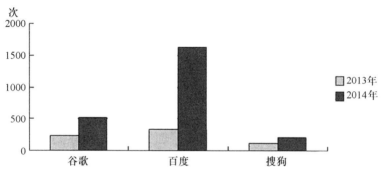

图 3　新闻搜索量

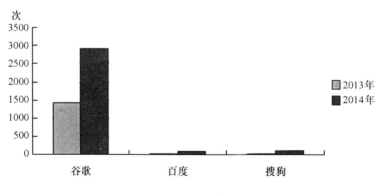

图 4　视频搜索量

节会活动对城市文化发展有着重要的影响，主要表现在以下几点：

1. 提升城市的知名度

伏羲文化节已经举办了24届，经过24年的发展，伏羲节会已经在全国文化节会中形成了具有文化影响力的节会规模，2014年，伏羲文化节被国务院节会办评为中国最具文化影响力的十大节会之一。借助伏羲文化节举办的机遇，使外地游客走进西部的甘肃天水，了解天水的历史人文资源和美丽的自然风景，提高了天水在全国文化旅游市场中的地位。在调研采访中，外地游客总体认为：天水是一座历史悠久、文化深厚的文化古城，景色优美，环境适宜，他们中绝大多数人表示有机会愿意再来天水参观，同时会向亲戚朋友介绍天水，邀请他们也来这里看看。

2. 增强了本地区市民对自己文化历史的自豪感与认同感

通过24届文化节会的连续举办，当地市民已经开始认识到伏羲文化在自己本地区文化中的重要性，更多的人愿意通过各种形式自觉参与到伏羲文化的学习中，现在天水也有许多自发成立的伏羲文化研究会，每年有许多国内外伏羲文化研究学者来天水学习交流，形成了一种伏羲文化长期研究的交流机制。伏羲诞生地就在今天的天水，因此天水人将伏羲作为自己的祖先，亲切地称其为"人宗爷"，对其有无限的崇敬。

总之，每年一届的公祭伏羲大典暨天水伏羲文化旅游节是海内外华人共同寻根祭祖的一次盛会，已经成为世界认识天水乃至甘肃的一个重要平台，对弘扬中华文明、传承民族本源文化、增强民族凝聚力、推动"丝绸之路经济带"文化建设和华夏文明传承创新区建设都产生了重要而积极的影响。

第三节 伏羲文化的新媒体传播策略

伏羲文化作为中华文明的源头文化，应当受到全省的高度重视，把伏羲文化作为一种文化产业模式来经营与运作，政府大力扶持，这将会为甘肃经济的迅速发展注入新的活力，加快文化的产业化发展，也将会为甘肃文化在中国乃至世界的文化舞台上提供更加有力的支撑。因此，大力振兴伏羲文化产业，促进伏羲文化的交流，从根本上可以说是一项长期的文化战略，功在当代，利在千秋。

笔者建议应当具体采取如下几点措施，来完善伏羲文化产业的建设格局：

1. 保护伏羲优势传统历史资源，合理开发，正确宣传；在新媒体传播的格局之下，创建民族地域的优势精品文化

文化的发展是一个循序渐进的过程，有其自身发展的规律性。一个有生命力的民族必然会有自己的优势精品文化资源，新媒体时代的到来让不同地区、不同国家文化的交流更加频繁。网络技术为伏羲文化的传播提供了技术传播的平台，新媒体技术使各地区不同的文化在网络中得以传播。伏羲文化的传播依托这一网络技术媒介平台，跨地区地将自己独特的文化加以传播，让更多的人了解伏羲文化的内涵。同时，我们也可以将图片、视频等资料上传到网上，以一种更加通俗的形式让受众生动地了解伏羲文化。我们应当倡导积极推动优秀传统文化（伏羲文化）占领新媒体技术空间。只有这样，伏羲文化才会有更大的受众群体，才会传播得更远，才会让更多的人了解伏羲文化。

2. 在节会文化内容传播方面，应采取内容多样化，突出全民参与互动传播的特点

伏羲节会是一项在群众中很受欢迎的文化活动，市民群众均表示愿意参加伏羲文化节会的各项活动。近年来，文化活动主要由政府主办，在节会的传播内容方面，组织者安排了多种形式的活动（如祭祀、文艺演出、文化工业展览等），出于各种因素的制约，政府并没有给群众平等参与的机会，这严重地影响了群众参与节会的积极性及对城市的归属感。首先节会由政府主办，政府官本位思维、官方体制、决策的个人化在一定程度上禁锢了文化活动的活力和创新性。其次节会展示的要素过于庞杂，难以形成鲜明的城市形象，使传播效果大打折扣。

政府应当利用新媒体的技术，在有限的条件下，开通广播电视、网站等信息传播平台，采用信息直播互动的方式，将场内祭祀活动第一时间快捷地传送给观众，建立有序的传播通信机制，同时在活动现场以居民社区为单位分发一些入场券，邀请民众到现场参加。在节会内容策划方面，组织者应从展示一个全面发展的天水为出发点，内容安排涉及天水的历史、工农业、旅游业、文艺等多个方面，突出展示天水的历史文化资源及旅游资源，避免内容过于庞杂。政府在举办节会时不但要注重对外传播，也要做好对内沟通，在市民中间树立良好的城市形象，整合天水历史文化方面的优势资源进行集中传播，彰显城市文化的影响力与特色。

3. 加大伏羲文化旅游宣传，提升天水旅游文化价值

中华民族自古以来就有"三皇"与"五帝"的说法，认为伏羲位居先祖之首，1994 年，台湾一位学者在《为中华民族始祖正名提议——请以"羲皇"取代"炎黄"》①一文中就指出，华夏子孙更应该称为羲皇子孙。可以肯定的是，伏羲始祖地位的确认，将会为天水伏羲文化品牌价值的提升提供更为广阔的舞台。华夏归宗的寻根游将会为伏羲文化注入新的活力，现代生活中对人类的寻根文化的溯源不仅是一种文化的时尚，同时还是一种强烈的对民族文化的认同。同时，政府应当有一种将文化推向市场的意识，向外宣传伏羲文化。政府除了举行伏羲的相关祭祀活动外，还应该经常性地邀请一些伏羲文化学者前来举行一些文化的交流与学术研讨会议，举行与伏羲文化相关的一些文化展览、产品销售的活动，比如创办一些书画展；举办商品交流销售活动及一些民间的非物质文化遗产展览的活动，并将这些活动与宣传伏羲文化相互联系，加强对伏羲文化的宣传。同时还可以借助影视创作的手段，将伏羲故事创作为更优秀的艺术作品，这种通俗的艺术传播手段将会更有力地将伏羲文化推向千家万户，使每位观众都能更加深刻地认识伏羲文化。

伏羲文化的传播可以依托媒体所搭建的科技传播平台，将传统媒体与新媒体融合，鼓励新闻媒体单位利用大数据和云存储的新媒体方式开发伏羲文化数据资源。拓宽伏羲文化传播的途径，综合运用信息图片、文字、音视频等资源在各种展会展示伏羲的优势。

鼓励以伏羲故事为主题的电影创作。影视是最能通俗地展示传统文化的一种表现形式，政府应当给予一些影视制作团体资金与政策的支持，建立影视创作的市场，以优秀的作品来宣传伏羲文化，支持影视的创作与发展。②

振兴伏羲文化产业是一项长期的文化建设战略工程，伏羲文化产业发展的支撑点是中国伏羲文化特色的文化旅游产业。如何使用新媒体技术平台创造一个开放的、政府与个人共同参与的伏羲文化产业发展的新环境是伏羲文化产业化的关键。伏羲文化是我国黄河流域中华文明的重要组成部分，在世界范围内产生的传播影响应该是与山东儒学文化同等重要的，它

---

① 周小华：《伏羲文化产业化近期思考》，《甘肃社会科学》2004 年第 3 期。

② 张秀桂：《伏羲文化与天水旅游资源开发》，《天水师范学院学报》2013 年第 5 期。

与后者是一种源流与支流的关系，这无疑说明建设甘肃文化大省、加快发展伏羲文化产业已经是现在和未来摆在每一个甘肃人面前的重要课题。

当前正是甘肃省提出文化强省战略、建设华夏文明传承区的关键时期，如何抢抓时机，利用新媒体技术对伏羲文化进行有力的宣传，让世界了解伏羲文化，搭建伏羲文化展示平台，弘扬伏羲精神，让全民参与到伏羲文化的传播之中，这是一个需要全民共同思考的问题。

搭建新媒体传播平台，弘扬传统伏羲文化，不仅是政府的一项重要工作，同时也是市民共同参与、建言献策的活动，全民共同为打造强势精品伏羲文化产业贡献自己的力量，创建伏羲文化的精品名片，共同创建一个繁荣和谐的新天水。

第二十章 甘肃省重大涉外事件
传播现状与效果研究

第一节 前言

新媒体的发展彻底打破了传统媒介的传播格局。在新媒体时代，媒介传播显得尤为重要。甘肃省处于西北相对落后的地区，其媒体在面临新媒体新一轮挑战的同时，还承担着运用新媒体开启传播新阶段的紧迫任务。在发生在甘肃的一系列重大涉外事件中，甘肃省媒体报道的影响力远远不够，甘肃媒体整体发展状况不容乐观。因此，本章以"2012 甘肃国际彩陶文化节"、"丝路寻梦·绚丽甘肃"活动、2014 兰州国际车展、2014 兰州国际马拉松赛等甘肃省重大涉外事件为例，深入分析案例的传播现状，在此基础上着力探讨新媒体环境下甘肃媒体的传播效果，从而提出甘肃媒体传播的战略变革以及对策建议：其传播内容和形式要与时俱进，不断更新，并且保证在传播形式上的多样性；新媒体和传统媒体联合互补，拓展传播的受众人群，精化传播效果，挣脱以往的传统思维；提升甘肃媒体的影响力、知名度，尽快有效地掌握先进的传播思维及能力，建立适应新媒体传播环境的甘肃媒体传播新格局。

第二节 甘肃省重大涉外事件案例的传播现状分析

在甘肃省重大涉外事件中，以"2012 甘肃国际彩陶文化节"和"丝路寻梦·绚丽甘肃"活动两个有关国际文化传播的重大涉外事件，从消息时间、消息内容等方面进行新闻数据的统计分析。观察两个事件从前期到后期整个过程的传播现状，了解甘肃媒体在 2012 年和 2014 年两个活动当中的报道及宣传形式的不足与发展，为日后甘肃媒体的发展提供借鉴。

一　2012 甘肃国际彩陶文化节

1. 相关网络新闻报道

2012 甘肃国际彩陶文化节于 9 月 26 日在甘肃省博物馆开幕。这是在国际视野中弘扬甘肃彩陶文化、提高甘肃彩陶文化影响力的一次盛会。笔者在百度新闻所能查到的与 2012 甘肃国际彩陶文化节相关的新闻报道共37 篇。下面笔者对每日甘肃、凤凰网、新浪网、中国甘肃网、兰州晨报、新华网—甘肃频道、中国经济网、中国新闻网、中国张掖网、搜狐新闻、网易网、中原经济网、瓷库中国、《中国日报》、中国兰州网、博宝艺术网进行相关新闻数据分析及统计（见表1、图1）。

表 1　　　　　　　　2012 甘肃国际彩陶文化节相关网络新闻报道

新闻媒体	新闻内容	消息来源	报道数量（篇）	发布日期
每日甘肃	文化节掠影	每日甘肃	1	2012 年 9 月 26 日
凤凰	活动及彩陶作品关注	中国甘肃网	1	2012 年 9 月 29 日
	文化节活动总结	中国甘肃网	1	2012 年 9 月 28 日
	文化节兰州开幕	中国新闻网	1	2012 年 9 月 26 日
	活动及彩陶作品关注	新华网	1	2012 年 9 月 26 日
	活动及彩陶作品关注	中国甘肃网	1	2012 年 9 月 27 日
	彩陶作品征集	兰州晨报	1	2012 年 8 月 3 日
	文化节兰州开幕	中国新闻网	1	2012 年 9 月 26 日
	文化节开启远古之旅	西部商报（兰州）	1	2012 年 9 月 27 日
新浪	活动及彩陶作品关注	每日甘肃	1	2012 年 9 月 29 日
	文化节活动总结	每日甘肃	1	2012 年 9 月 27 日
	文化节兰州开幕	中国新闻网	1	2012 年 9 月 26 日
	彩陶作品征集	兰州晨报	1	2012 年 8 月 3 日
	文化节活动总结	兰州晨报	1	2012 年 9 月 27 日
中国甘肃网	活动及彩陶作品关注	中国新闻网	1	2012 年 9 月 29 日
	文化节活动反响	中国甘肃网	1	2012 年 10 月 10 日
	文化节即将开幕	兰州日报	1	2012 年 8 月 11 日
	文化节活动反响	西部商报（兰州）	1	2012 年 9 月 27 日

续表

新闻媒体	新闻内容	消息来源	报道数量（篇）	发布日期
兰州晨报	活动及彩陶作品关注	兰州晨报	1	2012 年 9 月 29 日
	彩陶作品征集	兰州晨报	1	2012 年 8 月 3 日
新华网—甘肃频道	开幕内容及其简介	新华网—甘肃	1	2012 年 9 月 28 日
	文化活动反响	新华网—甘肃	1	2012 年 9 月 29 日
中国经济网	文化节活动简介及其总结	科学时报	1	2012 年 10 月 22 日
中国新闻网	活动及彩陶作品关注	兰州日报	1	2012 年 9 月 27 日
	文化节兰州开幕	中国新闻网	1	2012 年 9 月 26 日
中国张掖网	文化节活动简介及其总结	兰州晨报	1	2012 年 9 月 27 日
搜狐新闻	文化节兰州开幕	中国新闻网	1	2012 年 9 月 26 日
网易	文化节兰州开幕	中国新闻网	1	2012 年 9 月 26 日
	活动及彩陶作品关注	新华网	1	2012 年 9 月 26 日
	文化节活动总结	甘肃日报	1	2012 年 10 月 11 日
	文化节活动反响	西部商报（兰州）	1	2012 年 9 月 27 日
中原经济网	文化节兰州开幕	中国新闻网	1	2012 年 9 月 26 日
瓷库中国	文化节兰州开幕	瓷库中国	1	2012 年 9 月 26 日
中国日报	活动及彩陶作品关注	新华网	1	2012 年 9 月 26 日
中国兰州网	文化节活动简介及其总结	中国兰州网	1	2012 年 10 月 11 日
博宝艺术网	文化节活动简介及其总结	甘肃日报	1	2012 年 10 月 11 日

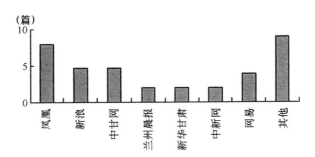

图 1　2012 甘肃国际彩陶文化节新闻报道数量统计

从上面的两个图表中可以看出，对此次活动的报道省内有 13 篇，其余为省外媒体报道。报道数量不少于两篇的有 6 家，分别为凤凰网、新浪网、中国甘肃网、网易网、兰州晨报、新华网—甘肃频道。虽然参与此次活动的媒体数量比较多，但其中甘肃省内媒体报道所占比重较大，国内外其他新闻媒体发布的新闻消息数量较少，国际知名媒体相关报道数量更少。

2. 消息时间

从图2可以看出，37家新闻媒体中8月份有4篇报道，新闻集中发布在9月26日以后，其中26日11篇，27日9篇，28日2篇，29日6篇，10月份报道有5篇；8月份4篇网络新闻中有3篇是关于征集彩陶作品的报道，只有1篇中国甘肃网（消息来源为兰州日报）8月11日发布的关于9月26日2012甘肃国际彩陶文化节即将开幕的消息。9月份的报道全部是在开幕当天及开幕后发布的。10月份的报道有5篇，是中国兰州网、甘肃日报、中国甘肃、中国经济网、博宝艺术网各自发布于10月10日、11日及22日。对于此次活动，宣传前期报道新闻较少；活动期间媒体报道消息发布居多，活动节后10月份报道数量逐渐减少。

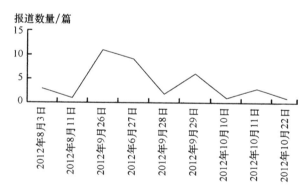

图2 2012甘肃国际彩陶文化节新闻报道消息发布时间

3. 消息内容

从表2中可以看出，各个媒体对活动前期宣传以及后期反响宣传报道篇幅较少，"即将举办与简介"相关报道仅1篇，是兰州晨报于8月11日发布的；媒体的注意力大多集中于活动开幕，关于"2012甘肃国际彩陶文化节开幕"的报道总计9篇；而对后期追踪报道关注程度较低。

表2 2012甘肃国际彩陶文化节新闻报道消息内容

新闻报道主要内容	报道数量（篇）
彩陶作品征集	3
文化节活动即将开幕	1
文化节兰州开幕	9
文化节活动简介及其主要内容报道	4
文化节掠影	1
活动本身及其彩陶作品关注	9
文化节活动总结	5
文化节活动反响	5

4. 2012甘肃国际彩陶文化节传播现状案例数据分析

（1）外界媒体参与度低。

甘肃作为本次活动的举办方，对于甘肃媒体来说，占有先天地理位置优势，可以准确及时地更新报道关于2012甘肃国际彩陶文化节活动的相关内容。甘肃省内媒体报道数量较多，但缺乏国际影响力，除甘肃各家媒体的报道之外，只有少量国内媒体对此次事件进行相关报道，而这些国内其他媒体的消息大多来源于中新网与报纸媒体。此外，将甘肃报道作为消息来源的只有十几篇，但大多数都是甘肃省内自家的报道，只有少数媒体将甘肃省内报道作为消息来源。重量级媒体参与数量较少，所以无法引发国内外各界的重视与关注。

（2）本地媒体自身影响力弱。

对于甘肃省内的活动，甘肃媒体虽然具有先天优势，可以作为其他媒体的主要消息来源，从而扩大影响力，提高甘肃媒体自身实力以及提升媒体自身威信力。但从活动新闻报道当中可以看出，甘肃媒体报道形式单一，内容也十分单薄，难以增加自身信息来源的多样性，如何让新闻更大范围传播，让更多的人重视并参与此次活动，达到一定的国际传播效益也是一个难度极大的挑战。因此，应更加深入地报道活动详情，为甘肃媒体打造良好的广告效益，也可以把握机遇增加其他媒体对于甘肃各大媒体的信任度，提高甘肃省内媒体知名度，将甘肃媒体推向国内外各界，从而提升国际传播的知名度和影响力。

二　"丝路寻梦·绚丽甘肃"活动

1. 相关新闻报道统计

截至 2014 年 12 月 23 日 12 时 41 分，百度搜索输入关键词"丝路寻梦·绚丽甘肃"相关网页约 125000 个结果；相关新闻 71 篇；相关图片983 张；相关视频 11 个。截至 2014 年 12 月 30 日 15 时 33 分，搜狗搜索输入关键词"丝路寻梦·绚丽甘肃"相关网页 817 条结果；相关新闻 35条结果；相关图片 63 张；相关视频 15 个；联合日报网、中央日报网没有找到相关新闻报道。

2. 消息时间

"丝路寻梦·绚丽甘肃"活动从 2014 年 8 月至 12 月都在陆续地被报道，见表 3。其中绝大多数的网站对此活动的报道集中在 8 月的 5 日和 6日两天。而对此活动报道最早的是中华网在 8 月 1 日发布的《"丝路寻梦·绚丽甘肃"第二站——临夏》。

表3　　　　"丝路寻梦·绚丽兰州"活动新闻报道相关报道标题统计

时间	网站	题名
2014 年 11 月 13 日	中国甘肃网	"丝路寻梦·绚丽甘肃"文化交流活动在兰州启动
2014 年 8 月 7 日	新闻中心	"丝路寻梦·绚丽甘肃"全媒体活动将于 8 月 5 日在兰州启动
2014 年 8 月 6 日	环球网	"丝路寻梦·绚丽甘肃"国际文化交流活动在兰州启动
2014 年 8 月 6 日	甘肃新闻网	"丝路寻梦·绚丽甘肃"文化交流活动在兰启动
2014 年 8 月 6 日	中华网	文化与心的交流"丝路寻梦·绚丽甘肃"活动完美收官
2014 年 8 月 5 日	凤凰网—黑龙江频道	一路向西，寻梦丝路
2014 年 8 月 5 日	网易新闻	"丝路寻梦·绚丽甘肃"全媒体国际文化交流活动启动
2014 年 8 月 5 日	甘肃新闻网	"丝路寻梦·绚丽甘肃"采访团聚集炳灵寺石窟

从表 3 中可以看出，在时间分布上甘肃媒体的报道相对及时，同时也有极少部分省外媒体的相关报道，但省内外媒体交流合作极少，省内媒体的影响力不足，省外媒体对此次活动整体关注度普遍较低。

3. 消息内容

从内容上看，多数媒体网站对"丝路寻梦·绚丽甘肃"活动的报道重点放在文化交流方面，它们侧重报道甘肃省内及西北地区的一些风土人情及文化的交流，见表4。

表4　　　"丝路寻梦·绚丽甘肃"活动新闻报道相关报道图片统计

网站	题名	图片
网易新闻	"精品丝路·绚丽甘肃"甘肃省旅游发展大会交流发言摘登	无
新闻中心	"丝路寻梦·绚丽甘肃"全媒体活动将于8月5日在兰州启动	1张
光明网	"丹青丝路寻梦河源"	无
甘肃新闻网	"丝路寻梦·绚丽甘肃"文化交流活动在兰启动	无
中华网	文化与心的交流"丝路寻梦·绚丽甘肃"活动完美收官	12张
凤凰网—黑龙江频道	一路向西，寻梦丝路	7张
网易新闻	"丝路寻梦·绚丽甘肃"全媒体国际文化交流活动启动	7张
甘肃新闻网	"丝路寻梦·绚丽甘肃"采访团聚集炳灵寺石窟	无
新华网甘肃频道	"丝路寻梦·绚丽甘肃"全媒体国际文化交流采访团走进陇南	1张
中华网	"丝路寻梦·绚丽甘肃"第二站——临夏	5张

从表4中可以看出，网易新闻、光明网、凤凰网—黑龙江频道、甘肃新闻网、新华网甘肃频道和中华网对此次活动所涉及的文化交流方面进行了报道。一方面介绍了本次活动概况，使得此次活动获得一定的关注度；另一方面通过本次活动介绍西北风土人情及文化，对丝绸之路沿线留存的名胜古迹进行了解与认识，在一定程度上促进文化的交流与传播。

4. 消息来源

从表5中可以看出，大多数媒体发布关于此活动的报道信息的来源较为单一，多数是来自甘肃省内媒体的一些报道。但不能体现媒体本身的整体实力和特色，使受众对媒体发布的报道关注度、参与度、信任度降低。

表5　　　"丝路寻梦·绚丽甘肃"活动新闻报道相关报道来源统计

网站	题名	来源
网易新闻	"精品丝路·绚丽甘肃"甘肃省旅游发展大会交流发言摘登	每日甘肃网（兰州）
新闻中心	"丝路寻梦·绚丽甘肃"全媒体活动将于8月5日在兰州启动	国际在线专稿

续表

网站	题名	来源
环球网	"丝路寻梦·绚丽甘肃"国际文化交流活动在兰州启动	兰州晚报
甘肃新闻网	"丝路寻梦·绚丽甘肃"文化交流活动在兰启动	兰州晨报
新华网甘肃频道	"丝路寻梦·绚丽甘肃"全媒体国际文化交流采访团走进肃南	中国张掖网
新华网甘肃频道	"丝路寻梦·绚丽甘肃"活动在兰启动	兰州日报
中华网	"丝路寻梦·绚丽甘肃"第二站——临夏	无
新浪新闻中心	中外媒体聚焦甘肃打造"丝绸之路传播带"	中国新闻网
光明网	"丹青丝路寻梦河源"	兰州晚报

5. "丝路寻梦·绚丽甘肃"活动传播现状案例数据分析

（1）甘肃媒体缺少对宣传报道的重视。

"丝路寻梦·绚丽甘肃"活动依托"发现亚洲之美"的平台进行推广，从活动之初就集结了众多不同的媒体人体验丝绸之路文化的变化，联合亚洲很多国家的主流媒体，以不同文化背景人的视角对丝绸之路的发展诠释了新的意义。但在有着如此众多主流媒体的平台上，各个主办网站并没有联合不同的媒体人对此次活动进行深入报道，仅仅在活动开幕和收官的时候进行了跟进报道。

（2）报道内容单薄。

活动在甘肃举办，就活动的主办方中华网来看，网站上设立了单独的网页和分模块的报道，主页上只有几张景点的照片和几句简单的描述，对丝绸之路的宣传只是简单的新闻通稿形式，宣传力度不够，缺少吸引受众的宣传亮点。中华网局限于各个景点的景观描绘和网站人员的到访手记，并没有进行深入报道，如将不同文化背景的人对同一景点欣赏角度的不同进行比较报道。

（3）宣传报道集中在本地媒体。

除了主办方中华网有相关网站整体报道外，只有本地媒体如中国甘肃网等集中报道。其他媒体如人民网、凤凰网多数只是转载了本地媒体的报道，此外活动本身是国际化的活动，但影响力依旧没有达到国际传播的效果，依然局限于甘肃当地媒体。

三　小结

从 2012 年的国际彩陶文化节到 2014 年的"丝路寻梦·绚丽甘肃"活动两个案例研究中，可以发现甘肃媒体信服度得到一定的提升。"丝路寻梦·绚丽甘肃"活动当中，有大量的外界媒体转载甘肃本地媒体报道，从这一点上来看，甘肃媒体威信力尽管较弱，但逐渐有了自己的信服度。在报道形式上，2012 年的国际彩陶文化节，甘肃媒体多数采用简单的新闻通告形式进行宣传传播，在 2014 年"丝路寻梦·绚丽甘肃"活动当中，主办方建设专题网站，甘肃各大媒体也在活动中进行专题报道，尽管内容上稍显单薄，但在形式上有了改进；在媒体平台上，相较于 2012 年，运用新媒体技术手段传播效果得到一定的扩大。

第三节　甘肃省重大涉外事件传播效果分析

事件的传播最终以所带来的效果作为终结，以下将从相似事件当地媒体传播效果比较分析——以兰州国际车展和其他城市车展为例以及同一事件的传播效果分析——以兰州国际马拉松赛为例，从比较案例分析中找出甘肃媒体有别于其他媒体的劣势，为甘肃媒体的发展提供一个解决问题的思路。

一　相似事件当地媒体传播效果分析

1. 2014 兰州国际车展案例新闻数据统计

2014 兰州国际车展得到了省内多家新闻媒体的广泛报道和支持，其中 21 家直播媒体耗巨资搭展台，对车展进行全方位、立体式、多角度报道，但相较于北京、上海举办的国际车展的宣传报道依旧相差甚远。

由图 3 和图 4 可以看出，受众参与度与新闻报道有很大的关系。2014 年兰州国际车展的新闻报道参展人数相对较少，即吸引人数较少，相对传播范围较小。而北京、上海对各自举办活动进行了大量的报道宣传，参展人数较多，传播范围较广。

报道条数

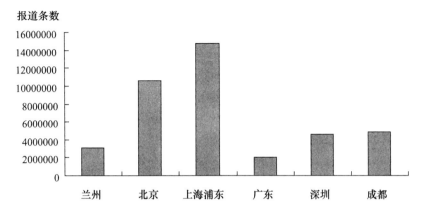

图 3　2014 年兰州与其他城市举办国际车展新闻报道数量情况

报道条数

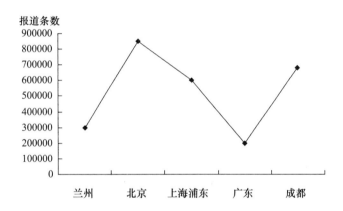

图 4　2014 年兰州与其他城市举办国际车展参展人数情况

2. 影响传播效果差异的因素

（1）当地环境影响力。

相较于北京、上海等一线城市，兰州无论经济发展还是地理位置都处于劣势地位，兰州国际车展名为国际化的活动，但从其媒体宣传、活动影响力等来看，实为甘肃本地的活动，对于兰州国际车展活动的宣传，省外媒体也大多采用转载省内媒体的方式进行简单的一两次报道。而北京、上海作为国际化大都市，活动带有品牌化特征，可以达到一呼百应的传播效果，多家媒体亲临现场，对当地活动进行深入宣传报道。打造自身品牌，扩大自身影响力，在甘肃省重大涉外事件的传播中是必不可少的。

（2）当地媒体自身影响力。

甘肃本地媒体的影响力长期以来一直处于劣势地位，导致活动的传播效果并不理想，局限于甘肃当地。而北京、上海等城市的国际车展，拥有多家有影响力的知名媒体，宣传影响力不同反响，受众的参与程度也直线上升。

（3）明星效应。

车展除了车之外，最大的吸引点是明星，明星效应毫无疑问会为车展的影响力增彩不少，比如这次北京、广州车展上的"都教授"李敏镐等明星，不仅在车展前期的宣传上有极大的效果，在车展时参加车展的粉丝也是络绎不绝，这在一定程度上扩大了传播范围。相较而言，兰州车展上虽有来自全国各地的 15 名一线模特及外籍模特倾力参加，但媒体基本上没有利用明星效应进行很好的宣传传播。

二　同一事件的传播效果分析——以 2014 兰州国际马拉松赛为例

1. 相关新闻数据统计

笔者对中国日报、甘肃日报、兰州晚报、新华网、人民网、凤凰网、网易新闻进行了相关新闻数据统计，见表 6。

表 6　　　　　　　　　兰州国际马拉松相关新闻统计

媒体	时间	来源	字数（个）	照片量（张）	获取消息的渠道	报道角度	报道态度
《中国日报》	6 月 1 日	新华网	106	2	无	参赛国家	正
《甘肃日报》	6 月 2 日	《甘肃日报》	878	0	无	本土选手	正
《兰州晚报》	5 月 26 日	《兰州晚报》	645	0	无	比赛路线	正
新华网	6 月 2 日	新华网	456	5	无	参赛人数	正
人民网	6 月 1 日	人民网	616	0	无	服务保障	正
凤凰网	6 月 2 日	中国甘肃网	923	0	无	公益项目	正
网易新闻	6 月 2 日	《西部商报》	577	1	赛事现场	选手趣事	正

2. 影响活动传播效果的因素

（1）省内外媒体的报道内容侧重点。

对于此次活动的报道，从相关新闻数据统计上可以看出，省内媒体的报道内容主要立足于本土，如《甘肃日报》特意报道了甘肃省内种子选手贾超风、张景霞的状况，《兰州晚报》则侧重报道了比赛的路线，内容上虽然更为详尽，但也导致宣传影响力局限于本地。省外媒体如人民网重点报道了赛事中服务保障工作。凤凰网和网易新闻报道内容大多更加贴近普通市民，凤凰网在报道中也提及了兰州马拉松赛中的公益项目，网易新闻更是突出报道了真实发生在比赛过程中的感人一幕。从省外媒体的报道内容上看，一些知名媒体拥有自己的特色，也更贴合受众，因此省外媒体的宣传报道在一定程度上使传播效果得到了进一步的扩散。

（2）省内外媒体的参与程度、重视程度。

对于此次活动的报道，据统计，《甘肃日报》在 2014 年 5 月 30 日至 6 月 5 日这个时间段内关于 2014 兰州马拉松赛的报道相对比较多，前后三天进行报道，同时也通过网络等途径进行宣传；香港《大公报》则只在 2014 年 6 月 2 日做了题为《鼓励民众投身公益慈善传递马拉松正能量》的报道。

总体而言，以《甘肃日报》为代表的甘肃省内媒体报道数量偏多，如《兰州日报》《西部商报》《每日甘肃》等，省内报道数量在 56 篇左右（包括网络、报纸等），在报道形式上，《甘肃日报》的每篇报道大多有 1200 字左右并配有图片，这也表明省内媒体对活动宣传持有较高的关注度。而以《大公报》为代表的省外媒体报道数量偏少，仅 18 篇左右，其中大部分为体育类专业媒体的报道，其他省份的官方媒体报道更是稀少。在报道形式上，《大公报》报道字数较少仅 584 字且无图，省外媒体对此次国际活动的重视程度较低。在这种情况下，省内媒体的报道只在甘肃本地起到了良好传播效果，而由于甘肃媒体缺少与省外媒体的交流合作以及省外媒体的不重视，使得此次活动的传播效果并没有达到国际的影响力。

（3）省内外媒体报道形式。

从图 5 中可以看出，中国日报和新华网采用大量的图片来丰富报道内容，相较而言，省内媒体如甘肃日报、兰州晚报的照片采集量极少甚至没有，缺少现场性。在报道字数上，甘肃本地媒体虽然对赛事的报道比较详尽，但是对照片的采集量远远不够。甘肃媒体在新闻报道中，要注意加强活动的现场性，积极运用网络媒体进行宣传报道，将会提升活动的传播效果。

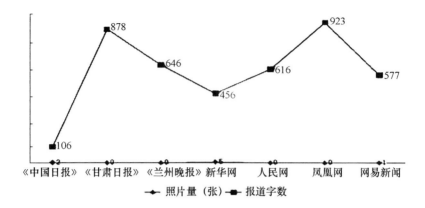

图 5　2014 兰州国际马拉松赛新闻报道图片及报道字数统计

第四节　甘肃省重大涉外事件传播的对策

随着信息时代的发展，甘肃媒体需要即刻提升自身影响力，融入到全球的信息化发展当中，可是从上述一些甘肃省重大涉外事件的研究当中，不难发现，甘肃媒体发展面临的处境岌岌可危。如何在困境中寻求更好的发展，对于甘肃媒体来讲至关重要。

一　发挥新媒体的作用，补位传统媒体

新媒体已然成为人们获取信息的重要渠道，在重大事件的传播过程中，传播不再仅仅限于传统媒体，当重大事件活动发生时，可以通过新媒体发布信息，达到传统媒体无法企及的传播速度，再通过传统媒体的独特地位以及专业优势，进行活动或事件的专项报道。在重大事件面前，随着新媒体的快速发展，目前甘肃很多传统媒体依旧没有自己的新媒体平台，使自己局限于很狭隘的宣传环境当中，很多重大事件甚至连当地人都不知晓，甘肃省的相关媒体必须和新媒体有机融合、扬长避短，提高技术手段，加大宣传力度，采用多元化、多渠道的方式传播，让传统媒体的实力和责任经得住考验，提升一定的影响力。例如，媒体开通官方微博，创建微信、微博公众号，大量发布关于本次活动的相关消息并通过关注网友评论，取得意见和建议，完善活动本身和传播策略，组织线上活动，增加媒体自身影响力，这样不但对传统媒体技术进行了有效弥补，而且创新了传

播方式，提高了传播速度，同时也在一定程度上降低了宣传成本。

二　重视与国内外宣传机构的交流与合作

甘肃相关媒体应加强引导和重视与国内外宣传机构的交流与合作，在一定程度上取得国际的关注。2014 兰州国际马拉松赛，在一系列的宣传报道中，名为"国际马拉松"的活动在国际上的知名度有些名不副实。央视的直播在本届比赛只持续半个小时就开始转播 NBA 马刺对雷霆的比赛，因此很多人只能通过微博来获取比赛的最新消息。可见，央视对此次活动的关注度和重视度都是不够的。同时面向全国范围内传播的媒体数量也不太多，主要媒体还是集中在活动所在地区媒体即仅局限于甘肃省，显然传播的效力太过薄弱。因此，甘肃媒体的宣传力度不能仅仅限于甘肃本地，要加强与央视以及其他地方媒体的合作与交流，开展线下活动，让更多的人参与。此外，还需与国外媒体加强合作与交流，如 CNN、美联社、路透社、纽约时报等国际知名媒体，让全球视角都能关注到此次活动，这样必能增强传播效果。

三　增强竞争意识，改变传统策略

甘肃媒体存在着一个普遍的问题，就是在新闻的策划和信息的深加工上缺乏竞争意识，甘肃媒体在信息爆炸、竞争激烈的环境当中一直处于劣势，因此甘肃许多媒体放弃媒体自身的竞争力，在世界文化遗产丝绸之路甘肃论坛的活动当中，不难看出，甘肃媒体大多采用转载新闻通稿的简单形式，整体编排无思路、报道无策划性，活动从开始到结束基本平淡无奇，媒体宣传缺乏原创以及深入报道，也直接关系到事件的传播效果。所以，甘肃媒体首先要增强自己的竞争意识，从传播策划开始，对传播策略进行全方位的策划设计。改变以往采用的新闻通稿的单一报道形式，深入挖掘事件，采取前沿技术数据手段，全民、全程、全方位、多视角报道，让新闻清晰明了，达到传播目的及效果。

其次，改变传统宣传策略，以创新为突破点。对现有的新闻资源进行重组、整合其实也是一种创新。创新是当今媒体想要在竞争中拔得头筹的重要筹码，但目前甘肃省内的绝大多数媒体都缺乏这一点，媒体的编辑思想、编辑方法以及视角的差异，会带来不一样的结果，甘肃媒体应从中找出媒体自身的宣传特色，才能为传播活动带来一定程度的影响力和竞争力。

第二十一章　移动互联网时代东西部地区政务微博传播效果对比分析

——以"@陇南发布"和"@无锡发布"为例

　　微博即微型博客（MicroBlog），是互联网时代新兴的基于用户关系的信息分享、信息传播、信息获取及信息服务的平台。2006 年 3 月，美国推出了最早的微博 Twitter，2007 年我国建立了第一家具有微博特征的饭否网，2009 年 8 月推出新浪微博。此后，微博如雨后春笋般涌现，得到了迅速发展。同时，我国政府部门逐渐认识到微博的效应和影响，纷纷注册微博账号，开通微博服务，根据人民网舆情监测室发布的《2014 年上半年新浪政务微博报告》，截至 2014 年 6 月 26 日，新浪微博平台认证的政务微博达到 119169 个，较去年年底增加 19018 个。其中党政机构官方微博 84377 个，公职人员微博 34792 个。部委微博在政务微博矩阵中仍然发挥较强影响力，基层政务微博的影响力也迅速提升。在政务微博和公职人员微博影响力 TOP1000 排行中，基层政务微博和公职人员微博占到 72.7%。"@陇南发布"和"@无锡发布"分别作为西部地区和东部地区政府新闻办开设的官方微博，具有较强的代表性。因此，调查分析这两个官方微博，对于推进政府微博发布信息服务模式的发展有着重要的意义。

第一节　"@陇南发布"和"@无锡发布"概况

一　"@陇南发布"

　　2014 年 3 月 10 日，人民网舆情监测室发布的"地级市政府官微实力榜 TOP10"排行榜单中，"@陇南发布"政务微博排名全国第八。新浪"@陇南发布"为陇南市委外宣办官方微博，从 2012 年 4 月 9 日正式上线至今，坚持贴近实际、贴近群众、贴近生活，成为外界了解陇南的新窗口，同时也成为政民互动的又一重要桥梁。美丽陇南，魅力无限，政务微博，织博为民，既是信息发布的窗口，还是网络问政的平台，也是为民服务的桥梁，是走进陇南、了解陇南的网络第一站。陇南市在新浪网、腾讯网上，开通了统一规范、官方认证的政务微博 2600 多个，建立政府微信公众信息平台 180 多个。带动全市村级组织和各级干部自发开通上万个微博、微信，形成了强有力的"微媒体矩阵"，建立了方便工作的各类微群，成为继报纸、广播、电视、网站之后新的宣传平台。

二　"@无锡发布"

与"@陇南发布"同期人民网舆情监测室发布的"地级市政府官微实力榜TOP10"排行榜单中，新浪"@无锡发布"政务微博排名全国第一。"@无锡发布"是无锡市人民政府新闻办公室官方微博，从 2012 年 10 月正式上线至今，注重架设并畅通党委政府与市民群众的沟通渠道，想民之所想，急民之所急，办民之所需，干民之所盼。"@无锡发布"自 2012 年 10 月上线以来，短短 500 多天的时间里共计收到信息 200 多万条，协调处置网民意见建议 2200 多条。在人民网发布的全国地级市新闻宣传系统官微实力榜单第 6 期中，"@无锡发布"以 8.72 分继续位列第一，这是"@无锡发布"连续 9 次位居全国地级市政务微博实力榜首位。人民网舆情监测室发布的《2014 年上半年新浪政务微博报告》显示，"@无锡发布"入围全国"十大新闻发布微博"，位居第六，前五位分别为"@上海发布"、"@成都发布"、"@北京发布"、"@四川发布"、"@中国广州发布"，"@无锡发布"是唯一进入前十的非省会城市微博，排名江苏第一。全国地级市政府官微实力榜前 10 名见表1。

表 1　　　　　　全国地级市政府官微实力榜前 10 名　　　　单位：条

序号	微博 ID	粉丝总数	微博总量	周微博量	周原创微博量	周原创率得分	周评论量	周转发量	周发私信数	周收私信数	总分	榜单趋势
1	无锡发布	776908	20413	431	374	0.08	5762	13198	489	348	9.57	—
2	苏州发布	401142	17793	269	268	0.09	1355	5102	368	215	9.17	↑
3	南昌发布	771391	8938	234	227	0.09	2269	6636	284	67	8.98	↓
4	微博洛阳	1238534	13814	132	121	0.06	1880	3427	65	88	7.42	↑

续表

序号	微博 ID	粉丝总数	微博总量	周微博量	周原创微博量	周原创率得分	周评论量	周转发量	周发私信数	周收私信数	总分	榜单趋势
5	新余发布	1741929	9827	148	122	0.05	1807	2673	110	68	7.28	↓
6	佛山外宣	313521	1329	118	113	0.06	62572	135319	0	8	6.26	↑
7	马鞍山发布	60727	12696	195	163	0.08	1124	1976	33	52	5.99	—
8	陇南发布	67094	6862	134	123	0.06	444	5793	20	24	4.85	↑
9	莞香花开	2006466	8128	47	34	0.01	785	3384	17	40	4.83	↓
10	惠州发布	107166	7764	185	166	0.08	403	1944	56	27	4.81	—

注：本榜单统计时间为 2014 年 2 月 16 日至 2 月 28 日。

数据来源：新浪数据中心。

第二节 "@陇南发布"和"@无锡发布"调查与分析

一 总体情况

政府新闻办的官方微博是一种推进政务公开的新工具，也是服务公众的新手段。政府微博能否受到民众的关注和追捧，能否在互联网上产生一定的影响力，直接影响着微博发布这种新的政府信息服务模式发挥的实际效果。网络调查结果显示的"@陇南发布"与"@无锡发布"的上线时间、运营平台、粉丝数及发博数具体情况如表 2 所示。

表 2 　　　　"@陇南发布"和"@无锡发布"总体情况比较　　　　单位：条

名称	上线时间	运营平台	粉丝数	发博总数	日均发博数
无锡发布	2012 年 4 月	新浪网、腾讯网	875428（新浪网）	35930	46.7
陇南发布	2012 年 4 月	新浪网、腾讯网	86595（新浪网）	11878	12.3

1. 上线时间及关注度

"@无锡发布"与"@陇南发布"的上线时间相近，均为 2012 年，就二者在新浪网上的情况而言，"@无锡发布"的粉丝数量多于"@陇南发布"，发博总数也数倍于"@陇南发布"。

"@无锡发布"与"@陇南发布"在同一年上线运营，说明陇南、无锡两地均重视运用微博这一新兴网络传播方式发布政务信息，问政于民。从粉丝的数量与微博数量可以看出，"@无锡发布"日均发博量达 46 余条，相比之下，"@陇南发布"的日均发博量少于 15 条。同时，"@无锡发布"的粉丝数量也明显多于"@陇南发布"，在很大程度上反映了微博受关注的程度及其影响力如何，发博数量更是反映微博活跃程度和更新频次的一项指标。由此可见，网民更倾向于关注更新频率较高的政务微博。因此，提高政务微博的更新频率，对于提升政务微博的关注度有着积极的作用。

2. 运营平台选择

在运营平台的选择上，"@无锡发布"与"@陇南发布"都选择了在新浪网和腾讯网同时上线，但是与其他发达地区，如北京、上海等地区的政务微博上线平台相比，还是略显单一，"@上海发布"是在新浪、腾讯、东方、新民 4 个平台同时上线。新浪网与腾讯网均是全国最大的微博运营商之一，而东方网与新民网则是上海本地的运营商。"@上海发布"与其他上海政务微博一样，在创办之初则主要依托于上海本地的运营商，如新民网的上海滩微博与东方网的东方微博。本地经营微博的主要优势是凭借本地信息资源，尤其是自身的本地传媒优势，对本地用户具有更强的针对性，这是全国性微博所不具备的。以新民网的上海滩微博为例，借助新民晚报在上海民众中的影响，其微博根据上海本地的实际情况，开设了上海新闻、政务微群、网友问政、有奖爆料、社区自治、实时路况等栏目，为民众提供各类生活服务。"@上海发布"运营平台的多元化，使得不同平台的网民均能同等享受政府的信息服务，这在很大程度上方便了民众第一时间获取政务信息，而不受限于运营平台，符合政府执政为民的宗旨。

二　政务微博群

2012 年 10 月 26 日，无锡市委宣传部、无锡市人民政府新闻办公室召开新闻发布会，宣布"无锡发布厅"政务微博群正式上线，随着"无锡发布厅"在新浪网上的正式运营，政务微博由原来的部门"独唱"变为"合唱"，这是无锡市人民政府新闻办公室官方微博"@无锡发布"试运行之后，无锡政务建设和网络文化建设的又一重要举措。"无锡发布厅"整合无锡市众多政务微博的信息资源在同一平台上发布，使得原本单独运营的微博归集于同一平台，在很大程度上节省了民众搜寻政务信息的时间与精力，对政务微博的发展有着重大的影响。陇南政务微博在此方面的动作稍晚，但也紧跟其后组成"陇南政务微博发布厅"。

"陇南发布厅"在其新浪微博页面中集合主页、政务微博群两大内容展示模块，实现图、文的多媒介整合，使用多样的手段宣传城市，整合了城市各大政府部门资源，除及时全面传达最新权威政令外，还可直观地向市民展示工作进度和阶段效果；利于民意征集、调查工作展开；并可有效动员民众积极参与公益事业，全面宣传推广城市活动；另外，还有陇南区县政务微博发布厅的新浪链接。而登录"无锡发布厅"，同样能看到一个大规模微博群，这些都是无锡相关职能部门和区县政府的政务微博、公共服务、新闻媒体和名人微博。但"无锡发布厅"的栏目设置中并未提供像"陇南发布厅"提供陇南各区县微博政务厅栏目，"无锡发布厅"提供给民众大部分的无锡政务微无锡博链接，以便民众自由选择感兴趣的政务微博。

三　微博内容与功能

"@无锡发布"无论是从微博总量、原创总量、转发总量、私信数量都远高于"@陇南发布"。相比之下，"@无锡发布"在这方面做得更为突出，表现在"@无锡发布"更加注重民众关心的热点问题，如其开设的特色栏目"@无锡发布"专门设立#回音壁#等话题专栏，紧紧围绕劳动就业、社会保障、收入分配、教育卫生等涉及群众切身利益的问题，了解掌握群众诉求，把党委政府的各项政策措施用平易近人的语言讲清楚，为百姓答疑解惑、排忧解难。为更具体深入地了解"@无锡发布"与"@陇南发布"的特点，本章选取了念知微博管理平台①的数据对"@无锡发

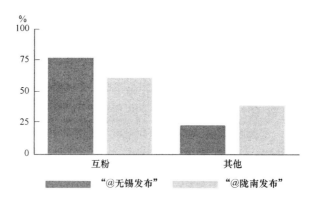

图1　"@陇南发布"、"@无锡发布"互相关注比例

---

①　http：//www. nianzhi. cc/user/2626472827/fans；http：//www. nianzhi. cc/user/2696049583 ? p = 2.

布"与"@陇南发布"两微博进行观察统计。

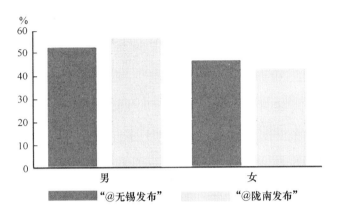

图2　"@陇南发布"、"@无锡发布"粉丝性别比例

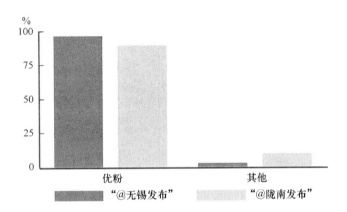

图3　"@陇南发布"、"@无锡发布"优质粉丝比例

注：本数据来自念知微博管理平台。

1. 优质粉丝与互注度

"@无锡发布"与"@陇南发布"在粉丝性别比例上差异不大（见图2），虽然在优质粉丝（是指属于念知收录的微博活跃用户群里的那部分粉丝）比例上"@无锡发布"略高于"@陇南发布"（见图3），但是在互注度上，"@无锡发布"却高出"@陇南发布"16%，"@陇南发布"关注了2000人，而"@无锡发布"仅关注了667人，这说明无锡市民对于无锡政务部门发布的信息关注度高于陇南市民。

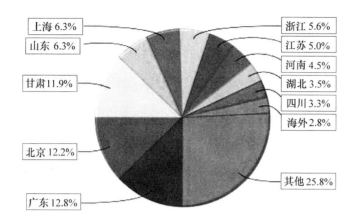

图 4 "@陇南发布"优质粉丝地域分布

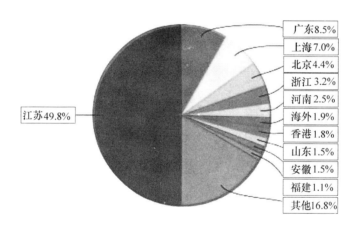

图 5 "@无锡发布"优质粉丝地域分布

注：本数据来自念知微博管理平台。

2. 优质粉丝地域不同

从优质粉丝的地域分布来看，"@陇南发布"优质粉丝集中于中西部地区，而"@无锡发布"优质粉丝则主要集中于东部地区，江苏在"@无锡发布"优质粉丝比例中占49.8%，而甘肃在"@陇南发布"优质粉丝比例中仅占11.9%，见图4、图5。由于地域的差异，东部地区人口稠密，经济发达程度高，尤其是江浙地区，是新兴媒体与电子商务发展非常快的地区，而西部地区则刚好相反，人口相对东部稀疏，陇南地区由于受到诸多自然因素的限制，经济发展受到很大制约，从而也影响到人们的关注度。

3. 好友关注与关注好友内容相近，侧重有所不同

"@无锡发布"和"@陇南发布"好友关注的内容相近，从标签类型来看，"@无锡发布"的类型更多，尤其标签中还关注到"新闻"与"无锡"，同样，粉丝标签中"@无锡发布"也关注"无锡"，而"@陇南发布"未涉及相关区域的内容标签，相比较而言，"@无锡发布"粉丝关注的微博信息种类更为全面，且分布更为均匀见图6、图7。

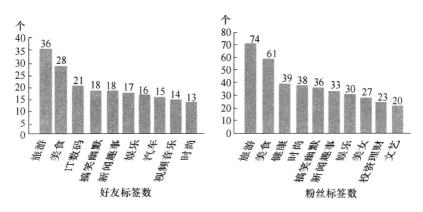

图6　"@陇南发布"关注好友标签及优质粉丝标签统计

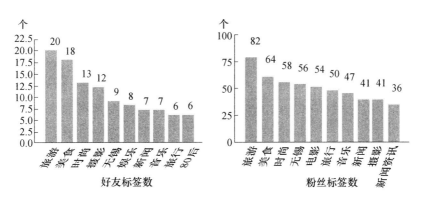

图7　"@无锡发布"关注好友标签及优质粉丝标签统计

注：本数据来自念知微博管理平台。

4. 两地政务微博活跃度差异较大

根据两地 2014 年 11 月、12 月最新的微博统计数据可以看出，"@ 无锡发布"微博数、转发数、评论数都是"@ 陇南发布"的若干倍（见图 8），由此可见，"@ 无锡发布"政务微博活跃度远高于"@ 陇南发布"。

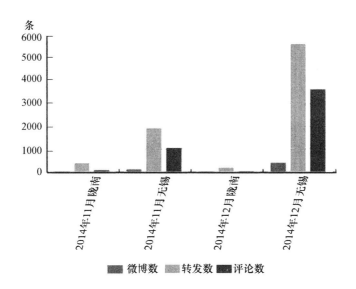

图 8 "@ 陇南发布"、"@ 无锡发布"近期微博数据统计

注：本数据来自念知微博管理平台。

5. 微博发布数量的时段和频率差距大

图 8 表明，"@ 无锡发布"在量化比较方面优于"@ 陇南发布"，然而从图 9 和图 10 不难看出，之所以"@ 无锡发布"在量化比较方面高出"@ 陇南发布"那么多，是因为"@ 无锡发布"微博发布数量的时段和频率大于"@ 陇南发布"，"@ 无锡发布"从早上 7 点开始到 23 点之间，几乎一直持续在发微博，并且数量较多，而"@ 陇南发布"除了上午上班时段和下午上班时段，其他时段的微博数量非常少。由此可见，发布微博的频率多少直接影响微博数量以及微博传播效果。

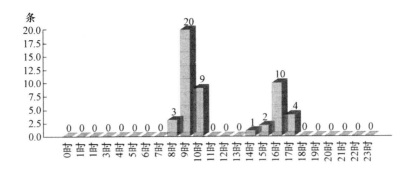

图9　"@陇南发布"近期微博发布时段及其微博数统计

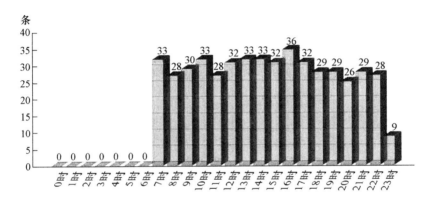

图10　"@无锡发布"近期微博发布时段及其微博数统计

注：本数据来自念知微博管理平台。

6. 微博功能相近，语言风格各有特色

"@无锡发布"和"@陇南发布"成立的初衷均是作为"城市发言人"的角色，第一时间发布相关信息，这一点二者均获得了民众的首肯。而随着政务微博的飞速发展，单一的信息发布不能满足民众日益增长的政务信息需求。无锡与陇南两地均意识到此问题，甘肃省委常委、宣传部部长连辑在全省传统媒体和新兴媒体融合发展座谈会上指出，"如何迅速地实现弯道超车，借助互联网实现与发达地区和广大受众之间零距离接触、近距离接触、及时接触，陇南探索出了一条解决的途径，整理出一套解决的方案，形成一些解决的办法、经验和成果，这是值得我们很好的研究的"①。

① 每日甘肃，http://gansu.gansudaily.com.cn/system/2014/09/20/015190441.shtml。

7. 信息交互欠缺

从前面的图表以及分析中我们可以看出，无论是"@无锡发布"还是"@陇南发布"都存在一个共同的不足，即与民众交流互动的信息在总的博文数量中占据的比例较小。这也反映了当前中国政务微博普遍存在的问题，即单向地信息发布占据了政务微博的主要部分，问政于民部分仍有待提高，信息交互的不足容易导致网民对政务微博的满意度降低，应引起相关部门的足够重视。

小　结

关于传播效果，一般理解为受众接收信息后，在感情、思想、态度和行为方面所发生的变化，狭义理解是指传播者的某种行为实现其意图或目标的程度。由上述分析可知，东部地区政务微博传播效果明显好于西部地区，主要原因如下：

首先，东部地区经济水平、交通、信息传播等高于西部地区，人们对新媒体的认识和接受能力也强于西部地区。东部多为人口密集区域，经济发展水平高，消费群体较集中，微博关注和粉丝分布区域较西部地区广，并且东部地区以发达或较发达地区居多，粉丝的区域分布直接影响其政务微博的传播影响力。从标签类型可以看出，东部地区粉丝微博关注信息的种类更为全面，粉丝分布的地区更为广泛、均匀，这也就意味着东部地区能够掌握更加全面的信息内容。

其次，西部地区在技术方面还需要更加专业的团队来进行运作和维护，在内容方面更应该从主题、形式、语言等多方面加以改进。以"@无锡发布"为代表的东部地区的微博团队运作比起西部地区要更加专业，从微博更新时段以及内容丰富程度来看就足以证明，东部地区政务微博每天有一半以上时间密集发布各种信息，信息量既集中又丰富，而西部地区的政务微博运作只有正常集中的几个小时时间，一目了然，西部地区传播出的信息量远不如东部地区。可见，更加专业的运作和维护，对于更好地传播信息，扩大传播效果有很大的作用。

同时，两个地区存在的共同问题依旧是缺乏互动，仅仅是单向传递消息，与粉丝的互动性还有待提高，双向互动，双赢模式，信息的传递最终还是为大众服务，实时、简短、易读的微博特性更加符合现代人快速的生活节奏。大众有所反馈才能够更好地将信息传递效率提升，效果才能够更好。所以应该探索出更好的互动方式，将问政于民的效率提高，切实做到呼吁、引导、为人民服务。

微博发布作为移动互联网政府信息服务的一种新模式，在公众需求和政府创新的共同推动下得到了快速发展，"@无锡发布"和"@陇南发布"是东西两个极具代表性的案例，东西部地区有差异也有共同的问题，政务微博正在成为越来越多的粉丝关注的对象，要想真正使政务微博走进老百姓的生活中，还需要更好的微博管理和经营。如今，微信时代的到来也对微博产生了更大的冲击和影响，微博是浅社交、泛传播、弱关系的平台，微信是深社交、精传播、强关系的平台，根据微博、微信的自身特点，二者相互协作、互为补充的模式将成为政务新媒体发展的新趋势。[1]如何能够在互联网时代争得一席之地，不仅仅是西部欠发达地区要思考的，同时也是东部地区面临的挑战。

---

① 《2014年全国政务新媒体研究报告》，http：//mp. weixin. qq. com/s？＿＿biz＝MjM5ODc1N DI4MA＝＝&mid＝202163713&idx＝1&sn＝369b4ebfbcdce9af4ca1eda8599c19bb&scene＝1&from＝single message&isappinstalled＝0&key＝2f5eb01238e84f7e18be46e32c463403d0067b0121a71147f150b4b1bf53489 ed86f905ffa8862d8b34276ec5ff6eab5&ascene＝1&uin＝MjUxMzc4OTE1&devicetype＝android－16&versio n＝26000239&pass＿ticket＝DvCsZkwhB％2BaEBiyEa5Frqy3jC14 pnAsmsfflwhCbhHo％3D。

后　记

近年来，"一带一路"战略引起了国际社会的关注。然而，这种关注过于宏观。"一带一路"上沿线国家的发展情况到底如何？中国境内"一带一路"省市发展的情况如何？其文化传播的现状是什么？对其深入关注的人并不多。西北地区虽然地处"一带一路"，但是由于落后的经济、文化现状，人们大多的关注点都放在了北京、上海、广州这些发达地区的城市，西北地区的文化建设几乎被人们遗忘。

甘肃省处于中国的几何中心，也是丝绸之路"黄金走廊"的主要构成部分，亦是中原文化与边疆文化汇聚的地方，所以本书以甘肃省为样本，站在当代的视角，对其文化传播的现状进行调研，以期对丝绸之路上的文化传播进行扫描。与此同时，甘肃省对文化建设方面特别重视，2012年此研究有幸得到了甘肃省哲学社会科学重大招标项目设立的"甘肃省五大文化工程"的资助。经费虽然微不足道，但毕竟也是一种鼓励。

本书由甘肃融合媒体研训基地主任陈积银副教授、甘肃省报业协会李玉政会长、中国社会科学研究院新闻所《新闻与传播研究》副主编朱鸿军负责统筹，从筹划、汇编到成册历时近三年。在各方面的大力支持下，历经数次修改完善，最终定稿。书籍分别从"理论篇"、"现状篇"、"惠民篇"、"案例篇"阐述了甘肃省数字时代新丝路文化建设问题。毛主席讲，"没有调查，就没有发言权"，所以我们在研究过程中，也做了大量的市场调研和文献研究，以期摸清真实情况。本书在写作过程中得到了甘肃省哲学社会科学重大招标项目"甘肃省五大文化工程建设对策研究"（项目号：12ZD11）的资助。在此表示感谢！

本书各篇章编写分工安排：

前言部分，陈积银、刘玉。

理论篇：第一章数字时代的文化传播效能模式，陈积银、蔺宇璠；第二章数字时代的文化传播原则，陈积银、蔺宇璠；第三章公共危机事件报道的框架分析，陈积银、张璧瑕；第四章数字时代视听内容的收视模式及运营策略，陈积银；第五章大数据时代的文化传播模式研究——以今日头条为例，陈积银、朱鸿军。

现状篇：第六章文化产业在丝绸之路经济建设中的主导作用，李玉政；第七章陇东南华夏文明产业区建设，刘玉；第八章河西走廊文化产业精品建设对策，孙乐怡；第九章兰白都市圈文化产业精品建设对策，孙乐怡；第十章甘肃省文化体制改革现状及对策研究，任皎洁。

惠民篇：第十一章欠发达地区的广播电视"户户通"工程的发展战略研究，孙乐怡；第十二章农村书屋及公共图书馆的建设策略，任皎洁；第十三章甘肃省文明素质提升工程调查分析，周悦；第十四章微传播时代文化共享工程的对策研究，侯笑雪、王建磊。

案例篇：第十五章融媒时代西部广播电视的发展困境及对策研究，张璧瑕；第十六章融媒时代甘肃省文化艺术产业发展困境及对策研究，陈积银、王星渊；第十七章中国原生民歌大赛宣传策略简析，倪佳保；第十八章中国·嘉峪关国际短片电影展的数字化传播策略，郑宇彤；第十九章新媒体时代下伏羲文化的传播困境及对策，杨晨；第二十章甘肃省重大涉外事件传播现状与效果研究，杨廉；第二十一章移动互联时代东西部地区政务微博传播效果对比分析，王馨。

由于篇幅所限，无法对某些存在的问题做到面面俱到，恳请谅解。在数据查找方面，我们尽可能大量查阅最新资料，参考权威论文，力求做到精益求精。尽管如此，因我们水平、精力、经验、经费有限，现实情况千变万化，本书仍有不能令人满意之处，还希望读者能够将发现的问题反馈给我们，以便及时修改。

编者

2015 年 11 月于黄河畔